Roselyne Rœsch, Rosalba Rolle-Harold

LA FRANCE AU QUOTIDIEN

5e édition

La collection **CIVILISATION-CULTURES**
est placée sous la direction scientifique d'Isabelle Gruca

La France au quotidien, R. Rœsch, R. Rolle-Harold, 2020

Comment va la vie ? À la découverte de la France au fil des générations, J.-M. Frisa, D. Mathey, 2018

La République française : le citoyen et les institutions, N. Kada, P. Terrone, 2017 (mise à jour des données : janvier 2020)

À table ! À La découverte du repas gastronomique des Français, C. Andant, A. Nachon, 2016

Bulles de France, G. Jeffroy et Unter, 2013

Pour les autres collections, consultez le catalogue
sur notre site internet www.pug.fr

Conception graphique et mise en page : Corinne Tourrasse
Suivi éditorial : Bénédicte Magne (Atouts mots) et Rose Mognard

Achevé d'imprimer en novembre 2022
sur les presses de Novoprint – Barcelone
Dépôt légal : juin 2020
Imprimé en Espagne

© Presses universitaires de Grenoble, juin 2020
15, rue de l'Abbé-Vincent – 38600 Fontaine
pug@pug.fr / www.pug.fr

ISBN 978-2-7061-4712-8

Le code de la propriété intellectuelle n'autorisant, aux termes de l'article L. 122-5, 2° et 3° a, d'une part, que les « copies ou reproductions strictement réservées à l'usage privé du copiste et non destinées à une utilisation collective » et, d'autre part, que les analyses et les courtes citations dans un but d'exemple et d'illustration, « toute représentation ou reproduction intégrale ou partielle faite sans le consentement de l'auteur ou de ses ayants droit ou ayants cause est illicite » (art. L. 122-4). Cette représentation ou reproduction, par quelque procédé que ce soit, constituerait une contrefaçon sanctionnée par les articles L. 335-2 et suivants du code de la propriété intellectuelle.

AVANT-PROPOS

Ce livre s'adresse à toutes celles et tous ceux qui ont envie de mieux connaître le quotidien des Français. En mettant en évidence des comportements et des pratiques typiquement français, *La France au quotidien* a pour but d'étendre une compétence culturelle, de faire acquérir un lexique et des notions propres aux thèmes abordés comme la famille, la santé, le travail, la citoyenneté... Les enseignants y trouveront matière à enrichir leur culture personnelle pour nourrir leur cours et les étudiants pourront se familiariser avec des thèmes ciblés par le CECRL, thèmes qui s'articulent, dans l'ouvrage, autour de 12 chapitres.

Pour chaque thème, les objectifs culturels sont précisés, et les rubriques « Vérifier ses connaissances » et « Exercer ses compétences » détaillent les exercices correspondant aux compétences de réception et de production écrites et orales.

À l'issue de chaque chapitre, un quiz permet de faire le point sur les éléments acquis au fil de la lecture, et des exercices évaluent la compréhension de documents sonores (disponibles sur le site des PUG : https://www.pug.fr/store/page/289/complements-france-au-quotidien, avec le mot de passe « participation ») qui font écho aux thèmes du chapitre. Pour la compréhension orale, deux rubriques sont récurrentes : « Comprendre une conversation entre tierces personnes » et « Comprendre en tant qu'auditeur ». Les signes * et ** indiquent le degré de difficulté du document. Des repères culturels et lexicaux apparaissent en marge des exercices pour en faciliter la compréhension.

Les rubriques « Ça se discute » pour l'oral, « À vos stylos ! », pour l'écrit, permettent à l'étudiant d'exercer sa compétence de production.

En outre, de nombreuses illustrations animent les chapitres et peuvent être utilisées comme documents déclencheurs.

En complément du livre, des fiches pédagogiques disponibles en ligne (sur le site des PUG : https://www.pug.fr/store/page/289/complements-france-au-quotidien, avec le mot de passe « participation ») donnent aux enseignants des pistes pour introduire les thèmes en classe de langue et exploiter les documents.

À la fin de l'ouvrage figurent l'intégralité des transcriptions des documents sonores ainsi que les corrigés des quiz et des exercices de compréhension orale.

Retrouvez les documents sonores et les fiches pédagogiques en flashant ce code puis en rentrant le mot de passe « participation ».

SOMMAIRE

P. 6

1 • LA FRANCE
À VOTRE TOUR ! → p. 17

P. 20

2 • LE CALENDRIER
À VOTRE TOUR ! → p. 31

P. 34

3 • LA FAMILLE
À VOTRE TOUR ! → p. 43

P. 46

4 • LA TABLE
À VOTRE TOUR ! → p. 59

P. 62

5 • LA SANTÉ
À VOTRE TOUR ! → p. 70

P. 72

6 • LES LOISIRS
À VOTRE TOUR ! → p. 85

P. **88**

7 • L'ARGENT
À VOTRE TOUR ! → p. 99

P. **102**

8 • L'HABITAT ET LE LOGEMENT
À VOTRE TOUR ! → p. 111

P. **114**

9 • L'ENSEIGNEMENT PRIMAIRE ET SECONDAIRE
À VOTRE TOUR ! → p. 127

P. **130**

10 • L'ENSEIGNEMENT SUPÉRIEUR
À VOTRE TOUR ! → p. 143

P. **146**

11 • LE TRAVAIL
À VOTRE TOUR ! → p. 157

P. **160**

12 • LE CITOYEN, LES INSTITUTIONS ET LA POLITIQUE
À VOTRE TOUR ! → p. 171

P. **174**

• TRANSCRIPTIONS & CORRIGÉS

1

LA FRANCE

Seul pays européen ouvert à la fois sur la mer du Nord, la Manche, l'océan Atlantique et la mer Méditerranée, la France métropolitaine s'inscrit dans un hexagone. C'est un territoire au relief et au climat contrastés. Fortement ancrée au sein de l'Europe, la France est cependant attachée à une identité marquée par des emblèmes forts et par une langue parlée au-delà de ses frontières. Près de la moitié de la population française se concentre dans les grandes villes qui sont des pôles d'attractivité économique et culturelle. À travers ses territoires d'outre-mer, elle est présente sur toute la planète.

OBJECTIFS CULTURELS

- Découvrir ou mieux connaître les caractéristiques géographiques de la France et la composition de la population.
- Comprendre la signification des symboles et des emblèmes de la République.
- Situer la France dans l'Europe et dans le monde.
- Se familiariser avec l'organisation administrative des départements et des régions.
- Aborder l'histoire de la langue française et comprendre les missions de la francophonie.

PRATIQUE DE LA LANGUE

VÉRIFIER SES CONNAISSANCES

- **Réception de l'écrit**
  Lire pour s'informer
  → Quiz page 19

EXERCER SES COMPÉTENCES

- **Réception de l'oral**
  - Comprendre une conversation entre tierces personnes
    « Méditerranéenne d'origine et de cœur »
    Audio 1 → page 17
  - Comprendre en tant qu'auditeur
    « Petite histoire de la langue française »
    Audio 2 → page 18

- **Production orale**
  Monologue suivi ou interaction
  « Ça se discute ! »
  → Page 19

- **Production écrite**
  Écriture créative
  « À vos stylos ! »
  → Page 19

LES MOTS ET LES EXPRESSIONS DU THÈME

archipel *(n.m.)*
arrière-pays *(n.m.)*
chef-lieu *(n.m.)*
cliché *(n.m.)*
cours d'eau *(n.m.)*
créole *(n.m.)*
insularité *(n.f.)*
littoral *(n.m.)*
phrygien *(adj.)*
pittoresque *(adj.)*
technopole *(n.f.)*
volcan *(n.m.)*

1 LA FRANCE

LES SYMBOLES ET EMBLÈMES NATIONAUX

Une girouette en forme de coq sur un clocher.

Les symboles de la République sont inscrits dans l'article 2 de la Constitution française (4 octobre 1958) :
- La langue de la République est le français.
- L'emblème national est le drapeau tricolore, bleu, blanc, rouge.
- L'hymne national est *La Marseillaise*.
- La devise de la République est « Liberté, Égalité, Fraternité ».
- Son principe de type démocratique est : gouvernement du peuple, par le peuple et pour le peuple.

Le drapeau tricolore est né sous la Révolution française, de la réunion de la couleur du roi (le blanc) et des couleurs de la ville de Paris (le bleu et le rouge). La constitution de 1958 privilégie le drapeau comme emblème national. Aujourd'hui, il flotte sur tous les bâtiments publics. La devise « Liberté, Égalité, Fraternité » est un héritage du siècle des Lumières (XVIIIe siècle).

Il existe aussi d'autres symboles de la République qui ne sont pas inscrits dans la Constitution mais qui sont très connus, comme Marianne, le 14 juillet et le coq gaulois.

On trouve un buste de Marianne dans toutes les mairies. Marianne, figure allégorique de la Liberté et de la République, est représentée par une femme à bonnet phrygien. On ne sait pas très bien d'où vient ce nom de Marianne, mais on sait qu'au XVIIIe siècle, Marie et Anne étaient des prénoms très répandus.

Le 14 juillet, fête nationale, célèbre la prise par le peuple de la Bastille, une prison royale. Cet épisode est considéré comme un événement fondateur de la République.

Le coq est le plus ancien des symboles de la France. Il apparaît dès l'Antiquité sur des monnaies. À l'époque, le pays s'appelait la Gaule et ses habitants les Gaulois. Le terme latin *gallus* signifiant à la fois « coq » et « gaulois », on associe l'animal au pays. De très nombreux clochers d'église sont surmontés d'un coq.

LE SAVIEZ-VOUS ?

La Marseillaise a été composée en 1792.
À l'origine, c'était un chant révolutionnaire et un hymne à la liberté.
Voici le refrain :
*Aux armes, citoyens,
Formez vos bataillons,
Marchons, marchons !
Qu'un sang impur
Abreuve nos sillons !*

PROVERBES ET DICTONS

Paris ne s'est pas fait en un jour.

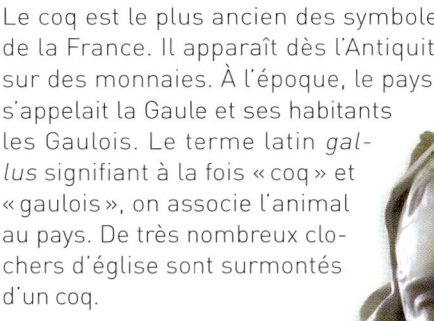

Marianne et le drapeau français.

LA FRANCE MÉTROPOLITAINE

CARTE 1 : GÉOGRAPHIE PHYSIQUE DE LA FRANCE

La France présente une façade maritime importante et un relief contrasté.

POUR EN SAVOIR PLUS

Nom : France
Forme : hexagone
Superficie : 550 000 km^2
Nombre d'habitants : 67 200 000
Capitale : Paris
Climat : globalement tempéré

Drapeau : bleu, blanc, rouge
Hymne : *La Marseillaise*
Devise : « Liberté, égalité, fraternité »
Symboles : le coq, Marianne, le 14 juillet

1 LA FRANCE

Le mont Blanc, point culminant des Alpes.

La chaîne des puys, et le puy de Dôme (1 465 m).

POUR EN SAVOIR PLUS

Les noms des départements sont souvent des noms de rivière, de fleuve ou de montagne.
La superficie de chaque département est en moyenne de 6 100 km². Chaque département a un chef-lieu, qui est la ville où siègent les autorités administratives. Celui-ci est situé de telle sorte que l'on pouvait autrefois s'y rendre à cheval en une journée de n'importe quel point du département.

LE RELIEF

C'est grâce au mont Blanc (4 807 m) que la chaîne des Alpes détient le record d'Europe de hauteur. On trouve, dans les Alpes, cinq sommets à plus de 4 000 m d'altitude et plus de 300 km² de glaciers. Le Massif central regroupe les plus anciennes montagnes, le point culminant est à 1 886 m, et on y trouve des volcans (éteints).
Le Crêt de la Neige atteint 1 718 m dans le Jura. Le ballon de Guebwiller (1 824 m) est le plus haut sommet des Vosges. Le point le plus élevé des Pyrénées françaises est le pic Vignemale (3 298 m).
Les plaines occupent près de la moitié de la superficie de la France, les plus grandes se trouvent dans le nord et dans l'ouest.

LES COURS D'EAU

Sur les cinq grands fleuves que compte la France, seules la Seine et la Loire coulent entièrement sur le territoire français. Le Rhône prend sa source dans un glacier suisse, et la Garonne dans les Pyrénées espagnoles. La plus grande partie du cours du Rhin se situe hors des frontières de la France (Suisse, Allemagne, Pays-Bas).

LE CLIMAT

Le climat de la France métropolitaine est globalement tempéré, et les températures sont généralement modérées, malgré des différences importantes selon les saisons et les régions. Les moyennes annuelles sont de 10°C au nord et de 15°C au sud, ce qui n'empêche pas les températures extrêmes (-30°C en Alsace et 40°C à Toulouse).

L'ORGANISATION ADMINISTRATIVE

La France compte 13 régions et 96 départements en métropole et cinq départements d'outre-mer, qui sont autant de régions. Le découpage départemental est le fait de la Révolution et sa réalisation date de 1790. Les départements sont numérotés en fonction de leur ordre alphabétique (sauf pour l'Île-de-France et le Territoire de Belfort). Ces numéros constituent les deux premiers chiffres du code postal.

CARTE 2 : LA FRANCE ADMINISTRATIVE

Les régions sont dotées d'un conseil régional dont les membres sont élus au suffrage universel dans le cadre des départements.

LES PRINCIPALES VILLES

 1 « Méditerranéenne d'origine et de cœur »* → page 17

Paris, Lyon et Marseille sont les plus grandes villes françaises. Paris intra-muros (Paris sans sa banlieue) compte 2 229 621 habitants et perd un peu de ses habitants chaque année en raison du prix élevé des loyers. L'aire urbaine parisienne (Paris et sa banlieue) concentre 23 % de la population du pays. Après Paris, les deux plus grandes villes de France sont Marseille (870 000 habitants) et Lyon (521 000 habitants). Toulouse, Bordeaux, Rennes et Nantes sont les principales villes où les Français aimeraient vivre, attirés par l'environnement géographique, mais aussi par leurs performances économiques et leurs richesses culturelles. Paris n'arrive qu'en douzième position.

Toulouse est surnommée la ville rose en raison de ses façades de briques qui prennent de jolies teintes au soleil couchant.

1 LA FRANCE

POUR EN SAVOIR PLUS

En 2020, la France comptait 35 416 communes, une sur trois compte moins de 250 habitants. C'est le pays d'Europe qui possède le plus grand nombre de communes (presque autant que l'ensemble des communes européennes). Elles sont administrées par un maire et un conseil municipal, élus tous les 6 ans.
Environ 1 000 communes élisent aussi un conseil municipal d'enfants qui se réunit et fait des propositions.

LA POPULATION

La France est l'un des deux pays européens avec le taux de natalité le plus élevé. C'est dans les départements du sud et du littoral atlantique que la population s'est le plus développée. La population urbaine a peu augmenté, alors que les zones situées autour des villes ont vu leur nombre d'habitants s'élever notablement.

La population rurale semble stable, en revanche le nombre d'agriculteurs (un peu moins d'un million) diminue : ils représentent moins de 3 % de la population active. 24,6 % de la population a moins de 20 ans, 23,3 % a 60 ans et plus.

La proportion d'étrangers en France a peu changé environ 6 % de la population. La plupart d'entre eux sont d'origine africaine et européenne et sont installés dans certaines grandes agglomérations. En 2018, 78 000 étrangers ont obtenu la nationalité française après avoir fait une demande de naturalisation. Le nombre d'étrangers clandestins est évidemment difficile à évaluer, la plupart vivant dans une grande précarité et dans la crainte d'être reconduits à la frontière.

LA FRANCE D'OUTRE-MER

C'est l'ensemble des zones géographiques sous souveraineté française et situées hors métropole. Depuis 2009, le terme « outre-mer » est utilisé officiellement pour désigner collectivement ces territoires aux statuts divers (départements, régions, collectivités d'outre-mer).

LES ÎLES DE L'OCÉAN INDIEN

L'île de la Réunion, dont la ville principale est Saint-Denis est à la fois un département et une région d'outre-mer. Cette île, déserte à l'origine, est aujourd'hui peuplée de 840 974 personnes. La société réunionnaise, très métissée, est composée de 35 % de Malgaches et d'Africains, de 25 % d'Européens dont seulement 5 % de métropolitains, d'Indiens et de Chinois.

Mayotte est un petit archipel volcanique qui possède un des plus beaux lagons du monde délimité par une barrière de corail de 160 km. Plus des deux tiers des Mahorais (population de Mayotte) parlent peu ou pas du tout le français, la langue officielle. Mayotte est devenue un département en 2011.

Les Terres Australes et Antarctiques situées au sud de l'océan Indien sont composées d'une série d'îlots dont les Îles Kerguelen, et d'une portion du continent antarctique la Terre Adélie. Ces terres qui sont inhabitées (seules quelques équipes de scientifiques y séjournent), forment un TOM (territoire d'outre-mer) et sont classées en réserves naturelles.

La fleur de frangipanier, parfois tressée en collier de bienvenue, est emblématique de l'île de la Réunion.

Base scientifique et observatoire en Terre Adélie.

CARTE 3 : LA FRANCE D'OUTRE-MER

On trouve des régions françaises d'outre-mer dans toutes les parties du globe.

LES ÎLES DE L'OCÉAN PACIFIQUE

La Nouvelle-Calédonie est peuplée à 44 % par les Kanaks, populations autochtones, et à 34 % par les Caldoches d'origine européenne. Sa population est estimée à 280 000 habitants dont près d'un tiers vivent à Nouméa, la seule grande ville de l'île. La Nouvelle-Calédonie a un statut particulier depuis 1999, et dispose d'une certaine autonomie. Lors du référendum sur l'autodétermination de novembre 2018, les Calédoniens se sont prononcés contre l'indépendance de l'île.
La Polynésie française est composée d'un grand nombre d'îles paradisiaques. Papeete est la capitale de Tahiti, la plus importante de ces îles. La Polynésie française compte 292 000 habitants dont près de la moitié a moins de 20 ans. La pêche et le tourisme sont les principales richesses de l'archipel. Les îles Wallis et Futuna sont le territoire français le plus éloigné de la métropole (16 000 km). Constitué de trois îles principales : Wallis, Futuna et Alofi, ce territoire a une superficie modeste (124,2 km² soit à peine plus que Paris intra-muros) et compte un peu plus de 12 000 habitants.

LES ÎLES DE L'OCÉAN ATLANTIQUE

Dans les Caraïbes, la Guadeloupe et la Martinique sont les îles principales de l'archipel des Petites Antilles On y parle un créole de français marqué par l'anglais, l'espagnol et le portugais. Un quart de la population de la Martinique, soit 100 000 habitants, vit à Fort-de-France, la ville principale. Les 400 000 habitants de la Guadeloupe sont répartis dans plusieurs villes dont Basse-Terre la capitale administrative et

POUR EN SAVOIR PLUS

La Réunion, la Martinique, la Guadeloupe, la Guyane et Mayotte sont des DROM (départements et régions d'outre-mer). Ce sont des régions et des départements au même titre que ceux de la métropole. Leurs représentants élus siègent à l'Assemblée nationale. Dans l'océan Atlantique, Saint-Martin et Saint-Barthélemy forment un arrondissement du département de la Guadeloupe. Les COM (collectivités d'outre-mer) Saint-Pierre-et-Miquelon, Wallis-et-Futuna ont des statuts particuliers. La Polynésie française et la Nouvelle-Calédonie sont des pays d'outre-mer (POM), la Polynésie française est également une collectivité d'outre-mer.

1 LA FRANCE

Avec les lagons du Pacifique, la France possède des fonds sous-marins qui sont parmi les plus spectaculaires du monde.

LE SAVIEZ-VOUS ?

- La monnaie utilisée dans les départements et régions d'outre-mer est l'euro, il en est de même à Mayotte et à Saint-Pierre-et-Miquelon.
- La France a utilisé jusqu'en 1996 l'atoll de Mururoa, en Polynésie, pour y faire des essais nucléaires.

l'unité urbaine de Pointe-à-Pitre - Les Abymes qui concentre 65 % de la population de l'île.
Saint-Pierre-et-Miquelon sont des îles situées dans l'Atlantique Nord, près du Canada ; leur activité économique est essentiellement maritime.

UNE RÉGION FRANÇAISE EN AMÉRIQUE DU SUD

La Guyane, dont le chef-lieu est Cayenne, a été jusqu'en 1945 la ville où les bagnards (des prisonniers condamnés au bagne) étaient débarqués, puis envoyés dans les îles proches. Aujourd'hui, on connaît surtout de La Guyane, Kourou, base de lancement de la fusée européenne Ariane. Sa population, en pleine croissance, est estimée à 300 000 habitants dont la moitié a moins de 20 ans.

LA LANGUE FRANÇAISE

2 « Petite histoire de la langue française »** → page 18

La langue française s'est construite à la suite des nombreuses invasions qui ont marqué l'histoire de la France et qui ont fait coexister pendant plusieurs siècles une multiplicité de dialectes.
Elle s'officialise en 1539 avec le roi François Ier. Mais jusqu'au début du XXe siècle, dans la vie quotidienne, on parlait encore en langue régionale. L'usage du français ne s'est réellement généralisé en France qu'à partir de 1882 grâce à l'enseignement primaire obligatoire pour les garçons et les filles.
Le français progresse également sous l'influence de la modernisation du pays, de la circulation des gens, de la diffusion de la presse et de la mise en place des bibliothèques. Le service militaire obligatoire pour tous les garçons à partir de 1890 contribue à répandre l'usage du français, même dans les zones les plus reculées du pays.

Des panneaux indicateurs en français et en breton.

CARTE 4 : LES LANGUES RÉGIONALES

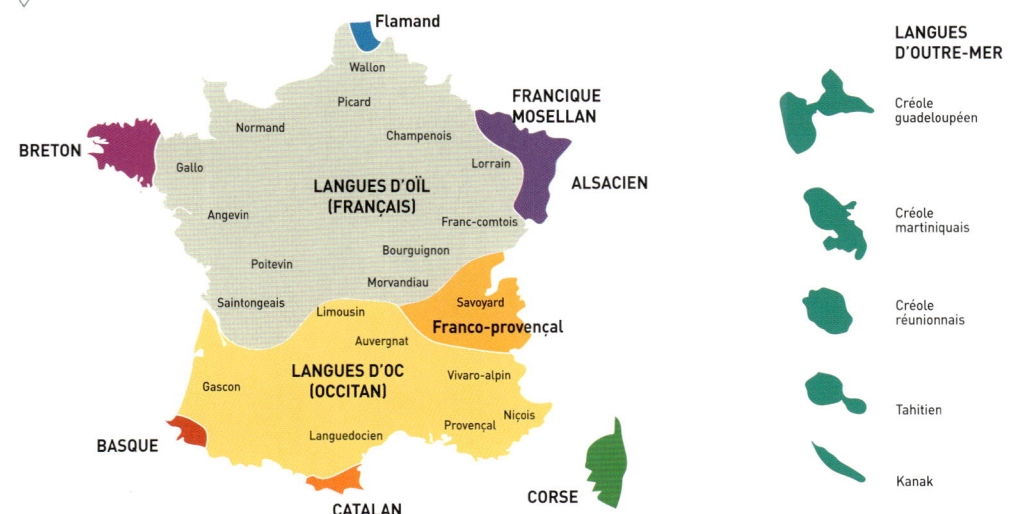

Panorama des différentes langues régionales. Certaines sont enseignées à l'école comme le breton, le basque, l'occitan, le corse, l'alsacien, le tahitien.

LA FRANCOPHONIE

Le passé colonial du pays et son histoire ont fait qu'actuellement, la langue française est parlée aussi au-delà des frontières de la France. Le français est la langue maternelle des habitants de la Belgique wallonne, du Québec et de la Suisse romande.

Le français est la langue officielle, ou une des langues officielles de 32 pays en Europe (le Luxembourg, la Belgique, la Suisse, Monaco), en Afrique francophone (le Bénin, la Côte d'Ivoire, le Mali, le Sénégal, etc.), en Amérique du nord au Canada mais aussi à Madagascar, à Haïti, à l'île Maurice... Le français sert parfois de langue véhiculaire, c'est-à-dire qu'il permet de communiquer dans des pays qui possèdent plusieurs langues locales.

L'OIF (Organisation internationale de la francophonie) est une institution composée de 84 États et gouvernements qui ont en commun la langue française et certaines valeurs.

L'OIF a quatre grandes missions :
- Promouvoir la langue française et la diversité culturelle.
- Promouvoir la paix, la démocratie et les droits de l'homme.
- Appuyer l'éducation, la formation, l'enseignement supérieur et la recherche.
- Développer la coopération au service du développement durable.

La journée de la francophonie a lieu tous les 20 mars, c'est l'occasion de célébrer dans le monde entier la langue française et le désir de vivre ensemble dans la diversité.

De nombreuses personnes parlent le français au Moyen-Orient (au Liban, en Israël, en Égypte), en Extrême-Orient (au Laos, au Vietnam, au Cambodge), mais aussi aux États-Unis en Louisiane où une communauté (les Cajuns) essaie de faire survivre la langue française. Le français est une langue importante en Algérie, au Maroc et en Tunisie.

POUR EN SAVOIR PLUS

Depuis 1635, l'Académie française, fondée par Richelieu, fixe la langue, codifie l'orthographe et rédige un dictionnaire.

Richelieu, Cardinal et duc, a été un célèbre ministre du roi Louis XIII.

1 LA FRANCE

POUR EN SAVOIR PLUS

L'espace Schengen regroupe un ensemble de 26 pays européens ayant signé un accord de libre circulation des personnes au sein de ces différents pays. Cela signifie que tout individu, qui est entré sur le territoire de l'un des pays membres, peut franchir les frontières des autres pays sans subir de contrôles. Pour se déplacer, il n'a plus besoin de passeport. Les vols aériens entre les villes de l'espace Schengen sont considérés comme des vols intérieurs. Un État ne peut rétablir les contrôles qu'en cas d'atteinte à l'ordre public ou à la sécurité nationale (pour 6 mois maximum, ou deux ans en cas de circonstances exceptionnelles).

LA FRANCE DANS L'EUROPE

En 1957, la France fait partie des 6 pays fondateurs de ce qui deviendra l'Union européenne avec l'Allemagne, l'Italie, le Luxembourg, la Belgique et les Pays-Bas. En 2020, l'UE est composée de 27 pays, dont 19 ont adopté l'euro. Le Parlement européen, qui compte 751 députés (réforme en 2019) élus pour 5 ans, a son siège à Strasbourg. En 2016, le Royaume Uni a décidé, à la suite d'un referendum, de quitter l'Union européenne (Brexit).

L'euro (€) est la monnaie officielle de 19 des 28 pays membres de l'UE. Ces pays forment la zone euro.

PROVERBES ET DICTONS

Nul n'est prophète en son pays.

LE SAVIEZ-VOUS ?

Les symboles de l'Union européenne :
- un drapeau représentant 12 étoiles sur un fond bleu
- un hymne tiré de l'Ode à la joie de Beethoven ;
- une devise (« Unis dans la diversité ») et une fête, célébrée le 9 mai.

Le drapeau européen : 12 étoiles rappelant les mois de l'année et les 12 signes du zodiaque.

À VOTRE TOUR !

REPÈRES CULTURELS

accent du midi : accent régional caractéristique du sud de la France.

autonomiste : personne favorable à l'autonomie. En politique, l'autonomie désigne la possibilité pour un groupe ou une communauté de s'administrer librement. Cette possibilité est limitée et donnée par un pouvoir central.

REPÈRES LEXICAUX

extravagant *(adj.) :* qui choque et surprend, excessif.

ocre *(adj.) :* couleur qui se situe entre le brun et le jaune ou le brun et le rouge.

pittoresque *(adj.) :* remarquable par un aspect original ou séduisant.

valoir le coup *(exp.) :* se dit d'une chose, d'une situation qui mérite qu'on s'y intéresse.

COMPRÉHENSION ORALE *

1 MÉDITERRANÉENNE D'ORIGINE ET DE CŒUR

Écoutez le document et répondez aux questions.

❶ Où a-t-elle vécu pendant son enfance et son adolescence ?

....
....
....
....

❷ Où a-t-elle habité à partir de l'âge de 17 ans ?

....

❸ Que lui manque-t-il depuis qu'elle habite Grenoble ? Citez quatre éléments.

a. ....
b. ....
c. ....
d. ....

❹ Qu'est-ce qui caractérise la vieille ville de Nice ?

....
....
....
....

❺ Quels sont les points communs entre Nice et Grenoble dans les domaines de :
a. L'environnement géographique : ....
....
....

b. L'immobilier : ....
....

❻ Quelles sont les différences entre Nice et Grenoble en ce qui concerne le type de population ?

....
....
....
....

❼ Souhaite-t-elle retourner vivre dans la région où elle est née ?   ◯ Oui ◯ Non
Pourquoi ? ....
....
....
....

❽ La personne interviewée conseille-t-elle de visiter sa région natale ?   ◯ Oui ◯ Non

À VOTRE TOUR !

PETITE HISTOIRE
DE LA LANGUE FRANÇAISE

Vous allez entendre un document retraçant les différentes étapes de l'évolution de la langue française.

Ⓐ Dites si les propositions suivantes sont vraies (V) ou fausses (F).

❶ Le français est une langue romane. V ○ F ○

❷ Le français a subi des influences germaniques. V ○ F ○

❸ Le latin a brusquement remplacé la langue des Gaulois à l'arrivée des Romains. V ○ F ○

❹ Le breton appartient à la même famille linguistique que la langue parlée par les Gaulois. V ○ F ○

❺ Le francien était seulement une langue littéraire. V ○ F ○

❻ Au XVIᵉ siècle, le français devient la langue de l'administration. V ○ F ○

❼ C'est Richelieu qui a rédigé le premier dictionnaire du Français. V ○ F ○

Ⓑ Dans quel ordre ces peuples sont-ils apparus sur le territoire de la future France ? Choisissez parmi ces trois propositions.

1.
Les Gaulois
Les Romains
Les Francs

2.
Les Romains
Les Gaulois
Les Francs

3.
Les Gaulois
Les Francs
Les Romains

Ⓒ À la fin du Moyen Âge, comment fait-on la distinction entre les langues parlées au nord et celles parlées au sud de la France ?

....
....
....
....
....

REPÈRES LEXICAUX

codifier *(v.)* : mettre en place un système rationnel, normaliser.

conquérir *(v.)* : soumettre un pays par les armes.

juridique *(adj.)* : relatif au droit.

voie (d'eau) *(n.f.)* : voie navigable.

REPÈRES CULTURELS

celtes : peuples qui, au IVᵉ siècle av. J.-C., ont occupé une grande partie de l'Europe actuelle. Venus des steppes d'Asie centrale, ils ont migré petit à petit vers l'Atlantique.

dialecte : forme régionale d'une langue.

François Iᵉʳ : roi de France, né en 1494. Il a régné de 1515 jusqu'à sa mort, en 1547.

Gaulois : mot inventé par les Romains pour désigner les Celtes habitant un territoire compris entre les Pyrénées, les Alpes et le Rhin.

Moyen Âge : période comprise entre l'Antiquité et les Temps modernes, de la chute de l'Empire romain d'occident (476) à la découverte de l'Amérique par Christophe Colomb (1492).

Île-de-France : région administrative et historique qui inclut Paris, communément appelée « région parisienne » (voir carte 2).

À VOTRE TOUR !

COMPRÉHENSION ÉCRITE

QUIZ

Répondez aux questions suivantes.

❶ Pourquoi le coq est-il un animal emblématique de la France ?

❷ Citez cinq pays d'Europe ou d'Afrique qui ont le Français comme langue officielle.

❸ Quel est le département français qui a une frontière avec le Brésil ?

❹ Dans quelle ville française se trouve le Parlement européen ?

❺ Associez chaque île à un océan.

La Guadeloupe • 1   a • l'océan Indien
La Réunion • 2   b • l'océan Atlantique
Tahiti • 3   c • l'océan Pacifique

❻ Dans quelle partie de la France parle-t-on avec l'accent du midi ?

❼ Comment appelle-t-on communément l'île de France ?

❽ Quel est le rôle de l'académie française ?

PRODUCTION ORALE

Ça se discute !
- À quoi sert un hymne national ? Quelles valeurs doit-il mettre en avant ?
- Certains Français reprochent au refrain de la Marseillaise ses paroles guerrières. Est-ce un problème ?

PRODUCTION ÉCRITE

À vos stylos !
Quelle est la signification des symboles et emblèmes nationaux de votre pays ?

2

LE CALENDRIER

De Jules César à Napoléon, le calendrier des Français a subi quelques transformations au fil du temps pour aboutir au calendrier actuel dit grégorien, car il a été élaboré sous l'autorité du pape Grégoire XIII en 1582. À partir de cette date, il a remplacé dans les États catholiques le calendrier Julien, mis en place par Jules César en 45 avant J.-C. et qui comportait quelques imperfections. L'objectif de ce changement était d'harmoniser le temps de l'Église et le temps naturel.

Malgré un fonctionnement qui affirme la laïcité pour règle commune de la république, ce sont des fêtes religieuses et chrétiennes qui rythment en partie le calendrier en France.

OBJECTIFS CULTURELS

- Découvrir ou mieux connaître l'organisation d'une année en France.
- Se familiariser avec la manière de célébrer les fêtes ou de commémorer des événements.
- Comprendre la signification des jours et des mois.
- Prendre connaissance de quelques manifestations culturelles qui rythment l'année des Français.

PRATIQUE DE LA LANGUE

VÉRIFIER SES CONNAISSANCES

- **Réception de l'écrit**
  Lire pour s'informer
  → Quiz page 33

EXERCER SES COMPÉTENCES

- **Réception de l'oral**
  - Comprendre en tant qu'auditeur
  « Petite histoire du calendrier »
  Audio 3 → page 31
  - Comprendre une conversation entre tierces personnes
  « Tirer les rois à l'Épiphanie »
  Audio 4 → page 32

- **Production orale**
  Monologue suivi ou interaction
  « Ça se discute ! »
  → Page 33

- **Production écrite**
  Écriture créative
  « À vos stylos ! »
  → Page 33

LES MOTS ET LES EXPRESSIONS DU THÈME

bissextile *(adj.)*
commémorer *(v.)*
crèche *(n.f.)*
étrenne *(n.f.)*
férié *(adj.)*
jeûne *(n.m.)*
farce *(n.f.)*
païen *(adj.)*
pèlerinage *(n.m.)*
réveillon *(n.m.)*
roi mage *(n.m.)*
saint patron *(n.m.)*

2 ▶ LE CALENDRIER

UNE ANNÉE EN FRANCE

POUR EN SAVOIR PLUS

Un calendrier dit « républicain » a été institué en 1793 pendant la révolution. En vigueur pendant 13 ans, il a été annulé en 1806 par Napoléon qui a décrété le retour au calendrier grégorien.
L'année était divisée en 12 mois de 30 jours et le mois en trois périodes de 10 jours. Les mois étaient nommés en fonction des saisons. Des noms de plantes, d'outils ou d'animaux tels que tomate, pelle ou chien remplaçaient les noms des saints.

LES NOMS DES MOIS ET DES JOURS

Les noms des mois et des jours de l'année renvoient à l'origine romaine du calendrier. Avant Jules César, le calendrier ne comportait que dix mois et commençait en mars. C'est pourquoi septembre, octobre, novembre et décembre renvoient au latin « septem » (sept), « octo » (huit), « novem » (neuf) et « decem » (dix) et signifient respectivement, septième, huitième, neuvième et dixième mois.

Les noms des mois de janvier, mars, avril, mai et juin viennent du nom des dieux et déesses romains Janus, Mars, Aphrodite, Malia et Junon ; février vient du mot latin *februarus*, mois des purifications, et juillet et août correspondent respectivement aux noms de Jules César et Auguste, empereurs romains.

Les noms des cinq premiers jours de la semaine correspondent à des noms de planète : lundi (la lune), mardi (Mars), mercredi (Mercure), jeudi (Jupiter), vendredi (Vénus).

Samedi (du latin *sambati dies*) correspond au Sabbat, jour de repos de la semaine juive.

Dimanche signifie jour du seigneur (du latin *dies dominicus*). Dans certaines langues, l'origine romaine est restée pour samedi et dimanche qui correspondent respectivement à Saturne et au soleil (en anglais par exemple : *saturday* et *sunday*).

🎧 3 « Petite histoire du calendrier »** → page 31

DU PREMIER DE L'AN À LA SAINT-SYLVESTRE

L'année commence le 1ᵉʳ janvier et se termine le 31 décembre (jour de la Saint-Sylvestre). Le calendrier donne le nom d'un saint pour chaque jour de l'année ; c'est entre autres parmi ces noms de saints que l'on peut choisir les prénoms des enfants à venir.

Chaque individu, chaque métier, chaque corporation a un saint patron protecteur. Saint Christophe est, par exemple, le patron des automobilistes.

Environ deux cents prénoms figurent sur le calendrier catholique romain.

22 ▶ LA FRANCE AU QUOTIDIEN

LES JOURS SE SUIVENT, MAIS NE SE RESSEMBLENT PAS

Le calendrier comporte des fêtes civiles ou religieuses, certaines se passent en famille, d'autres dans toute la ville ; il y a des fêtes joyeuses et bruyantes comme le 14 juillet, d'autres plus calmes et recueillies comme la Toussaint. Certaines de ces fêtes sont légales, et ces jours-là, dits fériés, on ne travaille généralement pas. Il y a, en France, onze jours fériés.

Certains ont des dates fixes :
- le 1er janvier, le Jour de l'an ;
- le 1er mai, la fête du Travail ;
- le 8 mai, l'Armistice de 1945 ;
- le 14 juillet, la fête nationale ;
- le 15 août, l'Assomption ;
- le 1er novembre, la Toussaint ;
- le 11 novembre, l'Armistice de 1918 ;
- le 25 décembre, Noël.

D'autres ont des dates mobiles :
- le lundi de Pâques ;
- le jeudi de l'Ascension ;
- le lundi de Pentecôte.

LES FÊTES CIVILES LÉGALES

On s'embrasse habituellement sous un bouquet de gui accroché au plafond ou au-dessus d'une porte. Cette plante, sacrée pour les Gaulois, est devenue un porte-bonheur.

LE JOUR DE L'AN

Le premier janvier, premier jour de l'année civile, clôt les fêtes de fin d'année. Le passage à la nouvelle année commence la veille : le réveillon du 31 décembre, qui correspond au jour de la Saint-Sylvestre, réunit généralement des amis. À minuit exactement, on débouche des bouteilles de champagne, on s'embrasse et on échange des vœux de bonne année et de bonne santé.

La nouvelle année, c'est aussi l'occasion de renouer avec des personnes que l'on n'a plus vues depuis longtemps. On se rend visite et on échange des cartes de vœux. La première carte imprimée pour cette occasion date de 1843 et a été dessinée par un Anglais.

? LE SAVIEZ-VOUS ?

Durant cette période de fin d'année, on offre des étrennes, qui sont des cadeaux ou de l'argent, au concierge, à la femme de ménage par exemple.

2 LE CALENDRIER

Le 1er mai, la vente du muguet sur la voie publique est exceptionnellement autorisée.

LE 1er MAI

Ce jour est férié depuis 1947.
En 1889, le Congrès international socialiste, a déclaré le 1er mai jour de revendication des travailleurs. C'est un jour consacré aux défilés des syndicats dans les grandes villes. Traditionnellement, on offre un brin de muguet. Associée à l'arrivée du printemps, cette plante fait figure de porte-bonheur depuis le XIVe siècle.

LE 14 JUILLET

C'est en 1880 qu'est instaurée cette date symbolique en tant que fête nationale. Cette fête commémore la prise de la Bastille qui a eu lieu le 14 juillet 1789 et la fête de la fédération (union du peuple, de la nation et du roi) en 1790, deux épisodes emblématiques de la Révolution française. La Bastille était une forteresse et une prison où étaient enfermées les personnes qui s'opposaient à la politique du roi. La prise et la destruction de la Bastille par les révolutionnaires sont un symbole de liberté. À la fin de la première guerre mondiale, le 14 juillet devient une fête patriotique et militaire.
À Paris, sur l'avenue des Champs Élysées et dans les grandes villes, les militaires défilent. Le soir, on danse dans la rue et, à la nuit tombée, on tire des feux d'artifice. C'est la fête civile qui suscite la plus forte participation.

? LE SAVIEZ-VOUS ?

Le premier vrai feu d'artifice en France semble avoir été tiré place des Vosges à Paris à l'occasion du mariage d'Anne d'Autriche et de Louis XIII en 1615.

Les corps militaires défilent le 14 juillet sur les Champs-Élysées en présence du président de la République.

LE 8 MAI
C'est le jour anniversaire de la fin de la seconde guerre mondiale et de la victoire de 1945.

LE 11 NOVEMBRE
Le 11 novembre est la date anniversaire de l'Armistice (arrêt des combats) de 1918 entre l'Allemagne et la France. Ce jour-là, on fleurit les monuments aux morts élevés à la mémoire des victimes de cette guerre. Le président de la République rend hommage à tous les morts sur le champ d'honneur en ranimant, sous l'Arc de triomphe, la flamme de la tombe du soldat inconnu qui représente tous les soldats morts à la guerre.

LES FÊTES RELIGIEUSES LÉGALES

PÂQUES
Pâques est la grande fête chrétienne qui commémore la résurrection du Christ. Elle a lieu le dimanche qui suit la première pleine lune après l'équinoxe de printemps (entre le 22 mars et le 25 avril). Le lundi qui suit est un jour férié.
Les cloches des églises s'arrêtent de sonner pendant trois jours en signe de deuil, à compter du vendredi saint, date de la mort de Jésus, jusqu'au dimanche de Pâques, date de sa résurrection. D'après la légende, les cloches s'arrêtent de sonner parce qu'elles partent à Rome et reviennent chargées de friandises qu'elles déversent en pluie.

En hommage aux combattants morts pendant la première guerre mondiale, 36 000 monuments ont été érigés entre 1918 et 1926 par les communes.

Pendant la période des fêtes de Pâques, les confiseurs, les boulangers, les pâtissiers vendent des confiseries au chocolat en forme d'œufs, de poules, de cloches, etc.

Quand les cloches se remettent à sonner le matin de Pâques, les enfants recherchent des cadeaux tombés du ciel (œufs, lapins, poules, poissons et cloches en chocolat).
Le lundi de Pâques, selon la tradition, on mange de l'agneau.

L'ASCENSION
Cette fête a lieu un jeudi, quarante jours après le dimanche de Pâques. Elle célèbre le miracle de l'élévation de Jésus-Christ dans le ciel, quarante jours après sa résurrection.

POUR EN SAVOIR PLUS

L'œuf symbole de vie a été associé à Pâques, fête de la vie nouvelle. On décore les œufs, on les cache, on les cherche, on les trouve et bien sûr on les mange.

2 LE CALENDRIER

POUR EN SAVOIR PLUS

Au moment de Noël, on installe traditionnellement une crèche qui représente la Nativité (naissance de Jésus Christ dans une étable ou une grotte). On place dans la crèche de petits personnages en argile appelés santons (petits saints en provençal). Les premiers sont l'œuvre d'un sculpteur marseillais mort en 1822. Il y a dans le sud de la France des foires aux santons qui présentent des modèles de toutes tailles et de divers matériaux.

LA PENTECÔTE

Chaque année, cette fête a lieu le septième dimanche après Pâques et, dans la tradition chrétienne, commémore la venue sur terre de l'Esprit Saint qui s'est emparé des apôtres, leur permettant ainsi de prêcher dans toutes les langues du monde.

LE 15 AOÛT

Ce jour-là, on fête l'Assomption, qui fait référence à l'enlèvement miraculeux de la Vierge Marie par les anges, à l'issue de sa vie terrestre.

LE 1er NOVEMBRE

À cette date, on célèbre tous les saints. Le lendemain, le 2 novembre, c'est la fête de tous les morts. À cette occasion, les Français vont dans les cimetières déposer des fleurs sur les tombes, et en particulier des chrysanthèmes, car cette plante qui fleurit tard dans l'année, présente des couleurs vives et résiste bien au gel.

Le chrysanthème, plante de la Toussaint, fleurit les tombes le jour de la fête des morts.

LE 25 DÉCEMBRE

Noël, qui célèbre la naissance du Christ, n'est plus vraiment une fête religieuse pour une majorité de Français, mais une fête de l'enfance. Elle reste essentiellement familiale.

Les catholiques vont à la messe de minuit le 24 décembre. On mange traditionnellement de la dinde et un gâteau appelé bûche de Noël, et bien sûr, le Père Noël apporte des cadeaux qu'il dépose au pied du sapin.

LE SAVIEZ-VOUS ?

En France, le Père Noël existe ! Pendant le mois de décembre, si vous écrivez au Père Noël, il vous répondra. En effet, un service spécial est mis en place par l'administration des postes pendant la période des fêtes. Ce service s'efforce de répondre à toutes les lettres adressées au Père Noël.

La bûche de Noël est une pâtisserie qui rappelle la grosse bûche de bois que l'on brûlait autrefois dans la cheminée le soir de Noël. Ce délicieux gâteau a été créé en 1875 par un pâtissier parisien.

QUELQUES AUTRES FÊTES

 4 « Tirer les rois à l'Épiphanie »* → page 32

Ces autres fêtes ne sont pas des jours fériés, mais elles donnent aux Français l'occasion de partager les mêmes rituels en fonction de leur religion, de leur culture ou simplement de leurs habitudes.

L'ÉPIPHANIE

Cette fête est célébrée le premier dimanche après le jour de l'an. Elle commémore l'adoration du Christ par les Rois mages venus d'orient. Le mot provient du grec Epiphaneia et signifie « manifestation » (c'est la manifestation de Dieu parmi les hommes).

À cette occasion, on partage une galette à la frangipane (crème à base d'amandes pilées) ou une brioche, dans lesquelles sont dissimulées de petites figurines qui, traditionnellement, représentaient un roi ou une reine. Autrefois en porcelaine, aujourd'hui en plastique, elles sont appelées fèves en souvenir de l'époque où il s'agissait de haricots. De nos jours, elles prennent toutes sortes de formes selon la mode et la fantaisie du boulanger ou du pâtissier.

Ces galettes sont vendues avec des couronnes en papier. Celui ou celle qui trouve la fève dans sa part de gâteau peut se coiffer de la couronne et est reine ou roi pour la journée. Pour éviter les tricheries, le plus jeune de l'assemblée se glisse sous la table pour ordonner la distribution des parts. Il est d'usage de boire du champagne ou un vin pétillant pour accompagner la galette. Il arrive qu'on tire les rois à plusieurs reprises entre amis, entre voisins, en famille ou au bureau.

POUR EN SAVOIR PLUS

Après la guerre de 1870 contre l'Allemagne, l'Alsace devient allemande et de nombreux Alsaciens émigrent à Paris. Ils font connaître la tradition germanique du sapin de Noël qui se répand vite dans toute la France.

La galette des rois est faite d'une pâte feuilletée fourrée à la frangipane (mélange de sucre, de beurre, d'œufs et de poudre d'amande).

LE SAVIEZ-VOUS ?

À l'origine, on mettait dans la galette une vraie fève c'est-à-dire un petit haricot. La forme de la graine de ce légume est celle d'un embryon et symbolise la fertilité. La fève est toujours considérée comme un porte-bonheur.

2 LE CALENDRIER

POUR EN SAVOIR PLUS

L'islam est la deuxième religion de France avec environ 5 % d'adeptes. L'Aïd el Kebir (la grande fête en arabe) commémore le sacrifice d'Abraham. À cette occasion, les musulmans sacrifient un mouton qui est consommé au cours d'un grand repas de famille. Cette fête a lieu à la fin du douzième mois lunaire qui est le mois du pèlerinage à La Mecque. Les autorités sanitaires sont très attentives aux conditions d'abattage des animaux. Elles mettent à disposition de la communauté musulmane des lieux qui permettent de tuer les moutons dans le respect du rituel et des lois sanitaires.

Les crêpes sont une spécialité bretonne, on les appelle galettes quand elles sont salées et faites avec de la farine de sarrasin. Les crêpes sont meilleures accompagnées d'un bon cidre bouché ou d'un vin pétillant.

LA CHANDELEUR

À l'origine, c'était une fête païenne qui marquait le retour à la lumière et au printemps. Elle est célébrée par les chrétiens 40 jours après Noël soit le 2 février, jour de la présentation de Jésus au temple. Son nom vient du latin festum candelorum (fête des chandelles).

La tradition est de manger des crêpes, et de les faire sauter dans la poêle d'une main en tenant une pièce de monnaie dans l'autre main. C'est, dit-on, une garantie de bonheur et de prospérité. Pourquoi mange-t-on des crêpes ? Leur couleur et leur forme ronde rappellent le disque solaire et l'allongement des jours.

PROVERBES ET DICTONS

Décembre trop beau, été dans l'eau.

Noël au balcon, Pâques aux tisons.

En avril ne te découvre pas d'un fil, en mai fais ce qu'il te plaît.

LE SAVIEZ-VOUS ?

Le mot carnaval vient du latin *carne levare* qui signifie enlever ou retirer la viande (des repas). La suppression de la viande correspond au carême, période de 40 jours qui précède Pâques, durant laquelle les chrétiens consacraient leur temps à la prière et au jeûne. Le mardi « gras » est le dernier jour où l'on peut manger de la viande avant le carême, période de « maigre ».

MARDI GRAS

En février, le Mardi gras est le dernier jour du carnaval, période de plus d'un mois où les règles morales et sociales pouvaient être transgressées. Grâce aux déguisements, ce qui était interdit devenait possible. Aujourd'hui, les enfants, et parfois les adultes, se déguisent. Certaines villes, comme Nice, organisent de grands carnavals à vocation touristique avec des défilés de chars. Dans d'autres villes comme Dunkerque, le carnaval est une vraie fête populaire avec ses rites et ses traditions. Dans certaines régions, on fabrique un mannequin, sacré roi du carnaval, et on brûle ce pantin le jour du Mardi gras.

Durant cette période, on mange de petits gâteaux frits confectionnés à la maison ou par des pâtissiers qui prennent des formes et des noms différents selon les régions (oreillettes, merveilles, bugnes, beignets, etc.).

LA SAINT-VALENTIN

Le 14 février, on fête la Saint-Valentin en France comme dans beaucoup d'autres pays. Depuis le XVe siècle, l'église a fait de ce saint, le patron des amoureux.
L'origine de la fête est probablement romaine, mais elle reste mystérieuse... comme l'amour.
Aujourd'hui, on célèbre cette fête en envoyant une carte ou en offrant un cadeau à celle ou à celui que l'on aime. Des cœurs rouges et roses envahissent les vitrines, à Paris les panneaux lumineux d'information affichent les plus beaux messages d'amour des internautes.

LE 1er AVRIL

La tradition veut que le 1er avril soit le jour des plaisanteries : on dit « Poisson d'avril ! » à ceux à qui l'on fait une farce. Ce jour-là, les journaux, la radio et la télévision annoncent parfois de fausses nouvelles. L'habitude de faire des farces disparaît peu à peu. L'origine de cette fête n'est pas déterminée avec précision.

LA FÊTE DES MÈRES

La fête des Mères a lieu le dernier dimanche du mois de mai. Déjà au VIe siècle, à Rome, une fête des Mères était célébrée, et en 1806 Napoléon en avait évoqué l'idée. Cette fête est officielle depuis 1929.
La fête des Pères, créée en 1952, a lieu le troisième week-end du mois de juin.

LA FÊTE DE LA MUSIQUE

La fête de la musique a été imaginée en 1981 par un compositeur et popularisée par un ministre de la Culture français. Sa première édition a eu lieu le 21 juin 1982. Le 21 juin a été retenu, car c'est à la fois le premier jour de l'été et le solstice d'été (le jour le plus long de l'année). Cette fête a pour vocation de promouvoir la musique en encourageant les musiciens amateurs à se produire dans les rues. De nombreux concerts gratuits sont organisés à cette occasion.
En quelques années, cette fête s'est diffusée dans plus de 100 pays sur les cinq continents.

Emblématiques des fêtes et des carnavals du nord de la France, les géants représentent des héros fabuleux, des travailleurs, des animaux ; ils peuvent mesurer jusqu'à huit mètres et nécessitent parfois plusieurs porteurs.

POUR EN SAVOIR PLUS

Dans le Midi de la France, de la Camargue aux Pyrénées, tout comme en Espagne et au Portugal un animal, le taureau, joue un rôle central au cours de grandes fêtes populaires appelées ferias. C'est l'occasion de montrer sa bravoure en affrontant des taureaux sur les places ou dans des arènes. C'est aussi l'occasion de boire, chanter, danser, autrement dit de faire la fête.

2 LE CALENDRIER

Pendant 10 jours, début août, le festival interceltique de Lorient accueille 4 500 artistes qui font revivre la culture celte.

UNE ANNÉE ANIMÉE

Parallèlement aux fêtes civiles et religieuses qui ponctuent la vie des Français, certaines périodes de l'année sont marquées par des événements culturels et sportifs significatifs comme le festival de Cannes en mai, le tour de France cycliste en juillet, les prix littéraires en septembre et le salon de l'agriculture qui se tient à Paris en février.

Une multitude de festivals animent les villes et les villages pendant la période estivale. Ces festivals, comme le festival de théâtre d'Avignon ou d'art lyrique d'Aix-en-Provence, comptent parmi les grandes manifestations culturelles européennes, attirent de nombreux touristes français et étrangers et contribuent au développement économique des territoires. Des événements comme les nuits blanches ou les journées européennes du patrimoine remportent également un vif succès.

À Paris, dans la nuit du premier samedi au premier dimanche d'octobre, de 19 heures à 7 heures du matin, la « nuit blanche » a pour objectif de rendre l'art accessible à tous, de mettre en valeur l'espace urbain et de créer un moment de convivialité. À cette occasion, le public peut visiter différents lieux et assister à des manifestations culturelles. La première édition s'est tenue en 2002 à l'initiative du maire de Paris, D'autres villes en France et en Europe ont également leur « nuit blanche ».

À l'occasion des journées européennes du patrimoine, le deuxième week-end de septembre partout en France, des milliers de monuments ouvrent leurs portes, ce qui permet de découvrir des édifices ou des lieux habituellement fermés au public.

Le cinéma aussi a sa fête et, à cette occasion, la Fédération nationale des cinémas français propose dans l'essentiel des salles hexagonales un tarif unique et préférentiel partout en France pendant quatre jours en juillet.

À VOTRE TOUR !

REPÈRES CULTURELS

Mars : dieu de la guerre chez les Romains, fils de Jupiter et de Junon. C'est l'un des plus grands dieux romains.

Napoléon Bonaparte : empereur des Français, sous le nom de Napoléon Ier, de 1804 à 1815. Il est à l'origine du code civil qui a inspiré le système juridique de nombreux pays.

un dicton (ou un proverbe) : formule qui exprime un conseil ou une expérience vérifiée. *Exemple :* L'argent ne fait pas le bonheur.

REPÈRES LEXICAUX

astronome (n.m.) : scientifique qui observe et étudie l'univers.

bissextile (adj.) : une année bissextile comporte 366 jours au lieu de 365.

décret (n.m.) : acte réglementaire pris par le président de la République ou le Premier ministre.

COMPRÉHENSION ORALE **

3 PETITE HISTOIRE DU CALENDRIER

A Dites si les propositions suivantes sont vraies (V) ou fausses (F).

❶ Le premier calendrier romain était un calendrier solaire. V ○ F ○

❷ Ce sont les Grecs qui ont décidé de réformer le calendrier. V ○ F ○

B Répondez aux questions suivantes.

❶ À quels chiffres ou nombres correspondent les noms des mois suivants ?
Septembre ....
Octobre ....
Novembre ....
Décembre ....

❷ Pourquoi le calendrier en usage jusqu'au XVIe siècle s'appelait-il le calendrier julien ?
....
....
....
....

❸ Pourquoi le pape Grégoire a-t-il décidé de changer le calendrier ?
....
....
....
....

❹ En quelle année ce changement est-il intervenu ?
....
....

❺ En quelle année ces différents pays ont-ils adopté le nouveau calendrier ?
a. L'Allemagne ....
b. Le Danemark ....
c. L'Angleterre ....
d. La Grèce ....
e. La Russie ....
f. Le Japon ....
i. La Chine ....

❻ En quelle année le calendrier grégorien a-t-il été abandonné ?
....
....

❼ En quelle année le calendrier grégorien a-t-il été rétabli ?
....
....

❽ Quelle est la raison de ce rétablissement ?
....
....
....
....

❾ Quel homme politique est à l'origine de ce rétablissement ?
....
....
....
....

À VOTRE TOUR !

REPÈRES CULTURELS

Épiphanie *(n.f.)* : fête religieuse chrétienne célébrée le premier dimanche après le jour de l'an.

Chandeleur *(n.f.)* : fête religieuse chrétienne célébrée le 2 février.

tirer les rois *(exp.)* : manger une galette ou une brioche contenant une fève.

REPÈRES LEXICAUX

fève *(n.m.)* : petite figurine dissimulée dans une galette des rois.
frangipane *(n.f.)* : crème à base d'amandes pilées.

COMPRÉHENSION ORALE *

4
TIRER LES ROIS À L'ÉPIPHANIE

Écoutez le document sonore et répondez aux questions.

❶ Pourquoi Lucie ne veut-elle pas aller à la piscine avec son amie ?

❷ Quelles fêtes Lucie et son amie comparent-elles ?

❸ Parmi les propositions suivantes, quelles sont celles qui sont associées à l'Épiphanie pour Lucie, pour son amie ou pour aucune d'entre elles.

	Lucie	L'amie de Lucie	Ni l'une ni l'autre
a. La convivialité			
b. La brioche aux fruits			
c. La galette à la frangipane			
d. Le ridicule			
e. Le déplaisir			
f. Le vin pétillant			
g. Le cidre			
h. La couronne			
i. Les cadeaux			
j. La rencontre avec les voisins			
k. Le commerce			
l. La tradition religieuse			
m. Les fèves			

❹ Parmi les propositions suivantes, quelles sont celles qui sont associées à la Chandeleur pour Lucie, pour son amie ou pour aucune d'entre elles.

	Lucie	L'amie de Lucie	Ni l'une ni l'autre
a. Les beignets			
b. La tradition			
c. Une pièce de monnaie			
d. L'enfance			
e. La confection des crêpes			
f. La religion			

À VOTRE TOUR !

COMPRÉHENSION ÉCRITE

QUIZ

A Ces affirmations sont-elles vraies (V) ou fausses (V) ?

1. Toutes les fêtes correspondent à des jours fériés. V○ F○
2. On tire les rois pour l'Épiphanie. V○ F○
3. La fête des Mères est officielle depuis Napoléon. V○ F○
4. Le 1er mai est une fête religieuse. V○ F○
5. Il y a 11 jours fériés en plus des dimanches. V○ F○
6. La fête des Pères n'existe pas. V○ F○
7. La fête de la musique date de la Révolution. V○ F○
8. On danse dans les rues pour le 14 juillet. V○ F○
9. Les jours fériés correspondent exclusivement à des fêtes civiles. V○ F○

B Associez chaque fête à une de ses représentations.

1. La Saint-Valentin
2. Pâques
3. La chandeleur
4. La Toussaint
5. La fête du travail
6. Le 14 juillet
7. L'Épiphanie
8. Noël

a. La fève
b. Le muguet
c. Les feux d'artifice
d. Les crêpes
e. Les cloches
f. Les chrysanthèmes
g. Les cœurs
h. La dinde

1.	2.	3.	4.	5.	6.	7.	8.

PRODUCTION ORALE

Ça se discute !

- Est-ce que le caractère commercial de certaines fêtes comme la Saint-Valentin ou la fête des mères affecte le charme de la célébration ?
- Certaines personnes pensent que la fête des mères, en célébrant la maternité, perpétue une image qui va à l'encontre des mouvements d'émancipation des femmes. Partagez-vous ce point de vue ?

PRODUCTION ÉCRITE

À vos stylos !

Racontez un événement en rapport avec une fête qui vous a marqué positivement ou négativement.

3
LA FAMILLE

Une famille, c'est au moins deux personnes vivant sous le même toit : un couple (avec ou sans enfants) ou un adulte et au moins un enfant mais qui n'ont pas forcément le même nom. Plus de 80 % de la population française vit en famille. Au cours des cinquante dernières années, la cellule familiale traditionnelle a profondément changé : augmentation des divorces, des familles monoparentales, des familles recomposées, etc. La vie de famille appartient au domaine privé, mais c'est aussi une affaire publique car l'évolution de la structure familiale a de multiples répercussions sur la société.

OBJECTIFS CULTURELS

- Comprendre l'origine des noms de famille.
- Se familiariser avec les traditions liées au mariage civil et religieux.
- Distinguer les différents types de familles.
- Prendre connaissance des différents aspects de la politique familiale.

PRATIQUE DE LA LANGUE

VÉRIFIER SES CONNAISSANCES

- **Réception de l'écrit**
  Lire pour s'informer
  → Quiz page 45

EXERCER SES COMPÉTENCES

- **Réception de l'oral**
  - Comprendre une conversation entre tierces personnes
  « Vie privée »
  Audio 5 → page 43
  - Comprendre en tant qu'auditeur
  « L'évolution de la politique familiale »
  Audio 6 → page 44

- **Production orale**
  Monologue suivi ou interaction
  « Ça se discute ! »
  → Page 45

- **Production écrite**
  Écriture créative
  « À vos stylos ! »
  → Page 45

LES MOTS ET LES EXPRESSIONS DU THÈME

accoucher *(v.)*
allocation *(n.f.)*
avortement *(n.m.)*
bans *(n.m.pl.)*
conjoint / conjointe *(n.m. / n.f.)*
conjugal *(adj.)*
contraception *(n.f.)*
dérogation *(n.f.)*
faire-part *(n.m.)*
grossesse *(n.f.)*
monoparental *(adj.)*
procréation *(n.f.)*

3 LA FAMILLE

LES NOMS DE FAMILLE ET LES PRÉNOMS

POUR EN SAVOIR PLUS

Si vous jugez que votre nom est ridicule ou a une consonance gênante, vous pouvez le faire modifier, mais la procédure est longue et coûteuse.

LA FIN DU PATRONYME

Depuis la loi de 2005, le mot patronyme (*patro* vient du latin *pater*, le père) a été remplacé par le nom de famille. Cette loi permet aux enfants de porter le nom de leur père ou de leur mère, ou une combinaison des deux noms, et de les transmettre à leurs propres enfants. Les frères et les sœurs doivent porter le même nom, et, en cas de désaccord, c'est le nom du père qui est retenu.

Martin reste le nom de famille français le plus fréquent, suivi de Bernard et Thomas (ces trois noms pouvant aussi être des prénoms). Il y a plus de probabilités de rencontrer un Monsieur ou une Madame Petit qu'un Monsieur ou une Madame Dupont, nom qui n'arrive qu'en vingt-deuxième place. Les noms de professions sont à l'origine de nombreux patronymes comme Meunier, Boulanger ; de même, les noms de lieux ont donné des Duval, des Dumont ou des Dumoulin.

LES NOMS À PARTICULES

La particule « de » n'est pas nécessairement un signe de noblesse, elle marque parfois l'origine géographique d'une personne, par exemple : François de Plazac (Plazac étant un village du Périgord). Aujourd'hui, quelques citoyens français portent encore le titre de duc, marquis ou comte.

LES PRÉNOMS USUELS

Depuis 1993, la loi permet aux parents de choisir librement le prénom de leur enfant, à condition qu'il ne soit pas ridicule ! Les nouveau-nés doivent être déclarés auprès du service de l'état civil de la commune où ils sont nés.

Au fil des générations, des prénoms se démodent ou au contraire reviennent au-devant de la scène.

À la maternité, le bracelet d'identification des nouveau-nés où figurent le nom, le sexe et la date de naissance du bébé évite la crainte courante du bébé échangé.

Signature du registre des mariages à la mairie en présence des témoins, du maire ou de l'un de ses adjoints. Les alliances se portent à l'annulaire de la main gauche.

LE MARIAGE

🎧 5 « Vie privée »* → page 43

Depuis mai 2013, malgré la forte résistance d'une partie des Français, la loi autorise le mariage pour tous, ainsi les personnes de même sexe peuvent y avoir recours, au même titre que les couples hétérosexuels. Depuis les années 1970, le nombre de mariages est en baisse, comme partout en Europe. On en compte en moyenne 235 000 par an dont 3 % sont des unions de personnes de même sexe. Les Français se marient de plus en plus tard : 35,3 ans pour les femmes et 37,8 ans pour les hommes.

Depuis 2005, l'âge légal du mariage est de 18 ans pour les filles comme pour les garçons, il s'aligne donc sur l'âge de la majorité civile. Cependant, des dérogations peuvent être accordées aux mineurs. Pour cela, ils doivent obtenir une dispense d'âge délivrée par le procureur de la République pour motifs graves (en général quand la jeune femme est enceinte), ainsi que l'autorisation de leurs parents.

LE MARIAGE CIVIL

Le mariage civil est le seul reconnu officiellement. Il faut s'adresser à la mairie du lieu de résidence de l'un des futurs époux. Le maire devra publier les bans au moins dix jours avant la cérémonie, c'est-à-dire qu'il devra afficher le projet de mariage aux portes de la mairie. Les personnes qui connaissent un cas d'empêchement au mariage pourront ainsi s'y opposer. Pour la publication des bans, la loi exige l'audition préalable des futurs époux par un officier de l'état civil pour éviter les mariages forcés ou de complaisance.

Les futurs mariés devront fournir, avec le certificat de publication des bans, les documents suivants :
– un extrait d'acte de naissance ;
– une pièce d'identité ;
– des justificatifs de domicile de chacun des futurs époux ;
– la liste des témoins et leurs coordonnées.

PROVERBES ET DICTONS

Qui se ressemble, s'assemble.

Mariage pluvieux, mariage heureux.

Loin des yeux, loin du cœur.

L'amour est aveugle.

Mains froides, cœur chaud.

Il faut laver son linge sale en famille.

3 LA FAMILLE

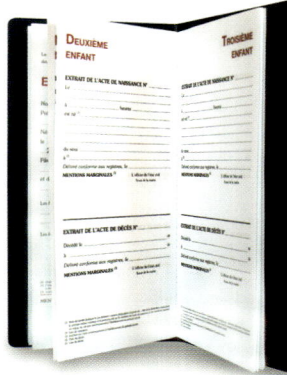

Dans le livret de famille sont mentionnés tous les événements de la vie de la famille : mariage, naissance d'enfants, divorces, décès...

POUR EN SAVOIR PLUS

90 % des couples qui se marient vivaient ensemble avant le mariage et parfois les enfants assistent au mariage de leurs parents. Environ 15 % des mariages sont des mariages mixtes, c'est-à-dire qu'un des époux est étranger, originaire en majorité d'un pays d'Afrique du Nord. On estime que certains de ces mariages sont des mariages blancs. Un étranger en situation régulière peut obtenir sous certaines conditions la nationalité française s'il est marié depuis au moins quatre ans avec un ressortissant français.

Les femmes ont le choix de garder leur nom de jeune fille, de prendre le nom de leur mari ou d'associer les deux noms.

Le mariage est célébré dans une salle de la mairie, généralement réservée à cet effet, et dont les portes doivent rester ouvertes durant toute la cérémonie, car le mariage est un acte public. Le maire, ou l'un de ses adjoints, officie avec l'écharpe tricolore et remet aux mariés, à la fin de la cérémonie, un livret de famille qui contient l'acte de mariage et dans lequel les futurs enfants du couple seront également inscrits.

LE MARIAGE RELIGIEUX

La première religion en France étant le catholicisme, la plupart des mariages religieux ont lieu à l'église, mais cette pratique est de moins en moins suivie (un mariage sur quatre seulement).

La coutume veut que le futur époux entre en premier au bras de sa mère, et la future épouse entre la dernière au bras de son père.

La cérémonie terminée, les deux mariés sortent ensemble de l'église.

UNE FÊTE FAMILIALE

Le mariage est, comme partout, l'occasion de réunir famille et amis pour une grande fête. Pour annoncer l'événement, il est d'usage d'envoyer un faire-part qui précise le lieu et la date de la cérémonie, et d'offrir des dragées (amandes enrobées de sucre) aux parents et amis.

À la sortie de la mairie ou de l'église, les invités lancent du riz ou des pétales de roses sur les mariés pour leur souhaiter bonheur et prospérité. Un cortège de voitures décorées de fleurs et de rubans suit la voiture des mariés en klaxonnant, pendant qu'elle se dirige vers le lieu où une réception est offerte aux invités.

Le repas de mariage se termine généralement par une pièce montée, gâteau souvent fait de choux à la crème disposés en pyramide, que les mariés découpent et servent aux convives.

80 % des mariages ont lieu un samedi entre le mois de juin et le mois de septembre. Les futurs époux et leurs familles dépensent en moyenne 10 000 € pour cet événement.

À cette occasion, les parents et les amis offrent un cadeau aux futurs époux qui peuvent déposer des listes de mariage dans différents magasins. Ces listes, établies par les futurs mariés, sont des propositions de cadeaux pour celles et ceux qui manquent d'imagination ou qui ont peur de faire un mauvais choix.

La pièce montée est un gâteau surmonté de petites figurines dont la forme varie avec l'événement fêté (baptême, communion, mariage, etc.).

LES DIFFÉRENTES STRUCTURES FAMILIALES

L'UNION LIBRE

Le nombre de couples non mariés continue d'augmenter depuis les années 1970 ; plus de 500 000 unions libres se forment chaque année. Parmi ces couples, 51 % vivent avec des enfants. L'arrivée d'un enfant n'entraîne plus systématiquement la régularisation d'une union. Plus de la moitié des premières naissances ont lieu hors mariage. L'union libre ne semble plus être un mariage à l'essai. Face à cette situation, l'État a été amené à prendre des mesures en faveur du concubinage. Les mairies peuvent établir une attestation de concubinage qui permettra, par exemple, au membre du couple qui ne travaille pas, de bénéficier de la Sécurité sociale de son compagnon ou de sa compagne. Même si la majorité des couples qui se marient aujourd'hui ont vécu ensemble, 10 % des Français se marient encore sans vie commune préalable.

LE PACTE CIVIL DE SOLIDARITÉ

Le PACS, adopté en 1999 par l'Assemblée nationale, est un contrat entre deux personnes. Il concerne les couples non mariés et doit être enregistré à la mairie. Depuis sa création, plus de 2 millions de PACS ont été signés.

Les droits des couples pacsés sont sensiblement les mêmes que ceux des couples mariés. Par exemple, ils peuvent faire une déclaration de revenus commune. En revanche, la loi interdit aux couples pacsés

LE SAVIEZ-VOUS ?

- Le nombre de personnes vivant seules a doublé en 30 ans. Elles sont environ 10 millions et, parmi elles, ce sont les femmes cadres et diplômées qui sont les plus nombreuses.
- Le sigle du pacte civil de solidarité est devenu un nom commun, « le pacs » et un verbe, « se pacser ».

3 LA FAMILLE

> **POUR EN SAVOIR PLUS**
>
> Les États généraux de la bioéthique se réunissent tous les sept ans environ pour interroger la société sur l'évolution des techniques médicales et la place qu'elles peuvent prendre dans la vie des citoyens. Les thèmes régulièrement abordés sont les conditions de la fin de vie et l'accès pour tous à la procréation médicalement assistée (PMA). Ces sujets sont très réglementés. La procréation par mères porteuses est interdite en France.

d'adopter un enfant, alors que l'adoption est toujours possible par un des partenaires ou par une personne vivant seule.

Un PACS conclu par un étranger non européen avec un Français, un Européen ou un autre étranger, donne droit à la délivrance d'une carte de séjour « vie privée et familiale » renouvelable chaque année. Cette carte permet à son titulaire de travailler mais, contrairement au mariage, elle ne permet pas d'obtenir la nationalité française.

LES FAMILLES MONOPARENTALES

Le nombre de familles monoparentales, c'est-à-dire composées d'un ou plusieurs enfants et d'un adulte (le plus souvent une femme), augmente régulièrement : presque un quart des familles sont monoparentales. Plus de 3 millions d'enfants vivent avec un seul parent.

Ces familles sont celles qui ont le plus de difficultés financières. Les allocations familiales et les allocations logements leur évitent de vivre dans une extrême pauvreté. Cependant, être une famille monoparentale n'est pas toujours définitif, on observe que des couples se reforment en moyenne au bout de cinq ans.

Les pères de famille s'impliquent de plus en plus dans les tâches de la vie quotidienne.

LES FAMILLES RECOMPOSÉES

Ce sont des familles dont les parents ont eu des enfants d'une autre union. C'est le cas d'une famille sur dix. La famille recomposée est la conséquence du nombre important de divorces. Les enfants doivent alors s'adapter à un beau-père ou à une belle-mère et aux enfants de ceux-ci, ainsi qu'à de nouveaux grands-parents. Souvent, ils ont aussi des demi-frères et des demi-sœurs. Lorsqu'ils vivent avec un parent et un beau-parent, c'est plus souvent avec leur mère et un beau-père qu'avec leur père et une belle-mère.

LE DIVORCE

Depuis les années 1970, le nombre de divorces est en nette augmentation comme presque partout en Europe ; en France, près d'un mariage sur deux se termine par un divorce.

L'assouplissement des formalités, la diminution des pratiques religieuses et l'indépendance financière des femmes expliquent en grande

> **POUR EN SAVOIR PLUS**
>
> Il existe deux types de divorces :
> - Le consentement mutuel : les époux établissent une convention, ils doivent être d'accord sur le principe et les conséquences du divorce.
> - La rupture irrémédiable du lien conjugal : si l'un des époux conteste la nécessité de divorcer, un temps de réflexion est imposé, mais il ne peut pas arrêter la procédure. Le divorce pourra alors être prononcé après trois ans de séparation.

partie cette augmentation. Les épouses demandent plus souvent le divorce que leurs conjoints : dans trois cas sur quatre. La moitié des couples qui divorcent ont des enfants. Le plus souvent, ils sont confiés à la garde de la mère, le père voyant ses enfants un week-end sur deux et pendant la moitié des vacances scolaires. De plus en plus de pères s'élèvent contre cette discrimination et se regroupent dans des associations pour demander un droit de garde plus juste à leurs yeux.
La loi prévoit aussi la possibilité de résidence alternée : les enfants vivent alternativement, sur des périodes variables (une ou deux semaines en général), chez chacun des parents.
20 % des enfants de couples divorcés ne voient plus leur père.
Le juge aux affaires familiales détermine le montant de la pension alimentaire qu'un des parents doit verser à celui qui a la garde des enfants.

POUR EN SAVOIR PLUS

Dans l'Union européenne, le nombre d'enfants par femme est en légère augmentation depuis dix ans. La France a le taux de natalité le plus élevé avec 1,9 enfant par femme, arrivent ensuite la Suède et l'Irlande. L'Espagne, l'Italie et Malte sont les dernières du peloton.

LA POLITIQUE FAMILIALE

 6 « L'évolution de la politique familiale »** → page 44

LES CONGÉS DE MATERNITÉ ET DE PATERNITÉ

Le congé de maternité existe depuis 1909 et sa durée a régulièrement augmenté. Le nombre de semaines de congé varie en fonction du nombre d'enfants vivant au foyer. Le congé de maternité est au minimum de 16 semaines ; pour une troisième naissance, il est de 26 semaines ; pour des jumeaux il est de 34 semaines.
Un congé de paternité et d'accueil de l'enfant de 11 jours consécutifs est accordé au conjoint ou à la personne avec laquelle on vit. Il est de 18 jours pour une naissance multiple et doit être pris dans les quatre mois qui suivent la naissance.

Le faire-part de naissance informe la famille et les amis de l'arrivée d'un enfant.

LE SAVIEZ-VOUS ?

Le Code civil des Français, mis en place par Napoléon en 1804, a inspiré de nombreuses démocraties. Il a été modifié à plusieurs reprises et les articles relatifs à la famille font partie de ceux qui ont le plus changé.

LES PRESTATIONS FAMILIALES

Depuis 2015, les prestations familiales sont attribuées en fonction des revenus du ménage et du nombre d'enfants de moins de 20 ans. Les allocations familiales sont versées chaque mois à partir du deuxième enfant, le montant varie en fonction des ressources de la famille.

3 LA FAMILLE

POUR EN SAVOIR PLUS

Le Planning familial informe les femmes sur les différents moyens de contraception. Les conseillères de cette association aident également celles qui ne souhaitent pas mener leur grossesse à terme. L'interruption volontaire de grossesse (IVG) est légale depuis 1975, et est prise en charge en totalité par la Sécurité sociale. Elle peut être effectuée jusqu'à la 12e semaine de grossesse, et les jeunes filles mineures n'ont plus besoin de l'autorisation de leurs parents. Les femmes étrangères peuvent demander une IVG sans avoir à justifier une durée minimale de séjour en France.

Montant des allocations familiales en vigueur jusqu'au 31 mars 2021 :

Revenus annuels	Allocations mensuelles pour deux enfants	Allocations mensuelles pour trois enfants
Moins de 68 217 €	131,95 €	301 €
Jusqu'à 90 926 €	65,97 €	150,51 €
Plus de 90 926 €	32,99 €	75,26 €

L'âge moyen de la première grossesse en France est de 30 ans environ.

ALLOCATIONS FAMILIALES

De nombreuses aides complémentaires sont accordées aux familles en difficulté comme l'allocation de soutien familial pour les personnes qui élèvent seules leur(s) enfant(s), ou l'allocation d'aide aux enfants handicapés.

Si un des parents cesse de travailler pour élever un enfant de moins de trois ans, il percevra une aide financière pour compenser une partie de la perte de salaire.

Une allocation de rentrée scolaire est versée chaque année aux familles, elle est attribuée en fonction de l'âge de l'enfant et des ressources des parents (entre 369 et 403 € en 2019). Les familles qui ont trois enfants peuvent bénéficier d'une carte de famille nombreuse et obtenir ainsi des réductions, notamment pour les transports.

LE SAVIEZ-VOUS ?

- Les femmes ont la possibilité d'accoucher sous X, c'est-à-dire de manière anonyme, et ensuite d'abandonner leur enfant qui pourra alors être adopté. Cette pratique concerne environ 600 enfants par an mais, ces dernières années, elle est régulièrement dénoncée par les enfants nés sous X qui se battent pour le droit à connaître leurs origines.
- Le recours aux techniques de procréation médicalement assistée, réservées aux couples mariés, est totalement pris en charge par la Sécurité sociale mais se limite à quatre tentatives. On estime à 144 000 le nombre de couples qui recourent chaque année aux diverses techniques de procréation médicalement assistée. Depuis 2020, la PMA est accessible aux femmes célibataires et aux couples de femmes.

À VOTRE TOUR !

REPÈRES CULTURELS

l'état civil : service public chargé d'enregistrer les mariages, les naissances et les décès.

le mariage civil : il se fait à la mairie, c'est le seul mariage officiel. Le mariage religieux n'est pas reconnu par l'État.

le divorce : il ne peut être demandé qu'après six mois de mariage et nécessite l'intervention d'un juge aux affaires familiales, appelé par le passé juge aux affaires matrimoniales.

PACS (Pacte civil de solidarité) : contrat conclu entre deux personnes majeures en mairie ou devant un notaire.

REPÈRES LEXICAUX

maritalement *(adv.)* : vivre comme des époux mais sans être mariés.

procédure *(n.f.)* : ensemble de démarches administratives et judiciaires.

COMPRÉHENSION ORALE *

5 VIE PRIVÉE

Dites si ces énoncés sont vrais (V), faux (F) ou si le document ne permet pas de le savoir (?). Mettez une croix dans la case qui convient.

À propos de la femme interviewée :

1. Elle est mariée. V○ F○ ?○
2. Elle a signé un PACS. V○ F○ ?○
3. Elle cohabite avec un homme. V○ F○ ?○
4. Elle a des enfants. V○ F○ ?○
5. Son divorce s'est mal passé. V○ F○ ?○
6. Elle porte toujours le nom de son ex-mari. V○ F○ ?○
7. Son ex-mari et elle n'étaient pas d'accord sur le montant de la pension alimentaire. V○ F○ ?○
8. C'est elle qui a demandé le divorce. V○ F○ ?○
9. Elle ne souhaite pas se remarier. V○ F○ ?○
10. Pour elle, avoir des enfants sans être mariée pose des problèmes. V○ F○ ?○
11. Son compagnon souhaiterait probablement un mariage religieux. V○ F○ ?○
12. Son mariage était un mariage religieux. V○ F○ ?○

À VOTRE TOUR !

REPÈRES CULTURELS

famille (nucléaire) *(n.f.)*: famille traditionnelle formée d'un couple et de leur(s) enfant(s).

régime (matrimonial) *(n.m.)*: ensemble des règles qui fixent les droits et les devoirs des époux.

REPÈRES LEXICAUX

conjointement *(adv.)*: ensemble, en même temps.

consentement *(n.m.)*: le fait de donner son accord.

promulguer *(v.)*: publier officiellement une loi.

COMPRÉHENSION ORALE **

L'ÉVOLUTION DE LA POLITIQUE FAMILIALE

**Vous allez entendre un document qui retrace l'évolution des lois concernant la vie familiale.
Écoutez le document sonore et répondez aux questions.**

❶ Quels sont les aspects positifs de la loi de 1965 pour les femmes ?

❷ Quelles sont les modifications de la loi de 1966 concernant l'adoption ?

❸ En quelle année la loi dite Veil a-t-elle été promulguée ? Qu'autorise-t-elle ?

❹ En 1985, la loi précise les responsabilités financières des deux époux. Donnez deux exemples.

❺ Dans quel cas, la mère exerce-t-elle seule l'autorité parentale ?

❻ En 2015, quel changement concerne les allocations familiales ?

À VOTRE TOUR !

COMPRÉHENSION ÉCRITE

QUIZ

Les propositions suivantes sont-elles vraies (V) ou fausses (F) ?

1. Les filles majeures doivent avoir l'autorisation de leurs parents pour se marier. V ○ F ○
2. La femme doit porter le nom de son mari. V ○ F ○
3. Le divorce par consentement mutuel signifie que les époux refusent de se séparer. V ○ F ○
4. Le PACS est réservé aux couples de même sexe. V ○ F ○
5. Une famille monoparentale est une famille où il n'y a qu'un seul enfant. V ○ F ○
6. Dans les familles recomposées, le beau-père d'un enfant est le mari de sa mère. V ○ F ○
7. L'allocation de rentrée scolaire est accordée à toutes les familles. V ○ F ○
8. Les allocations familiales ne sont plus versées après la majorité de l'enfant. V ○ F ○
9. Les pères peuvent bénéficier d'un congé pour la naissance d'un enfant. V ○ F ○

PRODUCTION ORALE

Ça se discute !

- La France accorde des aides financières pour encourager les familles à avoir des enfants. Cela vous semble-t-il normal ?
- À l'occasion de la naissance d'un enfant, la durée d'un congé de paternité peut atteindre 14 jours. Que pensez-vous de cette possibilité offerte aux pères ?

PRODUCTION ÉCRITE

À vos stylos !

Observez le faire-part de naissance page 41 et rédigez un faire-part pour la naissance de jumeaux ou de jumelles.

4

LA TABLE

Les produits industriels qui inondent le marché de l'alimentation ont tendance parfois à uniformiser, par-delà les frontières, les habitudes des consommateurs. Malgré cela, les Français restent très attachés à leurs traditions culinaires. Ils revendiquent leurs racines à travers leur manière de cuisiner et les produits qu'ils utilisent.
Les produits phares que sont le vin et le fromage sont toujours présents à la table familiale comme au restaurant. Bien manger est un art de vivre même si, en France comme ailleurs, les habitudes alimentaires varient en fonction du niveau social et des générations.

OBJECTIFS CULTURELS

- Découvrir la cuisine des régions et les vins de France.
- Comprendre les comportements alimentaires des Français.
- Se familiariser avec les codes sociaux liés aux repas et aux manières de table.
- Décoder les labels.

PRATIQUE DE LA LANGUE

VÉRIFIER SES CONNAISSANCES

- **Réception de l'écrit**
  Lire pour s'informer
  → Quiz page 61

EXERCER SES COMPÉTENCES

- **Réception de l'oral**
  - Comprendre une conversation entre tierces personnes
  « À chacun ses habitudes »
  Audio 7 → page 59

  - Comprendre en tant qu'auditeur
  « Les caractéristiques du vin »
  Audio 8 → page 60

- **Production orale**
  Monologue suivi ou interaction
  « Ça se discute ! »
  → Page 61

- **Production écrite**
  Écriture créative
  « À vos stylos ! »
  → Page 61

LES MOTS ET LES EXPRESSIONS DU THÈME

additif *(n.m.)*
affinage *(n.m.)*
apéritif *(n.m.)*
brasserie *(n.f.)*
charcuterie *(n.f.)*
convivial *(adj.)*
culinaire *(adj.)*
grignotage *(n.m.)*
mets *(n.m.)*
pesticide *(n.m.)*
savoir-vivre *(n.m.)*
vinifier *(v.)*

4 LA TABLE

POUR EN SAVOIR PLUS

Manger sur le pouce signifie manger rapidement sans se mettre vraiment à table en référence aux ouvriers, aux paysans et aux soldats qui mangeaient sans fourchette en n'utilisant qu'un simple couteau et qui, de ce fait, se servaient beaucoup de leur pouce.

LES REPAS

Dans les grandes villes, la vie moderne a modifié les habitudes alimentaires. Le temps passé à cuisiner diminue en France comme ailleurs. Plus de la moitié des Français estiment qu'un repas doit être convivial avant d'être équilibré et, malgré le grignotage et l'augmentation des plats préparés dans leur alimentation, ils restent attachés aux trois repas traditionnels, ce qui est une exception parmi les pays européens.

À la maison, le petit-déjeuner, le déjeuner et le dîner rythment les journées. À ces trois repas s'ajoute le goûter que prennent les enfants aux alentours de 17h en rentrant de l'école.

Le duo café croissant est un des piliers du petit-déjeuner à la française.

Le petit-déjeuner est pris entre 7h et 8h, le déjeuner entre 12h et 13h et le dîner entre 19h et 20h30 selon la saison. En effet, on dîne plus tard en été, quand les journées sont longues et les soirées ensoleillées. Le petit-déjeuner surprend souvent les étrangers par sa frugalité. Il se compose traditionnellement d'une boisson chaude, le plus souvent un café noir ou au lait et plus rarement de thé. La moitié des Français prennent des tartines de pain beurré avec de la confiture. Les enfants boivent du chocolat, souvent accompagné de viennoiseries ou de tartines, et mangent parfois des céréales. Un Français sur quatre ne prend pas de petit-déjeuner malgré les conseils des diététiciens.

Même si 70 % des Français déjeunent chez eux, particulièrement ceux qui habitent des villes moyennes où le travail s'arrête à midi et reprend à 14 heures, le déjeuner reste le repas le plus souvent pris en dehors du domicile. Dans les grandes villes, il est souvent impossible de rentrer chez soi, alors on mange sur le pouce, et la restauration rapide française ou étrangère attire de nombreux clients, surtout les jeunes ; mais nombreux sont ceux qui apportent sur leur lieu de travail un déjeuner préparé à la maison, considéré comme plus économique et de meilleure qualité qu'un sandwich ou un plat de restauration rapide.

LE SAVIEZ-VOUS ?

- L'origine du croissant est controversée, mais il semblerait que cette pâtisserie soit originaire de Vienne en Autriche, c'est pourquoi on appelle viennoiserie les produits de boulangerie sucrés comme les croissants, les pains au chocolat, les brioches, etc.
- C'est Marie-Antoinette d'Autriche, reine de France, qui a officiellement introduit et popularisé le croissant en France à partir de 1770. Aujourd'hui, le croissant est toujours apprécié au petit-déjeuner.

Les salariés peuvent bénéficier de chèques-restaurant, dont une partie est financée par leur entreprise. Ces chèques-repas sont acceptés dans de nombreux établissements.

 7 « À chacun ses habitudes »* → page 59

Le dîner est le repas qui réunit toute la famille, il est le plus souvent pris entre 19 heures et 20 heures, et peut se composer de plusieurs plats, sans oublier le fromage accompagné d'un peu de vin.
Il est courant de recevoir la famille ou des amis à dîner. Quand on est invité, il est convenable d'offrir un bouquet de fleurs à la maîtresse de maison, d'apporter une bouteille de bon vin ou parfois un dessert. Lorsqu'on est invité chez des proches, on peut proposer de préparer un plat, le plus souvent une entrée ou un dessert, ce qui allège la tâche des hôtes et réduit les dépenses liées aux invitations.

LES USAGES DE LA TABLE

À table, la fourchette est placée à gauche de l'assiette, le couteau et la cuillère à soupe à droite et la petite cuillère au-dessus de l'assiette. Les verres sont posés en haut, à droite de l'assiette et sont alignés de la gauche vers la droite du plus grand au plus petit : le verre à eau, le verre à vin rouge et le verre à vin blanc.

À l'occasion de repas de fête, il peut y avoir plusieurs couteaux et fourchettes selon la composition du menu. À côté des verres à eau et à vin, on peut trouver au-dessus de l'assiette une flûte à champagne.

LE SAVIEZ-VOUS ?

Dans quel sens doit-on placer les dents de la fourchette ? Autrefois, les familles nobles ou simplement fortunées avaient des couverts gravés à leurs armoiries ou à leurs initiales à l'extérieur du manche. Pour que ces marques soient visibles, on plaçait les fourchettes pointes vers le bas et les cuillères côté bombé vers le haut. Cette habitude persiste sauf dans les restaurants où on les met souvent pointes vers le haut pour éviter qu'à la longue les dents percent la nappe !

LE SAVIEZ-VOUS ?

• N'est pas boulanger qui veut ! La loi précise que l'appellation de « boulanger » est réservée aux professionnels qui fabriquent la totalité du pain sur le lieu de vente et qui n'utilisent aucune étape de congélation.

• La traditionnelle baguette, star des boulangeries, mesure 65 cm et pèse 250 gr.

En 2010, une identité visuelle pour les boulangers a été créée : deux pains jaunes, avec l'accroche « Boulanger, c'est un métier ». C'est un repère utile pour le consommateur.

LE SAVIEZ-VOUS ?

Même si les règles de « savoir vivre » se sont assouplies, certaines bonnes manières subsistent :
• il faut attendre que la maîtresse ou le maître de maison commence à manger pour faire de même ;
• le poulet et les autres volailles ne se mangent pas avec les doigts, sauf si la maîtresse ou le maître de maison vous invite à le faire ;
• on laisse les mains sur la table, mais on n'y pose pas les coudes.

4 ► LA TABLE

Le menu du jour est souvent noté à la craie sur une ardoise.

 **LE SAVIEZ-VOUS ?**

Lorsque vous commandez de la viande rouge, on vous demande toujours de choisir le degré de cuisson. « Bleue » signifie que la viande sera à peine cuite, « saignante » peu cuite à l'intérieur et « à point » bien cuite.

 **POUR EN SAVOIR PLUS**

Les brasseries sont des cafés-restaurants qui servent des plats du jour et des boissons à des prix généralement abordables.

AU RESTAURANT

La plupart des restaurants proposent, en particulier à l'heure du déjeuner et en semaine, des menus composés d'un choix d'entrées, de plats, de fromages et/ou de desserts. Le plat principal est en général un plat de viande ou de poisson avec un accompagnement de légumes. Il est aussi possible de manger à la carte, c'est-à-dire de commander un seul plat ou de composer son propre menu. Dans ce cas, il faut savoir que les prix sont plus élevés que ceux du menu proposé par le restaurant.

Le plat du jour, à l'affiche de nombreux restaurants et brasseries à l'heure du déjeuner, est un mets proposé en dehors de la carte et qui change chaque jour. Il y a désormais une offre assez large de plats sans viande, pour satisfaire les végétariens et les personnes simplement soucieuses de leur santé. Le vin et les boissons sont très rarement compris dans le prix du menu et figurent le plus souvent sur la carte des vins. Les vins, proportionnellement au prix du repas, sont assez chers. Certains restaurants proposent des vins « en carafe » ou « la cuvée du patron » qui sont d'un prix très raisonnable. Le pain, les couverts et l'eau « en carafe » c'est-à-dire qui n'est pas minérale, sont compris dans le prix du repas.

Les restaurants traditionnels n'acceptent généralement plus de nouveaux clients après 14 heures pour le déjeuner et 22 heures pour le dîner. Bien sûr, il est toujours possible de manger dans les brasseries ou les établissements de restauration rapide qui ont des horaires de service différents et plus étendus.

Même si le service est compris dans l'addition, il est d'usage de laisser un pourboire au restaurant. Les pourboires sont parfois partagés entre tous les serveurs.

LES CUISINES DES RÉGIONS

La France est connue dans le monde entier pour le raffinement de sa cuisine. Les chefs français sont recherchés et parfois célébrés comme de véritables artistes. Évidemment, la cuisine de tous les jours est plus simple, mais les Français attachent beaucoup d'importance à la qualité, au prix et à la provenance des produits alimentaires qu'ils consomment. Ils font souvent, par nécessité économique leurs achats dans les grandes surfaces situées à la périphérie des villes. En revanche, le week-end et pendant les vacances, faire les courses au marché est un véritable plaisir. La tendance « locavore » est l'expression d'une volonté de consommer des produits frais cultivés ou élaborés près de chez soi. Cette tendance valorise les petits producteurs qui sont très présents sur les marchés.

Pour répondre à une demande croissante des consommateurs attentifs à leur qualité de vie, des marchés exclusivement bio apparaissent en ville comme à la campagne.

LE SAVIEZ-VOUS ?

Pour lutter contre le gaspillage alimentaire, une loi empêche notamment les moyennes et grandes surfaces de plus de 400 mètres carrés de jeter de la nourriture et de rendre leurs produits invendus impropres à la consommation. Elles ont l'obligation de conclure une convention avec une association caritative, afin de faciliter les dons alimentaires.

CUISINES DU SUD

Toutes les régions de France ont leurs spécialités culinaires en fonction du climat et du terroir. La France métropolitaine se situe dans une zone tempérée ou plusieurs types de paysages coexistent, ce qui détermine plusieurs types de cultures et d'élevages qui sont la marque des patrimoines régionaux. Certaines cuisines sont emblématiques d'une tradition gastronomique. C'est le cas de la cuisine du sud-ouest bien connue pour son foie gras aux truffes, son confit de canard accompagné de pommes de terre rissolées à la graisse d'oie, ses vins de Bordeaux, etc. Toutes ces spécialités sont particulièrement riches en calories. Le Sud-Ouest illustre parfaitement « le paradoxe français » puisque c'est dans cette région que les gens vivent le plus vieux et ont le taux de cholestérol le plus bas !

La région de Toulouse est célèbre pour son cassoulet qui est un plat de haricots blancs, de charcuterie et de confit d'oie ou de canard.

Le foie gras est une spécialité culinaire composée exclusivement de foies (assaisonnés) de canards ou d'oies qui ont été engraissés par gavage afin d'augmenter la taille de leur foie.

4 LA TABLE

Le romarin est une plante aromatique qui, comme l'ail, parfume les plats de la cuisine méditerranéenne.

La cuisine provençale est composée essentiellement des fruits et légumes cultivés dans le Sud-Est de la France. Elle est souvent parfumée aux herbes dites de Provence comme le thym, le romarin et le laurier. La base de la cuisson des aliments est l'huile d'olive produite localement. Sur la côte, les poissons et les fruits de mer sont à l'honneur. On peut citer la bouillabaisse qui est une recette traditionnelle de la cuisine de la Provence méditerranéenne. Originaire de Marseille dont elle est un des emblèmes, elle se compose d'une soupe de poissons que l'on mange avec des croûtons de pains souvent aillés et tartinés d'une sauce pimentée (la rouille), de poissons servis entiers et de pommes de terre. On peut également citer l'aïoli, une mayonnaise à l'huile d'olive relevée d'ail, qui accompagne un plat de légumes et de poissons, le plus souvent de la morue.

Certains plats comme la ratatouille, la salade niçoise, les farcis et l'anchoïade sont évocateurs de cette cuisine « du soleil ».

En Corse, on apprécie la charcuterie et les fromages de chèvre et de brebis.

CUISINES DU NORD

La région des Hauts-de-France, à la frontière belge, partage avec ses voisins un plat typique des côtes de la mer du nord « les moules-frites ».

La quiche, plat traditionnel de la Lorraine, est une tarte chaude garnie d'œufs et de lardons et qui se décline dans différentes versions (quiche au saumon, aux épinards, aux poireaux, etc.).

Les moules sont souvent servies avec des frites et présentées dans leur plat de cuisson. Il faut compter un kilo de moules environ pour une portion.

La réputation gastronomique de l'Alsace est largement fondée. Cette grande région viticole produit également de la bière réputée. La cuisine, d'influence germanique, fait une belle place à la charcuterie. Sa célèbre choucroute est un plat de chou fermenté, accompagné de charcuterie et de pommes de terre. Dans ces régions, on aime la bière, mais le vin blanc d'Alsace est très apprécié des connaisseurs.

La Bretagne, à l'ouest, est réputée pour ses poissons et ses fruits de mer, qu'elle exporte dans tout le pays. Les huîtres, que l'on mange généralement crues, les coquilles Saint-Jacques, les moules, les crustacés comme les homards, les crevettes, etc., y sont d'excellente qualité.

Un plateau de fruits de mer composé de coquillages et de crustacés est servi généralement avec de la mayonnaise et du beurre (doux ou salé).

Les crêpes ou les galettes bretonnes, sucrées ou salées s'invitent à l'heure du goûter. Avec les crêpes, l'usage est de boire du cidre normand, une boisson pétillante légèrement alcoolisée (entre 2 et 8 degrés), résultat de la fermentation de pommes.

La Normandie région productrice de cidre est aussi une région d'élevage de vaches laitières. Ainsi le beurre, la crème fraîche et les fromages comme le camembert, connu dans le monde entier, font la réputation de cette partie de la France un peu boudée par les touristes à cause de son climat humide, mais c'est ce climat qui entretient de belles et vertes prairies.

CUISINES DU CENTRE

Actuellement, la cuisine lyonnaise défend une image de simplicité et de qualité et se vend aussi bien en France qu'à l'étranger. Avec plus de mille lieux de restauration, Lyon possède l'une des plus grandes concentrations de restaurants par habitant en France : les typiques « bouchons » où l'on mange des spécialités locales comme les quenelles, les saucissons, voisinent avec les restaurants gastronomiques tenus par des chefs étoilés, parmi lesquels le renommé et regretté Paul Bocuse. Lyon est sans aucun doute la capitale gastronomique française.

Déjà célèbre pour ses vins prestigieux, la Bourgogne l'est aussi pour les produits de son terroir et ses spécialités comme les escargots et l'andouillette qui est une charcuterie cuite faite d'intestin et d'estomac de porc. Dijon, la capitale bourguignonne, est le pays des saveurs et des épices qui a donné son nom à la célèbre « moutarde de… Dijon ».

CUISINE ANTILLAISE

L'art culinaire reflète la manière d'être et de vivre d'un peuple, mais aussi son histoire. C'est ainsi que la cuisine des Antilles garde la trace de tous les peuples qui y ont fait escale, Indiens et Africains en particulier. C'est toute une large palette gastronomique qui compose cette cuisine relevée et épicée où le poisson et les fruits de mer tiennent une place importante dans les menus. Parmi les incontournables, on retrouve les crevettes sautées à l'ail, les poissons frits ou encore les acras de morue.

La culture de la canne à sucre assure la production de différentes sortes de rhum. Les touristes du monde entier apprécient le ti-punch (petit punch en créole antillais), qui est un cocktail à base de rhum, de citron vert, et de sirop de canne.

LE SAVIEZ-VOUS ?

- Le plat traditionnel préféré des Français reste le pot-au-feu : du bœuf que l'on fait cuire longtemps avec divers légumes comme des carottes, des navets, des poireaux, du céleri, des oignons et des pommes de terre.

- Quant au plat exotique préféré, c'est le couscous qui emporte tous les suffrages. Ce plat originaire d'Afrique du Nord est composé de légumes et de plusieurs viandes ou poissons, le tout cuit dans un jus épicé. Il est servi avec de la semoule de blé cuite à la vapeur.

PROVERBES ET DICTONS

On ne fait pas d'omelette sans casser d'œufs.

C'est dans les vieux pots qu'on fait la meilleure soupe.

Le rhum est le résultat de la fermentation et de la distillation du jus de la canne à sucre.

4 LA TABLE

Produit emblématique de la France et associée au fameux béret, la baguette côtoie dans les boulangeries des pains aux formes variées à base de farines diverses (seigle, maïs, sarrasin, châtaigne, etc.).

LE PAIN, LE VIN ET LE FROMAGE

En France, le vin et le fromage ont toujours été considérés comme indissociables et le pain vient cimenter cette union.

LE PAIN

Cet aliment qui constitue le quotidien de nombreux Français est en fait relativement encadré. Autrefois, la législation se concentrait principalement sur le contrôle du prix du blé, aujourd'hui, c'est surtout la valorisation du travail des artisans boulangers et la conservation du fameux savoir-faire français.

Un décret de 1993, dit « décret pain », vise à défendre la boulangerie de fabrication traditionnelle face à la concurrence du pain industriel et encadre la composition de certains pains. Par exemple, lorsque vous achetez une baguette « tradition », vous êtes assuré qu'elle n'a subi aucun traitement de surgélation et qu'elle ne contient aucun additif. Elle est composée d'un mélange de farines de blé, d'eau potable et de sel de cuisine, auquel on a ajouté un peu de levure ou de levain pour sa fermentation.

La baguette de pain, qui doit son nom à sa forme, pèse environ 250 grammes et mesure 65 cm.

Un repas sans pain n'est guère envisageable pour un Français. Outre sa valeur symbolique, il a longtemps été un élément nutritif de base dans l'alimentation. Sa consommation a beaucoup diminué au fil du temps, mais plus de 90 % des Français consomment environ 150 g de pain par jour. C'est un produit qui se consomme frais et s'achète au jour le jour. Lorsque le pain est rassis, on peut le mélanger à du lait, du sucre et des œufs pour faire un dessert sucré appelé « pain perdu ».

LE VIN

La vigne et le vin

En Europe, la Grèce serait historiquement le premier pays à avoir vinifié ; les Romains ont ensuite répandu la culture de la vigne dans de nombreux pays dont la Gaule au fil de leurs conquêtes, et c'est sans doute à Marseille que sont nés les premiers vins français.

POUR EN SAVOIR PLUS

Les campagnes de lutte contre l'alcoolisme, la fréquence des contrôles d'alcoolémie au volant*, la mise en garde des dangers de l'alcool chez la femme enceinte expliquent en partie la diminution de la consommation moyenne de vin et d'alcool par habitant. En 50 ans, la consommation de vin a chuté de plus de la moitié. Aujourd'hui, les Français ne boivent plus de vin à tous les repas.

*La limite fixée par la loi en 2020 est de 0,5 g d'alcool par litre de sang.

Si aujourd'hui on peut goûter et apprécier des vins du monde entier, avant le développement des transports par rail, on ne buvait que le vin de sa région, de son village, voire de sa vigne. La production vinicole contribuait à forger l'identité d'une région et c'est dans une moindre mesure encore le cas aujourd'hui. La valeur d'un vin dépend souvent du lieu dont il provient. Il présente des signes particuliers propres à son terroir qui est un ensemble de facteurs de l'écosystème de la vigne qui englobe le sol, la topographie et le climat.
C'est l'union du cépage et du terroir qui donne son caractère au vin, et c'est le savoir-faire du vigneron qui préserve l'harmonie de cette union.

> **LE SAVIEZ-VOUS ?**
>
> Dans l'antiquité, le vin a son dieu, Dionysos pour les Grecs, Bacchus pour les Romains.

La place du vin

Le vin est l'un des domaines d'expertise de la France et un emblème de la culture française au niveau international, mais c'est aussi un produit qui fait partie intégrante de la culture des Français. Il est synonyme de plaisir et de convivialité et autour du vin et de la gastronomie s'est développé ce qu'on appelle « un art de vivre à la française ».

Si les consommateurs dans leur ensemble sont plus nombreux, ils ne permettent toutefois pas d'enrayer la baisse globale de la consommation de vin en France. Le vin, qui était par le passé une composante du repas, est devenu une boisson culturelle. Les buveurs occasionnels élargissent le champ des consommateurs, leur profil évolue et ce sont les femmes qui y sont de plus en plus représentées.

On remarque ces dernières années un regain d'intérêt pour le vin, pour les associations mets et vins, une tendance qu'on peut relier au goût des Français pour le retour du « fait maison ».

Avec 42 litres par an et habitant, la France compte toujours parmi les plus gros buveurs de vin dans le monde.

Le vin se boit en mangeant mais aussi au moment de l'apéritif. À l'heure de « l'apéro » dont le rôle est d'ouvrir l'appétit, on grignote des amuse-bouche, appelés familièrement amuse-gueule (olives, fruits secs, canapés par exemple) et parfois l'apéritif est dînatoire. Ce moment de convivialité est plus décontracté qu'un repas servi à table. Le vin accompagne diverses préparations culinaires froides ou chaudes proposées en petites portions. L'apéritif dînatoire se substitue au repas.

Les huîtres se vendent par douzaine ou demi-douzaine et se partagent parfois à l'heure de l'apéritif.

Choisir un vin

• **Les appellations**

Les vins français sont classés en trois grandes catégories :

- les vins sans indication géographique, communément appelés Vins de France. Ce sont des vins ordinaires issus d'un mélange de production de divers vignobles et destinés à une consommation courante,
- les vins avec Indication géographique protégée ou IGP,
- et les Appellations d'origine protégée, AOP.

Cette classification française, et notamment les appellations AOP, permettent de garantir l'origine d'un vin : cette appellation fait référence à un terroir et à des conditions d'élaboration très strictes. Les vins de Bordeaux, de Bourgogne, de Champagne, du Val de Loire, des Côtes-du-Rhône, de Provence et du Languedoc-Roussillon ont tous des réglementations strictes et spécifiques à leur aire de production. Ainsi, le vignoble français produit plus de 3 000 types de vin pour près de 400 appellations différentes réparties sur 80 départements.

> **PROVERBES ET DICTONS**
>
> Quand le vin est tiré, il faut le boire.

4 LA TABLE

L'étiquette est la carte de visite du vin, elle apporte des informations utiles et légales : l'origine géographique du vin, l'identité du metteur en bouteilles et du producteur, le titre alcoométrique par exemple.

Avec le développement de l'agriculture biologique, un nouveau marché est en plein développement. Les consommateurs, sensibles aux procédés de fabrication et aux techniques de culture du vin bio, sont prêts à payer ce produit plus cher.

• L'étiquette d'un vin

L'étiquette ou la carte d'identité du vin comporte des mentions obligatoires comme la dénomination du produit (AOP, IGP, etc.) le nom de l'embouteilleur, le titre alcoométrique (le degré d'alcool), la contenance, le pays d'origine, le numéro d'identification du lot, un logo préventif à l'attention des femmes enceintes, la liste des produits allergènes et la mention « contient des sulfites ».
Les mentions du millésime (l'année de récolte du raisin) et du cépage sont facultatives.

• Les accords mets et vins

Comment marier le vin à la cuisine ? Pour certains, associer vin blanc et poisson et vin rouge et viande est une règle de base. De nos jours, les choses sont plus complexes, car l'éventail des vins disponibles sur le marché est vaste et la cuisine plus exotique. Vous ne vous tromperez pas si vous respectez deux règles traditionnelles, à savoir servir les vins plus légers avant les vins corsés et les vins plus secs avant les vins plus sucrés ; tout le reste est affaire de goût.

🎧 8 « Les caractéristiques du vin »** → page 60

❓ LE SAVIEZ-VOUS ?

Même si le poète Alfred de Musset disait « Qu'importe le flacon, pourvu qu'on ait l'ivresse », le vin ne se boit pas dans n'importe quel verre ! Les vins de table, rouges ou blancs, sont servis dans des verres à pied dont la forme varie selon l'origine du vin.
Le champagne se boit dans une coupe ou dans une flûte.

Les vins blancs d'Alsace sont souvent servis dans un petit verre ballon, au pied fin et vert qui donne de jolis reflets au vin et accentue l'impression de fraîcheur.

Le mode de vieillissement en fût de chêne est généralement réservé aux grands vins rouges.

❓ LE SAVIEZ-VOUS ?

Le vin rouge doit en principe être servi chambré, c'est-à-dire à la température ambiante de la pièce. Le vin blanc et le vin rosé sont servis frais.

Les fromages : une variation de goûts et de formes qui peuvent se décliner à l'infini.

LE FROMAGE

« Comment voulez-vous gouverner un pays où il existe 258 sortes de fromages ? ». Depuis que Charles de Gaulle, général des armées et homme d'État, a émis ce célèbre jugement, le nombre de fromages produits en France a considérablement augmenté.

En France, il existe plus d'un millier de variétés de fromages. Ces variétés peuvent être regroupées dans de grandes familles en fonction de leurs teneurs en eau, en matières grasses et en calcium, et on peut aussi les distinguer par type de lait (lait de vache, de chèvre, de brebis ou de bufflonne).

Autant de fromages qui présentent chacun des caractéristiques différentes, en fonction de leur terroir d'origine, du type d'élevage et des traditions agricoles. Ce n'est pas pour rien si chaque fromage a son odeur, sa texture et ses arômes !

Il y en a pour tous les goûts : des fromages à l'odeur forte, à la saveur douce ou piquante, à l'arôme fruité, avec des trous, sans trous, avec des marques de moisissure bleues, vertes ou blanches, au goût de noisette ou de champignon, des fromages à pâte dure ou molle, à la croûte cendrée ou fleurie, secs ou frais.

En ville ou à la campagne, les meilleurs fromages s'achètent chez les fromagers affineurs qui, comme les cavistes pour le vin, sélectionnent les meilleurs produits et qui, contrairement aux grandes surfaces, peuvent les conserver dans des conditions optimales.

? LE SAVIEZ-VOUS ?

Pour déguster un fromage dans les meilleures conditions, il ne faut pas le mettre au réfrigérateur.

Les fromages doivent être conservés idéalement à une température de 8 °C pour éviter les moisissures et le dessèchement.

4 LA TABLE

Logos européens.

Logos nationaux.

UNE ALIMENTATION DE QUALITÉ

LES LABELS

Lorsque le consommateur achète une denrée alimentaire, il lui est souvent difficile de choisir parmi un grand nombre de produits qui semblent tous présenter les mêmes caractéristiques. Certains produits se différencient des autres, car ils portent sur leur emballage, à côté des informations réglementaires obligatoires (dénomination de vente, date limite de consommation, etc.), un signe officiel de la qualité et de l'origine du produit.

Il existe quatre signes européens de la qualité :

- **L'Appellation d'origine protégée (AOP) :** elle garantit un lien très fort du produit avec son terroir. La qualité résulte exclusivement du milieu naturel et du savoir-faire des hommes.
- **L'Indication géographique protégée (IGP) :** la relation entre le produit et son origine est moins forte que pour l'AOP, mais suffisante pour conférer une caractéristique ou une réputation à un produit.
- **La Spécialité traditionnelle garantie (STG) :** elle atteste qu'un produit alimentaire a été fabriqué selon une recette considérée comme traditionnelle.
- **L'Agriculture biologique :** elle vise à établir un système de gestion durable de l'agriculture, notamment au travers d'une amélioration de la qualité du sol, de l'eau, des végétaux et des animaux et d'un développement de la biodiversité. Ainsi, il n'est pas permis de recourir aux OGM, aux pesticides et engrais chimiques de synthèse dans le cadre de la production biologique. Des conditions d'élevage sont également imposées aux agriculteurs afin de garantir le bien-être des animaux.

Parallèlement aux signes européens, il existe des labels nationaux comme le label rouge. Les produits « label rouge » se distinguent des produits similaires par leurs conditions particulières de production et de fabrication.

LA SEMAINE DU GOÛT

Pour répondre à l'uniformisation des habitudes alimentaires, les professionnels des métiers de bouche ont institué en 1990 la semaine du goût, qui a lieu chaque année au mois d'octobre. Elle favorise les rencontres entre professionnels, le grand public et les publics cibles (de la maternelle à l'enseignement supérieur) partout en France, pour sauvegarder la culture des patrimoines culinaires et le bien manger.

Le but de cette initiative est d'inciter les jeunes générations à découvrir de nouvelles saveurs, à leur faire connaître des aliments oubliés et retrouver le plaisir de s'alimenter sainement. La semaine du goût a également pour ambition d'informer la population sur l'importance d'une alimentation équilibrée, nécessaire pour prévenir certaines maladies et lutter contre l'augmentation inquiétante de l'obésité, particulièrement chez les enfants.

Pendant cette semaine, de nombreuses manifestations sont organisées dans les établissements scolaires, les restaurants, les usines, les grandes surfaces d'alimentation et sur les marchés.

💡 POUR EN SAVOIR PLUS

- En 1985, un humoriste nommé Coluche, révolté par l'extrême pauvreté et la misère de certains de ses concitoyens, décide de créer avec un groupe d'artistes « les Restos du cœur » (Resto pour restaurant). Cette association, qui fait appel à la générosité de tous, a pour but de distribuer de la nourriture aux plus démunis.
- En 1988, le Parlement français vote à l'unanimité la « loi Coluche » : chaque personne faisant un don, même modeste, à une association, bénéficie d'une réduction d'impôt.

Pendant la semaine du goût, de nombreuses activités sont proposées aux enfants pour leur faire découvrir de nouvelles saveurs ou de nouveaux produits. Ici par exemple, un jeu permettant de reconnaître et de nommer différents poissons comestibles.

À VOTRE TOUR !

REPÈRES CULTURELS

AOC : l'appellation d'origine contrôlée est un grade dans la classification des vins qui est l'équivalent au niveau européen de l'AOP (Appellation d'origine protégée).

les chèques-restaurants : équivalents des chèques déjeuner ou chèques repas ou titres restaurants, ils sont cofinancés par le salarié et l'employeur et permettent aux salariés qui ne bénéficient pas de cantine de prendre des repas à l'extérieur dans des restaurants ou des commerces assimilés.

les œufs à la neige : dessert traditionnel à base de lait et d'œufs, appelé également « îles flottantes ». Il s'agit de blancs d'œufs, battus en une mousse blanche comme de la neige, servis sur une crème dite anglaise, mélange de lait, de sucre et de jaunes d'œufs.

COMPRÉHENSION ORALE

7 À CHACUN SES HABITUDES

Vous allez entendre deux personnes interrogées sur leurs habitudes alimentaires.

A Lisez les questions ci-dessous, puis écoutez le document et répondez aux questions.

	LA FEMME	L'HOMME
Le petit-déjeuner		
De quoi est-il composé ?		
Le déjeuner		
Où est-il pris ?		
Le dîner		
À quelle heure dînent-ils ?		
Avec qui dînent-ils ?		
Qui prépare le repas ?		
Le week-end, les jours de fêtes		
En quoi leurs habitudes diffèrent-elles ?		

B Écoutez à nouveau et répondez aux questions.

❶ Pourquoi l'homme ne mange-t-il pas à l'heure du petit-déjeuner ?

❷ Comment la dame paie-t-elle son repas de midi ?

❸ Citez quatre avantages du restaurant d'entreprise :
-
-
-
-

❹ Que fait l'homme avant le dîner ?

❺ Vont-ils souvent au restaurant ? ◯ Oui ◯ Non
Pourquoi ?

REPÈRES LEXICAUX

bistrot (ou bistro) (n.m.) : café ou restaurant modeste (un troquet, en français familier). *Prendre un pot au troquet du coin* signifie prendre un verre dans un café du quartier.

traiteur (n.m.) : personne ou entreprise qui prépare des plats cuisinés à emporter.

viande blanche (n.f.) : viande de volaille, de lapin, de porc, de veau ou d'agneau, par opposition à la viande rouge comme la viande de bœuf, de cheval ou de mouton. Une blanquette est un ragoût de viande blanche, par exemple de veau ou d'agneau.

À VOTRE TOUR !

REPÈRES CULTURELS

le Beaujolais, la Bourgogne, Bordeaux : régions de culture de la vigne et de production de vin.

syrah, grenache, chardonnay, merlot, cabernet-sauvignon, cabernet-franc : noms de cépages.

Châteauneuf-du-Pape : appellation prestigieuse d'un vin du Sud-Est.

REPÈRES LEXICAUX

vigne (n.m.) : arbuste fruitier dont le fruit est le raisin.

viticulteur (n.m.) : personne qui cultive la vigne.

COMPRÉHENSION ORALE **

8 LES CARACTÉRISTIQUES DU VIN

Vous allez entendre un document décrivant les caractéristiques d'un vin. Répondez aux questions suivantes :

❶ Qu'est-ce que le terroir ?

....
....
....

❷ Qu'est-ce que le cépage ?

....
....
....

❸ Citez les trois éléments qui participent de l'originalité d'un terroir.

- ....
- ....
- ....

❹ La peau des raisins peut-être :
○ blanche
○ rouge
○ noire

❺ La chair des raisins peut être :
○ blanche
○ rouge
○ noire

❻ Qu'est-ce qui caractérise le Beaujolais ?

....
....
....

❼ Quelle est la particularité du Châteauneuf-du-Pape dans le Sud-Est ?

....
....
....

❽ En quoi le travail des viticulteurs a-t-il changé ces dernières années ?

....
....
....

❾ Qu'est-ce que l'œnologie ?

....
....
....

❿ Citez deux éléments qui font qu'un vin est exceptionnel.

- ....
- ....

À VOTRE TOUR !

COMPRÉHENSION ÉCRITE

QUIZ

A Les propositions suivantes sont-elles vraies (V) ou fausses (F) ?

Au restaurant
1. Le vin est toujours compris dans le prix du menu. V○ F○
2. On ne paie pas de supplément pour le pain. V○ F○
3. L'eau minérale est gratuite. V○ F○
4. Le plat du jour est un menu complet. V○ F○

B Que signifie le terme « locavore » ?
....
....
....
....

C Quelles sont les trois expressions qui indiquent le degré de cuisson de la viande ?
Du moins cuit au plus cuit :
1. ....
2. ....
3. ....

D Dans le sud de la France, quel est le produit de base pour la cuisson des aliments ?
....
....
....
....

E Un apéritif dînatoire peut remplacer le dîner. V○ F○

F Un steak « saignant » est un steak presque cru. V○ F○

G Les restos du cœur sont réservés aux personnes qui ont des problèmes de santé. V○ F○

H Quelle est la caractéristique de certains verres à vin blanc d'Alsace ?
....
....
....
....

PRODUCTION ORALE

Ça se discute !
La manifestation appelée « La semaine du goût » peut-elle contribuer à modifier efficacement les habitudes alimentaires des Français ?

I Citez trois objectifs de la semaine du goût.
• ....
• ....
• ....

J Citez cinq des huit mentions devant obligatoirement figurer sur l'étiquette d'un vin.
• ....
• ....
• ....
• ....
• ....

PRODUCTION ÉCRITE

À vos stylos !
Sur le modèle du paragraphe « au restaurant », pouvez-vous donner à un étranger en visite dans votre pays des informations qui lui permettraient de commander des plats et des boissons dans un restaurant sans mauvaise surprise pour ce qui est de la commande et de l'addition ?

5

LA SANTÉ

La France est le pays de l'Union européenne qui a l'espérance de vie la plus longue, 79,5 ans pour les hommes et 85,4 ans pour les femmes. Cette longévité s'explique en partie par un système de santé performant et par la mise en place par l'État d'actions de prévention. Cependant, des difficultés remettent en cause ce système : manque de médecins, problèmes financiers des hôpitaux, inégalités des soins.

OBJECTIFS CULTURELS

- Découvrir le fonctionnement du système de santé.
- Comprendre l'articulation entre la médecine libérale et la médecine publique.
- Aborder les difficultés du système de santé.
- Découvrir les différentes structures d'une médecine à vocation sociale.

PRATIQUE DE LA LANGUE

VÉRIFIER SES CONNAISSANCES

- **Réception de l'écrit**
  Lire pour s'informer
  → Quiz page 71

EXERCER SES COMPÉTENCES

- **Réception de l'oral**
  - Comprendre une conversation entre tierces personnes
    « À la pharmacie »
    Audio 9 → page 70
  - Comprendre en tant qu'auditeur
    « La médecine à distance »
    Audio 10 → page 70

- **Production orale**
  Monologue suivi ou interaction
  « Ça se discute ! »
  → Page 71

- **Production écrite**
  Écriture créative
  « À vos stylos ! »
  → Page 71

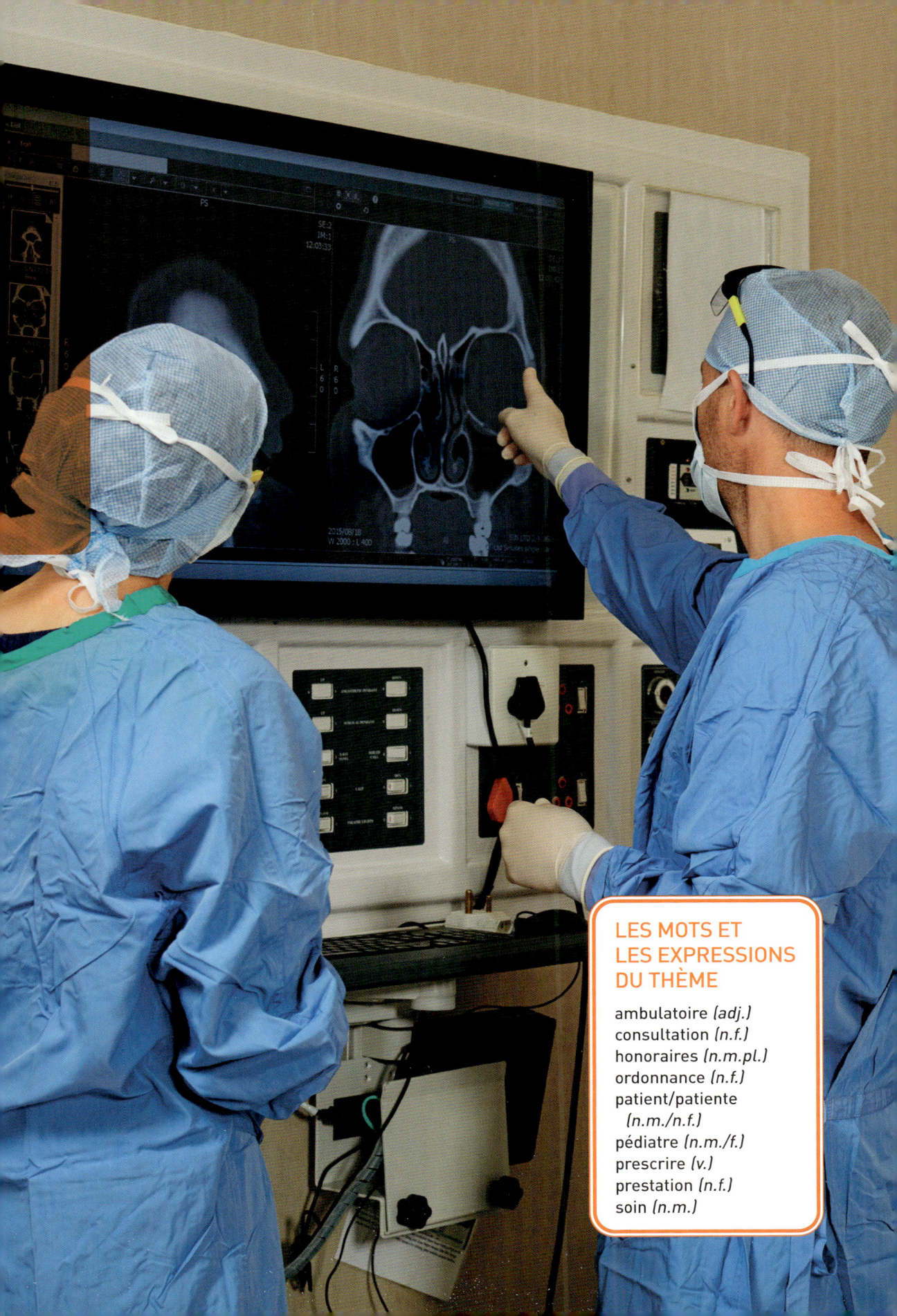

LES MOTS ET LES EXPRESSIONS DU THÈME

ambulatoire *(adj.)*
consultation *(n.f.)*
honoraires *(n.m.pl.)*
ordonnance *(n.f.)*
patient/patiente
 (n.m./n.f.)
pédiatre *(n.m./f.)*
prescrire *(v.)*
prestation *(n.f.)*
soin *(n.m.)*

5 LA SANTÉ

POUR EN SAVOIR PLUS

Le système actuel de protection sociale date de 1945. La Sécurité sociale est financée par les cotisations versées par les employeurs et les salariés. La Sécurité sociale gère l'assurance maladie, les prestations familiales, les risques liés au travail et les retraites. Les Français sont très attachés à leur système de protection sociale, mais il est menacé par le déficit de la Sécurité sociale.

LA MÉDECINE LIBÉRALE

Dans le cadre de la médecine libérale, le médecin peut ouvrir son cabinet où il le souhaite. Il travaille dans le secteur privé, ne perçoit aucune rémunération de l'État et facture des honoraires réglés par le patient au moment de la consultation.

Chaque assuré social a, en sa possession, la carte Vitale délivrée par l'Assurance maladie de la Sécurité sociale. Il s'agit d'une carte à puce qui contient des informations d'ordre administratif nécessaires au remboursement (= la prise en charge) des soins. Elle simplifie les démarches et permet, quand on la remet aux différents intervenants, d'être en grande partie remboursé de la consultation médicale, des frais pharmaceutiques ou d'autres soins prescrits par le médecin traitant. L'Assurance maladie ne rembourse pas la totalité des dépenses des soins prescrits par un médecin. C'est pourquoi depuis 2016, les employeurs ont l'obligation de proposer une assurance complémentaire collective. Elle est financée pour une part par l'employé et pour une autre part (minimum de 50 %) par l'employeur.

Cabinet médical avec table d'auscultation.

LE MÉDECIN TRAITANT

Chaque assuré social doit choisir un médecin, le plus souvent un généraliste, qu'il désigne à la Sécurité sociale comme médecin référent dit médecin traitant. Ce médecin joue un rôle central dans l'orientation et le suivi du patient tout au long de son parcours de soins.

Si cela est nécessaire, c'est lui qui oriente le patient vers un spécialiste, un hôpital public ou une clinique privée. Si ce parcours n'est pas respecté, les remboursements de la Sécurité sociale sont moins élevés. Il est toujours possible de changer de médecin traitant et de consulter librement certains spécialistes comme les ophtalmologues, les gynécologues, les pédiatres et les psychiatres. Le médecin prescrit des médicaments et rédige une ordonnance que le patient remet au pharmacien. De plus en plus de professionnels de santé pratiquent le tiers payant. Grâce à ce dispositif, le patient n'a plus à s'acquitter des frais des soins. C'est l'Assurance maladie qui paie directement le médecin, l'infirmière ou le pharmacien.

LE SAVIEZ-VOUS ?

Le numéro de Sécurité sociale est le numéro d'identification de chaque citoyen. Il commence par le chiffre 1 pour les hommes et le chiffre 2 pour les femmes.

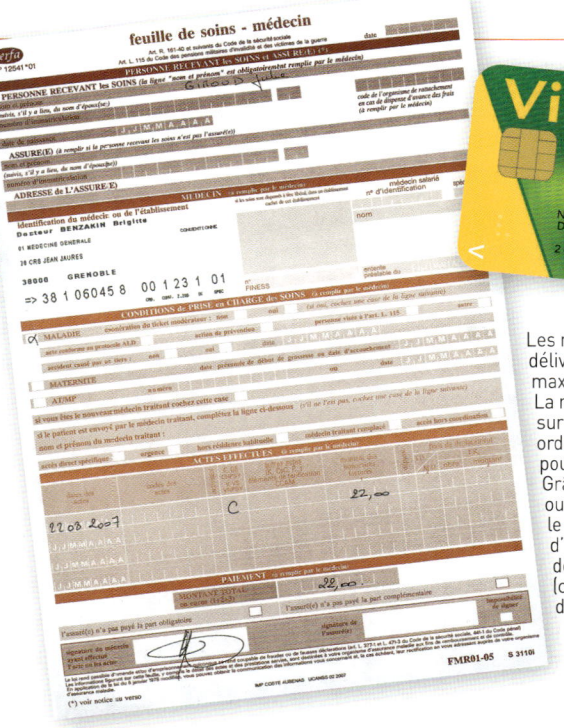

Les médicaments sont délivrés pour une durée maximum d'un mois. La mention OAR 3 mois sur l'ordonnance signifie : ordonnance à renouveler pour 3 mois.
Grâce à la feuille de soins ou à la carte Vitale, le patient est remboursé d'une partie de ses dépenses par la CPAM (caisse primaire d'assurance maladie).

l'Assurance Maladie

❓ LE SAVIEZ-VOUS ?

Les médicaments, selon leur forme (gélules, granules, poudre, pommade, comprimés ou cachets, pastilles, ampoules, suppositoires, sirops...), sont conditionnés dans des tubes, des boîtes, des sachets, des pots, des flacons, etc.

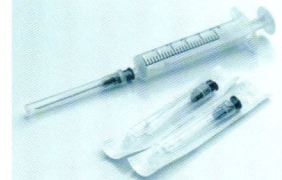

Seringue à usage unique.

Ampoules (de verre) à casser aux deux extrémités.

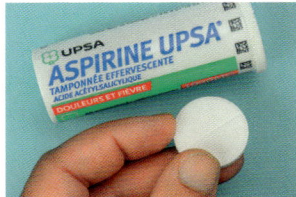

Tube d'aspirine contenant des comprimés effervescents.

LE TARIF DES CONSULTATIONS

Le médecin généraliste reçoit sur rendez-vous dans son cabinet, il se rend rarement au domicile des patients, sauf s'il s'agit de personnes isolées. Certains médecins, en secteur 1, ont passé un accord avec l'Assurance maladie et s'engagent à pratiquer les tarifs définis par la Sécurité sociale (25 € pour une consultation au cabinet en 2019). Dans ce cas, le malade est presque intégralement remboursé du prix de la consultation, 70 % par la CPAM (Caisse primaire d'Assurance maladie) et le reste par son assurance complémentaire, s'il en a une. D'autres médecins pratiquent des honoraires libres, le malade n'est alors remboursé que sur la base du tarif fixé par l'Assurance maladie.

La répartition de ces médecins en deux catégories (secteur 1 et secteur 2) informe le patient des conditions de remboursement des actes médicaux.

🎧 9 « À la pharmacie »* → page 70

Les médicaments sous forme de sirop se mesurent en cuillerées.

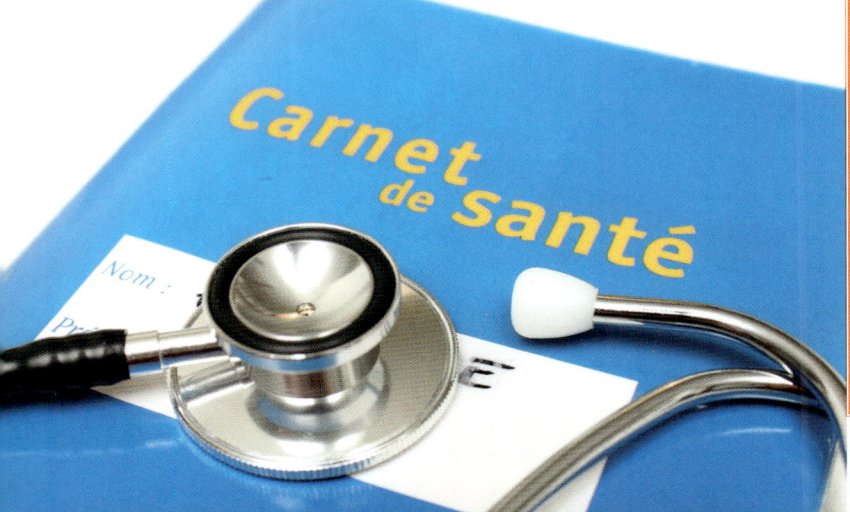

5 LA SANTÉ

POUR EN SAVOIR PLUS

La France compte en moyenne 300 médecins pour 100 000 habitants. Le nombre de médecins spécialistes augmente légèrement alors que le nombre de médecins généralistes est en diminution. 43,5 % des médecins, toutes spécialités confondues, sont des femmes.

LES DÉSERTS MÉDICAUX

On appelle communément déserts médicaux une zone où, pour 100 000 habitants, le nombre de médecins est faible. Ces 10 dernières années, le nombre de médecins généralistes libéraux en activité a baissé de 9 % et cette tendance ne serait pas près de s'inverser, de nombreux médecins approchant l'âge de la retraite. Toutes les régions sont touchées à l'exception des Pays de la Loire et des départements d'Outre-Mer. La Bretagne a perdu récemment 30 % de médecins généralistes et Paris 25 %. Les Français, sauf ceux qui vivent dans le centre des grandes villes, doivent pour la plupart faire face à une pénurie de médecins généralistes autant que spécialistes. Certains médecins ne prennent plus de nouveaux patients et les délais d'attente pour un rendez-vous sont parfois si longs que la santé des patients peut être mise en danger. Quand on habite loin d'une grande ville, il faut parfois faire plus de 50 km pour trouver un ophtalmologue, un pédiatre ou un gynécologue. Les patients sont inquiets, l'État et les collectivités locales cherchent des solutions.

LES PROFESSIONS PARAMÉDICALES

Ce terme regroupe des métiers très divers comme les infirmiers, les opticiens, les orthophonistes ou encore les kinésithérapeutes. Un quart de ces professionnels appartiennent au secteur privé. Ces professions sont exercées à 70 % par des femmes qui travaillent souvent à temps partiel. Les professionnels membres de l'Union européenne peuvent pratiquer en France, à condition de maîtriser la langue française. Les ressortissants des autres pays doivent faire une demande auprès de la DRASS (Direction régionale des affaires sanitaires et sociales).

L'opticien est un professionnel qui vend des lunettes ou des lentilles de contact sur prescription médicale d'un ophtalmologiste.

LA MÉDECINE ALTERNATIVE

Le succès croissant des médecines dites douces tient sans doute à un certain rejet d'une médecine qui n'est pas toujours à l'écoute du patient.
L'homéopathie, l'acupuncture, la phytothérapie (traitement par les plantes) et l'hypnose par exemple, sont pratiquées dans certains hôpitaux mais de façon marginale. 40 % des Français ont déjà eu recours à cette médecine non conventionnelle. Les médicaments homéopathiques sont parfois prescrits par des médecins, surtout des pédiatres. Il est possible d'acheter ces médicaments en pharmacie sans ordonnance médicale. La phytothérapie représente le tiers des ventes dans les pharmacies.

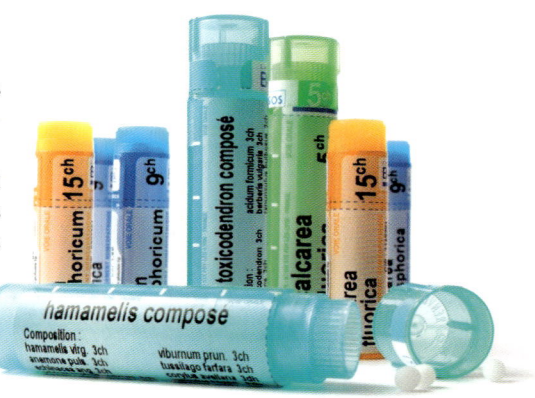

Les médicaments homéopathiques sont généralement présentés sous forme de granules.

LA MÉDECINE HOSPITALIÈRE

La médecine hospitalière ne répond plus aux attentes des patients : les urgences des hôpitaux sont souvent saturées en raison du manque de médecins libéraux disponibles, surtout les week-ends. Les malades préfèrent se rendre aux urgences de l'hôpital plutôt que d'attendre un rendez-vous chez un médecin de ville. Pour améliorer la prise en charge des patients, décharger les hôpitaux et faire des économies, des solutions comme la télémédecine, la médecine ambulatoire et la création de regroupements de professionnels de santé sont encouragées. Le patient doit rester le moins longtemps possible à l'hôpital, le suivi des soins se fait à son domicile, par un médecin de ville ou un professionnel de santé particulier.

HÔPITAL PUBLIC ET CLINIQUES PRIVÉES

Un patient devant être hospitalisé peut l'être dans un hôpital public ou dans une clinique privée. Les soins dispensés dans les hôpitaux publics sont généralement jugés de bonne qualité malgré les difficultés financières de ces établissements. Les cliniques sont souvent plus confortables, mais pour les maladies graves et pour les urgences, les patients choisissent de préférence l'hôpital public.
L'hôpital a pour mission d'accueillir tous les patients 24 heures sur 24 et de manière non discriminatoire. En plus des soins et des interventions, il doit assurer les urgences médicales, le SAMU (Service d'aide

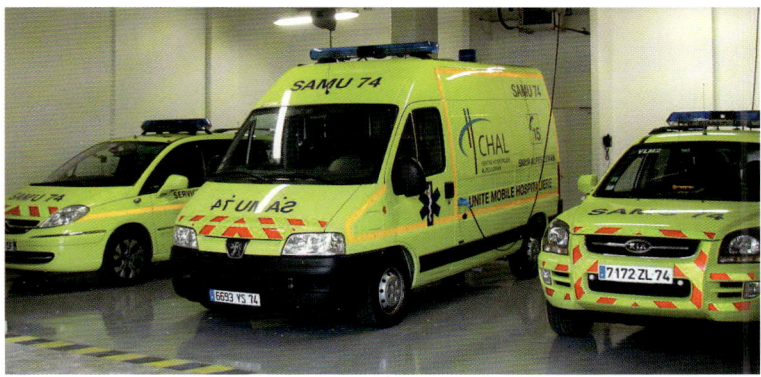

Le Service mobile d'urgence et de réanimation (SMUR) dépend d'un établissement hospitalier public.

5 LA SANTÉ

? LE SAVIEZ-VOUS ?

Une quarantaine de cabines médicalisées sont installées dans différents lieux (entreprises, résidences pour seniors ou pour étudiants). Le patient fait face à un écran et communique avec un médecin qui guide l'auscultation. La consultation terminée, le médecin peut transmettre par mail une ordonnance.

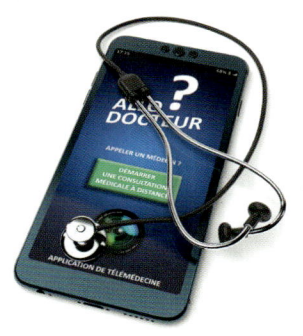

? LE SAVIEZ-VOUS ?

- Les enfants doivent être vaccinés pour être scolarisés. La loi a promulgué 11 vaccins obligatoires.
Le vaccin contre la grippe est gratuit pour les personnes de plus de 65 ans et pour les femmes enceintes.
- Pour toutes les urgences, on doit composer le 15 (le SAMU) ou le 112 (numéro valable dans l'Union européenne) : un professionnel de la santé juge de la gravité du cas et propose une aide adaptée.

médicale urgente), la prévention et l'éducation pour la santé et, enfin, la formation du personnel hospitalier dans les CHU (Centre hospitalier universitaire). L'hôpital propose également des consultations auprès de médecins spécialistes, ces consultations sont prises en charge par l'Assurance maladie.

En cas d'hospitalisation, le malade doit payer 20 € de forfait hospitalier par jour, non remboursable par la Sécurité sociale, pour les repas et la chambre. Certaines assurances complémentaires prennent en charge tout ou partie de ce forfait. Une hospitalisation dans une clinique privée qui a signé une convention avec l'État donne droit aux mêmes remboursements.

🎧 10 « La médecine à distance »** → page 70

LA MÉDECINE À VOCATION SOCIALE

LA MÉDECINE DU TRAVAIL

Le rôle du médecin du travail est de préserver la santé des travailleurs tout au long de leur parcours professionnel. Il doit aussi surveiller l'état de santé des travailleurs en fonction de leur âge et des risques concernant leur sécurité. Il est en relation avec les employeurs et les représentants du personnel pour prévenir les risques professionnels. Le médecin du travail peut accéder quand il le souhaite aux lieux de travail. Tous les salariés doivent obligatoirement passer une visite médicale annuelle auprès de la médecine du travail, le coût étant pris en charge par l'employeur.

LA PROTECTION MATERNELLE ET INFANTILE (PMI)

Les départements financent des centres de santé dans les principales communes du département. Ces centres accueillent et suivent gratuitement les femmes enceintes et les enfants jusqu'à l'âge de 6 ans. La PMI a aussi un rôle de formation et de surveillance des assistantes maternelles (personnes qui gardent des enfants à domicile) et du personnel des crèches qui accueillent les enfants qui ne sont pas encore scolarisés.

LA MÉDECINE SCOLAIRE

Les collèges et lycées ont une infirmière à temps plein ou à temps partiel dans l'établissement. Les tâches des personnels de santé scolaire portent sur le suivi des maladies chroniques, l'aide aux élèves ayant des difficultés d'apprentissage et l'intégration des élèves handicapés. Les infirmiers scolaires assurent un rôle d'information et de conseil auprès des adolescents pour prévenir différentes addictions. Ils ont également

PROVERBES ET DICTONS

Mieux vaut prévenir que guérir.

Quand la santé va, tout va.

la possibilité de délivrer aux élèves des collèges et lycées, même si elles sont mineures, la pilule du lendemain, qui est un contraceptif d'urgence agissant dans les trois jours suivant un rapport sexuel non protégé.

LA MÉDECINE PRÉVENTIVE À L'UNIVERSITÉ

La Sécurité sociale est obligatoire, les étudiants peuvent bénéficier de la Sécurité sociale de leurs parents résidant en France ou souscrire une assurance personnelle. Le service universitaire de médecine préventive est un service médical gratuit destiné à tous les étudiants et aux personnels exerçant dans une université. Les étudiants peuvent bénéficier de diverses prestations : délivrance de certificats d'aptitude à la pratique d'un sport universitaire, consultations médicales, soutien psychologique, etc. Tous les étudiants seront convoqués à une consultation médicale au moins une fois pendant les trois premières années d'études.

LA COUVERTURE MALADIE

La Protection universelle maladie (PUM) garantit à toute personne qui travaille ou réside en France un droit dans la prise en charge de ses frais de santé. Les personnes sans activité professionnelle bénéficient de la prise en charge de leurs dépenses de santé si elles résident de manière stable et régulière en France depuis au moins trois mois au moment de l'ouverture de ce droit et à condition de rester en France au moins six mois par an. Les personnes en grande difficulté financière peuvent obtenir une aide pour payer une assurance maladie complémentaire : l'État a mis en place une assurance complémentaire à 30 € par mois.

LE SAVIEZ-VOUS ?

Le don d'organe est anonyme et gratuit en France.
Les membres de l'Union européenne peuvent se faire soigner dans le pays de l'Union européenne de leur choix. Ils ont la possibilité d'avoir une carte de Sécurité sociale européenne.

ÉTABLISSEMENT FRANÇAIS DU SANG

Le don de sang est gratuit et ne peut être rémunéré sous quelque forme que ce soit. L'anonymat du donneur est toujours respecté.
L'établissement français du sang est un établissement public qui dépend du ministère de la Santé. Il collecte et distribue le sang sur le territoire national.

POUR EN SAVOIR PLUS

L'État s'engage à ce que certaines lunettes, prothèses dentaires et auditives soient totalement prises en charge par l'assurance maladie.

La croix verte représente les pharmaciens depuis 1982.

À VOTRE TOUR !

REPÈRES CULTURELS

médicament générique : il est conçu à partir de la molécule d'un médicament déjà autorisé (appelé médicament d'origine ou princeps) dont le brevet est désormais tombé dans le domaine public.

tiers-payant : le patient paye uniquement la somme qui n'est pas remboursée par l'Assurance maladie.

REPÈRES LEXICAUX

déficit *(n.m.)* : excédent des dépenses par rapport aux recettes.

traitement *(n.m.) :* ensemble des moyens mis en œuvre pour combattre la maladie.

COMPRÉHENSION ORALE *

🎧 9 À LA PHARMACIE

Écoutez le document sonore et répondez aux questions.

A **Dites si les propositions suivantes sont vraies (V) ou fausses (F) ou si le document ne permet pas de le savoir (?).**

① Le pharmacien connaît la patiente.   V ○ F ○ ? ○
② La patiente doit prendre des antibiotiques.   V ○ F ○ ? ○
③ D'après le pharmacien, les médicaments génériques sont moins efficaces.   V ○ F ○ ? ○
④ Il y a eu des émissions de télévision sur les médicaments génériques.   V ○ F ○ ? ○
⑤ La patiente a oublié sa carte d'identité.   V ○ F ○ ? ○

B **Répondez aux questions suivantes.**

① Pourquoi le pharmacien propose-t-il un médicament générique ?
....

② Sous quelle forme la patiente préfère-t-elle les vitamines ?
....

③ Quel document doit-elle présenter pour bénéficier du tiers payant ?
....

COMPRÉHENSION ORALE **

🎧 10 LA MÉDECINE À DISTANCE

A **Répondez aux questions suivantes.**

① Pourquoi le système médical français a-t-il des difficultés (trois réponses attendues) ?
– ....
– ....
– ....

② Pourquoi les patients âgés sont-ils accompagnés d'un aide-soignant (deux réponses attendues) ?
– ....
– ....

③ Quels sont les avantages de la télémédecine pour les personnes âgées (deux réponses attendues) ?
– ....
– ....

④ Quel est l'intérêt pour une entreprise d'installer une cabine médicale ?
– ....

À VOTRE TOUR !

B Dites si les propositions suivantes sont vraies (V) ou fausses (F) ou si le document ne permet pas de le savoir (?).
1. La télémédecine est réservée aux personnes âgées.   V○ F○ ?○
2. En télémédecine, le médecin doit déjà connaître le patient.   V○ F○ ?○
3. Les télécabines sont installées dans toutes les grandes entreprises.   V○ F○ ?○
4. La télémédecine modifie le rôle du médecin.   V○ F○ ?○

REPÈRES CULTURELS

EHPAD : Établissement d'hébergement pour personnes âgées dépendantes. Ces établissements peuvent être publics ou privés.

REPÈRES LEXICAUX

désorienté *(adj.)* : se dit d'une personne qui ne sait plus quelle direction prendre, qui est indécise ou perdue.

innovant *(adj.)* : se dit d'une réalisation nouvelle et performante.

néfaste *(adj.)* : mauvais pour la personne.

zone blanche *(n.f.)* : partie de territoire qui n'est pas couverte par Internet.

COMPRÉHENSION ÉCRITE

QUIZ

A Dites si les propositions suivantes sont vraies (V) ou fausses (F).
1. Toute la famille doit consulter le même médecin référent.   V○ F○
2. La Sécurité sociale rembourse la totalité des frais médicaux.   V○ F○
3. L'hôpital ne ferme jamais.   V○ F○
4. La médecine du travail est gratuite pour les salariés.   V○ F○
5. Les pharmaciens peuvent remplacer un médicament, prescrit par un médecin, par un médicament plus cher mais plus efficace.   V○ F○
6. Les ressortissants européens peuvent venir se faire soigner en France.   V○ F○

B Répondez aux questions suivantes.
1. Quels sont les avantages de la carte vitale ?
....
....
....
2. Quel est le rôle du médecin traitant ?
....
....
3. Qu'est-ce que le tiers-payant ?
....
....
4. Pourquoi le service des urgences à l'hôpital est-il souvent saturé ?
....
....
....

PRODUCTION ORALE

Ça se discute !
- En France, de nombreux médecins pensent que les médecines alternatives comme, par exemple, la phytothérapie ou l'homéopathie sont inefficaces, pire encore, dangereuses. Quelle est votre opinion à ce sujet ?
- La médecine moderne déshumanise le rôle du médecin. Qu'en pensez-vous ?

PRODUCTION ÉCRITE

À vos stylos !
Rédigez un tract en faveur ou contre l'introduction d'une télécabine médicale dans une entreprise.

6
LES LOISIRS

L'accroissement du temps libre, conséquence directe de la législation du travail et de l'allongement de l'espérance de vie, a modifié les habitudes des Français en matière de loisirs. Si pratiquer des activités sportives est bénéfique pour la santé, c'est aussi l'occasion de créer des liens autour d'une passion commune. Avoir du temps libre, c'est pouvoir se cultiver et se distraire en allant au cinéma ou au théâtre, c'est visiter des musées, c'est profiter de ses vacances pour découvrir la vie culturelle d'autres villes, mais c'est aussi partager des moments de convivialité à travers des activités communes.

OBJECTIFS CULTURELS

- Découvrir les activités sportives préférées des Français.
- Repérer les principaux lieux culturels.
- Prendre connaissance des événements culturels.
- Se familiariser avec quelques activités récréatives pratiquées par les Français.

PRATIQUE DE LA LANGUE

VÉRIFIER SES CONNAISSANCES

- **Réception de l'écrit**
  Lire pour s'informer
  → Quiz page 87

EXERCER SES COMPÉTENCES

- **Réception de l'oral**
  - Comprendre une conversation entre tierces personnes
    « À chacun ses loisirs »
    Audio 11 → page 85
  - Comprendre en tant qu'auditeur
    « Vive le cinéma »
    Audio 12 → page 86

- **Production orale**
  Monologue suivi ou interaction
  « Ça se discute ! »
  → Page 87

- **Production écrite**
  Écriture créative
  « À vos stylos ! »
  → Page 87

LES MOTS ET LES EXPRESSIONS DU THÈME

balisage (n.m.)
canon (à neige) (n.m.)
décentraliser (v.)
festival (n.m.)
licencié/licenciée (n.m./n.f.)
maillot (n.m.)
patrimoine (n.m.)
pédestre (adj.)
pétanque (n.f.)
randonnée (n.f.)
tremplin (n.m.)
troupe (n.f.)
vide-grenier (n.m.)

6 LES LOISIRS

L'UNIVERS DU SPORT

Le sport est considéré par les Français comme un loisir plutôt que comme un moyen d'exercer sa compétitivité ; ainsi la détente, la volonté d'entretenir sa forme sont plus importants que l'idée de la performance. C'est l'occasion de se rencontrer en famille, entre amis plus ou moins sportifs, autour d'une passion commune. Les sports de plein air se sont beaucoup développés ces dernières années, en particulier la pratique de la randonnée à pied ou à vélo.

LE CYCLISME

Le cyclisme est le sport le plus pratiqué juste devant la randonnée pédestre. Le niveau d'équipement est élevé : les Français possèdent en moyenne deux vélos par foyer auxquels il faut ajouter pour la sécurité des tenues fluorescentes ou réfléchissantes et des casques.

L'usage du vélo qui était plutôt orienté vers les loisirs, balades et sport, devient de plus en plus un moyen de déplacement. Pour réduire la présence des voitures en ville, certaines municipalités accordent des aides financières pour l'achat d'un vélo électrique.

LE SAVIEZ-VOUS ?

Les NVEI c'est-à-dire les Nouveaux véhicules électriques individuels (trottinettes électriques, vélos électriques, gyropodes, monocycles, etc.) n'appartiennent plus seulement au monde des loisirs, mais sont devenus une alternative aux transports traditionnels. La cohabitation sur les chaussées ou les trottoirs des villes de ces moyens de transport pose un sérieux problème de sécurité. Les nombreux accidents causés par ces NVEI ont conduit l'État à légiférer pour encadrer leur utilisation sur la voie publique.

Les spectateurs du tour de France choisissent de préférence les virages en épingle pour voir et encourager les coureurs.

Trottinettes électriques en libre-service.

Le tour de France cycliste est un événement sportif international très populaire. Il se déroule chaque année au mois de juillet, les cyclistes effectuent un circuit d'environ 3 000 km. Certains spectateurs n'hésitent pas à attendre plusieurs jours au bord des routes pour voir passer, en quelques secondes, leur équipe favorite et le premier du classement général, qui porte un maillot jaune. Une vingtaine de villes étapes hébergent les cyclistes, la caravane publicitaire et les touristes passionnés du tour de France. Le Tour représente un apport financier important pour les villes situées sur le parcours des cyclistes, et plus encore pour les villes étapes. Il se termine traditionnellement à Paris sur les Champs-Élysées.

Les marcheurs, selon les lieux et leurs moyens financiers, font étape dans des refuges, des gîtes, ou des chambres d'hôtes.

LA RANDONNÉE PÉDESTRE

La marche est une activité qui rencontre un grand succès depuis quelques années, sans doute à cause d'un intérêt croissant pour la nature (flore, faune, paysages) et du développement d'un tourisme vert. C'est un sport qui se pratique individuellement, en famille ou en groupe, et qui séduit tout particulièrement les seniors pour plusieurs raisons. Il ne nécessite pas un équipement coûteux, il n'exige pas nécessairement une condition physique exceptionnelle et il se pratique à peu près partout seul ou en groupe. Dans chaque région, on trouve plusieurs clubs de randonnées animés par des bénévoles et destinés à tous les niveaux de marcheurs. Ce sont souvent des moments de convivialité recherchés par les retraités qui, à travers ce sport, peuvent allier exercices bénéfiques pour la santé et rencontres amicales.

POUR EN SAVOIR PLUS

Essentiel pour tout voyageur à pied qui ne veut pas se perdre, le balisage et son code des couleurs en fonction du parcours et du type de randonnées : deux traits rouges et blancs pour les GR (itinéraires de grande randonnée) ou un trait jaune pour les petites randonnées (PR) à la journée. Le réseau des chemins compte près de 180 000 km et a des ramifications dans les pays voisins. On peut ainsi, en suivant le GR5, partir de Nice et arriver à Amsterdam, ou partir de Genève pour se rendre à Saint-Jacques-de-Compostelle en empruntant le GR 65 ; quant au GR 1, il fait en partie le tour de Paris.

LES TYPES DE BALISAGE

Type de sentiers	1 GR©	2 GR© PAYS	3 PR©
Bonne direction			
Tourner à gauche			
Tourner à droite			
Mauvaise direction			

1 Grande Randonnée   **2** Grande Randonnée du Pays   **3** Promenade et Randonnée

8 000 baliseurs bénévoles, adhérents de la Fédération française de la randonnée pédestre, entretiennent un réseau de 180 000 km de sentiers.

6 LES LOISIRS

LE FOOTBALL

Le foot est à la fois un sport et un spectacle. Les supporters et de plus en plus de supportrices se déplacent chaque semaine pour assister aux rencontres du championnat de France. Les grandes compétitions, relayées par les médias, sont des temps forts de la vie collective.

La fédération de football voit son nombre de licenciés augmenter en fonction des résultats de l'équipe de France dans les rencontres internationales, plus de 2 millions de licenciés après la victoire de la France lors de la coupe du monde en 2018 ! Les équipes féminines, qui obtiennent de bons résultats au niveau international, montrent l'intérêt grandissant des femmes pour le football. On compte 160 000 licenciées. Beaucoup de supporters pensent que la médiatisation et l'argent dénaturent les valeurs du football qui reste cependant un sport populaire et rassembleur. Il continue à faire rêver de nombreux jeunes malgré les polémiques alimentées parfois par les mauvais comportements des joueurs sur le terrain et hors des stades.

LE RUGBY

Alors que le football est présent sur l'ensemble du territoire français, le rugby est essentiellement pratiqué au sud d'une ligne La Rochelle - Bourg-en-Bresse, avec une plus forte concentration dans le Sud-Ouest.

> **LE SAVIEZ-VOUS ?**
>
> Un comité permanent veille au respect des mesures définies par la Convention européenne sur la violence et les débordements de spectateurs lors de manifestations sportives.

Introduit en France par les Britanniques à la fin du XIXe siècle, le rugby est un sport populaire dont l'audience à la télévision est comparable à celle du football alors qu'il compte presque deux fois moins de licenciés. Ce sport, considéré comme viril voire brutal, commence à séduire les femmes. Elles sont certes peu nombreuses à le pratiquer mais de plus en plus de jeunes filles prennent leurs licences dans les clubs régionaux. À la suite de nombreux accidents, la fédération de rugby envisage de modifier certaines des règles du jeu pour limiter les risques de blessures chez les joueurs.

LE SAVIEZ-VOUS ?

La France compte 2,5 millions de piscines privées, c'est un des pays les plus équipés au monde et le premier en Europe devant l'Espagne.

LES JEUX DE BOULES

Le jeu de boules est un sport très populaire et très ancien. Il y a différentes sortes de jeux, la Lyonnaise et la pétanque sont les plus répandus et sont tous deux considérés comme des sports. En 2018, la France a remporté la première place au championnat du monde de pétanque !

Une boule de pétanque pèse entre 650 et 800 grammes.

PROVERBES ET DICTONS

L'oisiveté est mère de tous les vices.

Qui va à la chasse, perd sa place.

Mais la pétanque est surtout un jeu familial qui se pratique sur n'importe quel type de terrain. Jouer aux boules est à la portée de tout le monde, et les parties de pétanque animent les places des villages les soirs d'été. En 2019, le comité olympique a rejeté la demande de la fédération de pétanque à faire partie des disciplines olympiques, à la grande déception des joueurs et des licenciés.

LES SPORTS D'HIVER

Les sports d'hiver concernent les catégories sociales les plus aisées, et essentiellement les moins de 45 ans. Seul un Français sur dix part en « vacances à la neige ». Les retombées économiques sont cependant importantes pour les stations de montagne. Le ski alpin et le surf arrivent en tête des activités, suivis loin derrière par le ski de fond. La pratique de la raquette, peu coûteuse en termes d'équipement et accessible à chacun en fonction de sa condition physique, séduit de plus en plus de vacanciers.

Les stations des Alpes sont les plus recherchées pour l'étendue des domaines skiables et l'altitude, mais certains délaissent les « usines à neige » au profit de stations plus modestes, à l'ambiance plus familiale. On skie dans les Pyrénées, le Jura, les Vosges et même en Corse. Certaines stations n'hésitent pas à utiliser des canons à neige pour pallier le manque de neige de plus en plus fréquent. Comme elles puisent

Les couleurs du balisage des pistes de ski correspondent à un degré de difficulté. Vert : facile, bleu : moyen, rouge : difficile, et noir : très difficile.

6 LES LOISIRS

On déplore de nombreux accidents chaque hiver en montagne parmi les adeptes du ski « hors piste » qui mettent leur vie en danger, et celle des autres parfois, pour le plaisir de « la glisse » dans la neige vierge.

Le recours aux canons à neige est contesté par les défenseurs de l'environnement.

? LE SAVIEZ-VOUS ?

Les livres qui figurent au palmarès des prix littéraires sont des succès de librairie. Le prix Goncourt, créé en 1903, récompense chaque année un ouvrage en prose. Le jury du prix Femina est composé uniquement de femmes, mais récompense indifféremment les œuvres d'autrices ou d'auteurs. Le prix du Livre Inter, attribué par France Inter, station de radio du service public et de grande écoute, est décerné par un jury d'auditeurs soigneusement sélectionnés.

dans les réserves d'eau, elles sont vivement critiquées par les défenseurs de la nature. Quant aux stations de moyenne montagne, victimes elles aussi du réchauffement climatique, elles réussissent parfois une reconversion en se tournant vers une forme de tourisme vert. Elles proposent des alternatives aux sports de neige et de glace, organisent des animations et des événements culturels qui attirent un public familial, davantage préoccupé de bien-être et d'écologie que les amateurs de sensations fortes des sports d'altitude.

L'UNIVERS DE LA CULTURE

Un ministère chargé des questions culturelles a été créé en 1959. Aujourd'hui ce ministère, à travers une politique active de subventions, témoigne de l'intérêt national pour la culture.

LES LIEUX CULTURELS

La fréquentation des lieux culturels (théâtre, opéra, cinéma, salles de concert, etc.) est fortement liée au niveau d'instruction. Les maisons de la culture, créées au début des années 1960 à l'initiative de l'écrivain André Malraux, alors ministre des Affaires culturelles, ont pour objectif de rendre la culture accessible au plus grand nombre sur l'ensemble du territoire. Ce sont actuellement des salles de spectacles qui favorisent la création artistique.

Le ministère de la Culture, en relation avec les collectivités locales, soutient financièrement les institutions culturelles du spectacle vivant, du cinéma et du patrimoine.

LES BIBLIOTHÈQUES

Les bibliothèques municipales et départementales jouent un rôle essentiel dans le domaine de la lecture et de la recherche patrimoniale. La fête du livre, le printemps du livre, le salon du livre, le festival de la bande dessinée, etc., témoignent de l'intérêt des Français pour la lecture. Ces animations autour du livre, pilotées par les bibliothécaires, les municipalités, ou les éditeurs, attirent toujours un large public qui aime rencontrer les auteurs pour échanger avec eux et faire dédicacer des livres.

Les bibliothèques municipales ont souvent un service de portage de livres à domicile pour les personnes âgées ou handicapées. L'adhésion à une bibliothèque coûte, selon les communes, entre 10 et 15 € par an.
La carte d'abonné dans certaines villes est gratuite pour les jeunes, les retraités, les demandeurs d'emploi ou les demandeurs d'asile. Quelques bibliothèques offrent un livre en cadeau aux nouveau-nés. À l'occasion de la remise du livre, le bébé reçoit une carte de lecteur, ce qui incite ses parents à fréquenter la bibliothèque et à emprunter des ouvrages pour eux-mêmes ou pour leurs enfants.

Dans les territoires isolés, des bibliobus sillonnent la campagne et vont à la rencontre des lecteurs trop éloignés des bibliothèques.

LES MUSÉES DE FRANCE

Près de 1 300 musées, dont 33 musées nationaux répartis sur tout le territoire, exposent les richesses culturelles et artistiques de la France. Ces musées répondent à des critères culturels et scientifiques précis et peuvent bénéficier depuis 2002 de l'appellation Musées de France (label clairement identifiable par le public).
Le Louvre, Versailles et Orsay, qui sont des musées parisiens, sont les plus visités. Deux grands musées parisiens ont créé avec succès des succursales dans des régions gravement touchées par la crise économique : Le Centre Pompidou à Metz en Lorraine, Le Louvre à Lens, dans les Hauts-de-France. La décentralisation de ces deux musées illustre une volonté de toucher de nouveaux publics, d'aller à la rencontre des habitants et de créer des pôles culturels dans des régions qui en manquent. Le Louvre de Lens a été construit dans une région au taux de chômage élevé en raison de la fermeture des mines de charbon. Après cinq ans de fonctionnement, les résultats sont décevants et les retombées économiques escomptées se font attendre. En revanche, le Centre Pompidou à Metz voit sa fréquentation se stabiliser, ceci s'explique en partie par la proximité de l'Allemagne, du Luxembourg et de la Suisse.

Le Grand palais, monument consacré par la République à la gloire de l'art français, a été construit pour l'exposition universelle de 1900. Au premier plan, le pont Alexandre III symbolise l'alliance franco-russe conclue en 1891.

6 LES LOISIRS

? LE SAVIEZ-VOUS ?

À la mi-mai, à l'occasion de la nuit européenne des musées, de nombreux lieux ouvrent gratuitement leurs portes, simultanément partout en France et en Europe, de la tombée de la nuit jusqu'à minuit. Des visites commentées, des ateliers, des spectacles vivants, font vivre à un large public une expérience du musée à la fois conviviale et ludique.

Le MUCEM, flottant entre le ciel et l'eau, est largement ouvert sur la Méditerranée.

Tout au sud de la France à Marseille, le MUCEM (Musée des Civilisations de l'Europe et de la Méditerranée) s'affirme comme le grand musée de la Méditerranée en présentant une programmation culturelle tournée vers les différents aspects du monde méditerranéen. Sa situation et son architecture originale en font un des musées les plus fréquentés d'Europe.

LES THÉÂTRES

Hormis de très nombreuses salles de théâtre, privées ou municipales, l'État assure le fonctionnement de quatre théâtres nationaux chargés de faire vivre la culture théâtrale traditionnelle et contemporaine. La Comédie française, le Théâtre national de La Colline, le Théâtre national de l'Odéon et le Théâtre national de Strasbourg sont des établissements publics entièrement financés par l'État et qui assurent une mission de service public. Une quarantaine de centres dramatiques sont cofinancés par l'État et les collectivités territoriales. La ville de Paris accompagne financièrement des projets d'une cinquantaine de théâtres privés, presque tous parisiens.

Comédien et dramaturge du XVIIe siècle, Molière est une figure emblématique de la culture nationale, à tel point que le français est couramment désigné comme la langue de Molière.

? LE SAVIEZ-VOUS ?

Les personnes mineures peuvent entrer gratuitement dans les Musées de France et accéder ainsi librement aux collections permanentes. Quelques musées gérés par des collectivités locales (région, département ou ville) sont entièrement gratuits, d'autres sont en accès libres un jour par semaine ou par mois.

L'Académie des Molières, composée de professionnels actifs tels que directeurs de théâtre, artistes, auteurs, metteurs en scène, décorateurs, costumiers, critiques, etc., récompense chaque année par un « Molière d'or », les meilleurs artistes au cours d'une cérémonie appelée « nuit des Molières ». L'Académie et la récompense sont ainsi nommées en référence à un grand acteur et dramaturge français du XVIIe siècle.

🎧 11 « À chacun ses loisirs »* → page 85

LES ÉVÉNEMENTS CULTURELS

Les journées du patrimoine
Elles ont été créées en 1984 par le ministère de la Culture et ont lieu, tous les ans, le troisième week-end de septembre. C'est l'occasion de visiter gratuitement des lieux très divers souvent fermés au public : chefs-d'œuvre de l'architecture civile ou religieuse, parcs, jardins, sites archéologiques, ouvrages fluviaux ou militaires, etc. Ces journées enregistrent chaque année plusieurs millions de visiteurs, ce qui témoigne de l'intérêt des Français pour leur patrimoine et leur histoire.

Les festivals
Les festivals sont les événements culturels qui célèbrent un genre artistique ou un artiste, organisés partout en France, particulièrement pendant la période estivale. Pour les régions, organiser un festival permet de se faire connaître, d'attirer des visiteurs et de bénéficier ainsi de retombées économiques importantes. Tous les arts vivants y sont mis à l'honneur.

Le théâtre
Depuis 70 ans, en juillet, Avignon, petite ville du sud-est, accueille la plus importante manifestation de théâtre et de spectacle vivant en France et l'une des plus importantes au monde par le nombre de créations et de spectateurs réunis. Le festival officiel s'ouvre majestueusement par une représentation dans la cour du palais des Papes. Ce palais est une grande construction gothique qui, au XIVe siècle a été temporairement la résidence des papes. Des troupes de théâtre professionnel ou amateur profitent de cette manifestation pour présenter leurs créations dans l'espoir de décrocher des contrats. Les festivaliers viennent de toutes les régions de France pour trouver l'atmosphère joyeuse et décontractée des ruelles de cette ville médiévale, célèbre pour son pont !

POUR EN SAVOIR PLUS

Le ministère de la Culture expérimente dans quelques départements un Pass culture crédité de 500 € pour les jeunes de 18 ans qui peuvent choisir des activités artistiques et culturelles sur une application mobile gratuite.

LE SAVIEZ-VOUS ?

Le palais de l'Élysée, résidence officielle du président de la République, ouvre ses portes au public pour les journées du patrimoine et le président vient saluer les visiteurs qui ont, en général, patienté plusieurs heures dans la file d'attente.

La cour du palais des papes à Avignon.

6 LES LOISIRS

❓ LE SAVIEZ-VOUS ?

L'Académie des César récompense chaque année les différents corps de métier du 7e art. Le meilleur nominé dans sa catégorie reçoit un trophée en bronze sculpté par l'artiste César. Un « César » est également remis au meilleur film étranger de l'année.

Le cinéma

En 1946, à Cannes, s'est ouvert le Festival international du film. Depuis 1951, il a lieu en mai, et un jury évalue les longs et les courts-métrages. La récompense suprême, décernée au réalisateur du meilleur long-métrage de l'année, est la Palme d'or qui fait référence aux armoiries de la ville.

🎧 12 « Vive le cinéma »** → page 86

💡 POUR EN SAVOIR PLUS

- La production cinématographique française est la première d'Europe en quantité de films réalisés. Ceci est certainement dû au talent des réalisateurs mais également au système de financement et d'aide au cinéma. En effet, le CNC (Centre national de la cinématographie) prélève un petit pourcentage sur chaque billet vendu et peut, grâce à cet argent, apporter des aides à l'écriture, la création, la diffusion d'œuvres cinématographiques d'expression française.
- Le mercredi est le jour de sortie des nouveaux films.

La musique et la chanson

L'art lyrique

Les chorégies d'Orange se déroulent dans le Théâtre antique d'Orange, petite ville du Vaucluse. Le théâtre romain de 8 600 places est parfaitement conservé, la qualité exceptionnelle de l'acoustique et la majesté du lieu lui confèrent une renommée internationale.

Un peu plus au sud, l'art lyrique est aussi mis à l'honneur à Aix-en-Provence, ville proche de Marseille. Son festival international, grâce à une programmation diversifiée et de qualité, est devenu au fil des années un des grands festivals européens dans son domaine. Les mélomanes peuvent voir et écouter, dans d'excellentes conditions acoustiques, les grands noms de l'opéra et de la musique classique.

Le jazz

Depuis 1981, Vienne, située au bord du Rhône au sud de Lyon, organise de fin juin à début juillet un important festival de jazz. Des artistes de renommée mondiale animent des soirées dans le cadre inoubliable du théâtre antique édifié par les Romains au Ier siècle. Dans la journée, des musiciens amateurs se produisent gratuitement dans la ville.

La chanson

Au bord de l'océan Atlantique, le joli port de La Rochelle, attire en juillet, un grand nombre de spectateurs de tous âges à l'occasion des Francofolies. Le but de ce festival est de promouvoir la chanson française en présentant des chanteurs et des groupes déjà célèbres, mais il a aussi l'ambition d'être un tremplin pour de jeunes artistes peu connus.

À côté de ces fameux festivals qui rassemblent des milliers de spectateurs, des centaines d'autres, plus modestes, animent non seulement les lieux de vacances pour le plus grand plaisir des touristes, mais aussi de nombreuses villes toute l'année.

La Maison de la culture d'Amiens est un établissement public de coopération culturelle pluridisciplinaire. Labellisée «Scène nationale», la MCA est un pôle européen de production, de création et de diffusion artistiques et culturelles.

La fête de la science

Depuis plus de 20 ans, pendant la fête de la science, les sites du savoir scientifique et technologique ouvrent grand leurs portes. Les musées, les bibliothèques, les universités, les salles de spectacles, les mairies, les préfectures, les entreprises s'associent pour faire découvrir des domaines aussi différents que l'ethnologie, les mathématiques, l'astronomie ou la musique. Ces partenaires et acteurs de la culture scientifique se mettent à la disposition du public pour communiquer leur enthousiasme et susciter des vocations chez les jeunes.

LES ACTIVITÉS RÉCRÉATIVES

La France compte 1,5 million d'associations dans tous les domaines de la vie sociale, elles sont en grande partie dédiées aux loisirs et fonctionnent grâce aux millions de bénévoles qui les font vivre. Les associations reconnues d'intérêt public reçoivent des subventions de l'État ou d'institutions locales, mais beaucoup de petites associations vivent des cotisations versées par leurs adhérents.

L'animation socioculturelle

Depuis vingt-cinq ans, on constate un intérêt grandissant pour les activités artistiques, toutes générations et toutes catégories sociales confondues : plus d'un tiers des Français de plus de 15 ans font de la peinture, du dessin, de l'artisanat d'art, jouent d'un instrument de musique, chantent, dansent ou font du théâtre en amateur. Ces activités subventionnées en grande partie par les municipalités et les régions ont lieu dans les Maisons de quartiers, les conservatoires régionaux et les maisons des jeunes et de la culture.

Une maison des jeunes et de la culture (MJC) est une association dont la vocation est de permettre à tous d'accéder aux loisirs, à l'éducation et à la culture. Les MJC sont ouvertes à tous les publics, aux jeunes mais aussi aux enfants et aux adultes. Elles proposent gratuitement ou à des tarifs très avantageux, une gamme complète d'activités et de services répondant aux attentes des habitants. On peut y prendre des cours de langue, participer à des ateliers de théâtre, apprendre à jouer d'un instrument, à jardiner ou s'initier à un sport.

POUR EN SAVOIR PLUS

«La culture ne s'hérite pas, elle se conquiert».

André Malraux (écrivain et homme politique)

Les ateliers de poteries doivent leur succès à l'engouement pour les matières naturelles comme l'argile.

6 LES LOISIRS

Le chant choral : une activité musicale fédératrice.

Dans les repair-cafés, des bénévoles bricoleurs essaient de réparer gratuitement de petits appareils électriques, comme un aspirateur ou un sèche-cheveux.

Les origines de la braderie de Lille, le plus grand et le plus célèbre marché aux puces d'Europe, remontent au XIIe siècle.

La musique occupe une place croissante dans la société et les médias. Le chant choral est devenu un véritable phénomène de mode. On compte actuellement un chœur pour 6 000 habitants. Cette pratique musicale séduit principalement les habitants des zones urbaines (77 % des chorales). Pratiquement toutes les universités possèdent une chorale dont le but est de promouvoir le chant et la musique, le plus souvent classiques, en milieu universitaire.

Le temps libre et le lien social

Les Français aiment profiter de leur temps libre pour bricoler et faire de petits travaux chez eux. Les réseaux sociaux permettent de mettre en contact les habitants d'une ville. Ils peuvent ainsi se rendre de petits services, se donner un coup de main ou se prêter des outils. Dans les repair-cafés, des bénévoles bricoleurs essaient de réparer gratuitement de petits appareils électriques, un aspirateur ou un sèche-cheveux.

À l'automne et au printemps, les places des villes sont occupées le samedi ou le dimanche par les vide-greniers, appelés marchés aux puces. Les particuliers y vendent pour quelques euros des objets dont ils n'ont plus besoin et qui les encombrent : vêtements, livres, jouets, meubles, etc. C'est pour les amateurs de vieux objets, les collectionneurs, l'occasion de discussions, d'échanges, de marchandages pour dénicher « la perle rare ». La plus grande braderie d'Europe a lieu à Lille, le premier week-end du mois de septembre, elle accueille chaque année entre 2 et 3 millions de visiteurs qui viennent de toute l'Europe pour chiner et manger la spécialité locale, les « moules frites ».

S'ils possèdent un petit jardin, les Français passent beaucoup de temps à planter des fleurs, tondre la pelouse ou faire un potager. Si l'on n'a pas de jardin, des municipalités mettent à disposition des habitants des jardins collectifs qui sont des lieux de partage et de convivialité où la solidarité a autant de place que la culture des fruits et des légumes.

À VOTRE TOUR !

REPÈRES CULTURELS

Rhône-Alpes : région française dont les principales villes sont Lyon, Grenoble et Clermont-Ferrand.

écolo : abréviation pour écologiste.

maison de la culture : les maisons de la culture ont été créées en 1961 dans le but de démocratiser l'accès à différentes expressions artistiques.

REPÈRES LEXICAUX

balisage (n.m.) : ensemble de signaux pour guider des usagers.

licence (n.f.) : adhésion à un club sportif.

par procuration (n.f.) : par l'intermédiaire de quelque chose ou de quelqu'un.

s'aérer (v.) : prendre l'air

se dépenser (v.) : faire des efforts physiques.

ski de fond (n.m.) : sport de glisse sur faible dénivelé.

COMPRÉHENSION ORALE *

À CHACUN SES LOISIRS

A Pour chaque personne, complétez les rubriques âge et profession.

	Olivier	Mathilde	Souad
Âge			
Profession			

B Mettez une croix dans la case correspondant aux loisirs de chacune de ces trois personnes.

	Olivier	Mathilde	Souad
❶ Une pratique sportive			
❷ Des activités culturelles			
❸ Des voyages à l'étranger			
❹ Des voyages lointains			

C Répondez aux questions suivantes concernant Olivier.
❶ Pourquoi est-il sportif ? ....
❷ Quelles activités de plein air pratique-t-il ? ....
❸ Pourquoi achète-t-il des équipements techniques assez chers ? ....

❹ Que fait-il pour les chemins de grande randonnée ? ....
❺ Pense-t-il être un skieur qui prend des risques ? ....

❻ Pourquoi se déplace-t-il à vélo ? Citez deux raisons.
....

D Répondez aux questions suivantes concernant Mathilde.
❶ Comment occupe-t-elle son temps libre ?

❷ Citez deux raisons pour lesquelles elle ne voyage pas. ....

❸ Citez deux de ses activités du dimanche matin ....

❹ Dépense-t-elle beaucoup d'argent pour acheter des livres ?
○ Oui   ○ Non   Pourquoi ? ....

E Répondez aux questions suivantes concernant Souad.
❶ Quelles sont ses loisirs préférés ? ....

❷ À quel type d'association consacre-t-elle une partie de son temps ? ....

❸ Pourquoi ne fait-elle pas de voyages lointains ? ....

❹ Que recherche-t-elle quand elle visite des capitales européennes ? ....

❺ Pourquoi ne fait-elle jamais de voyages organisés ?

À VOTRE TOUR !

REPÈRES CULTURELS

CNC : Centre national du cinéma et de l'image animée, établissement public, placé sous l'autorité du ministère chargé de la culture. Il est financé par des taxes prélevées sur les activités du secteur audiovisuel.

avance sur recette : Le CNC accorde une aide financière, environ 500 000 €, versée avant le tournage d'un film. Cette somme est rarement remboursée par les producteurs après l'exploitation du film.

Clermont-Ferrand : ville située dans le département du Puy-de-Dôme, région Auvergne-Rhône-Alpes.

Grenoble : ville située dans le département de l'Isère, région Auvergne-Rhône-Alpes.

Amiens : ville située dans le département de la Somme, région Picardie.

Annecy : ville située en Haute-Savoie, région Auvergne-Rhône-Alpes.

Cannes : ville située dans les Alpes-Maritimes, région Provence-Alpes-Côte d'Azur.

COMPRÉHENSION ORALE **

VIVE LE CINÉMA

Ⓐ Selon le document, les affirmations suivantes sont-elles vraies (V) ou fausses (F) ?
1. Les communes construisent des salles de cinéma pour attirer les spectateurs. V◯ F◯
2. Les commerçants encouragent la création de festivals. V◯ F◯
3. Le CNC sélectionne les films présentés dans les festivals. V◯ F◯
4. Le CNC apporte son aide à la création de certains films. V◯ F◯
5. Les festivals de cinéma présentent exclusivement des films commerciaux. V◯ F◯
6. Le jury du festival de Cannes récompense indifféremment des réalisateurs français ou étrangers. V◯ F◯
7. Les films d'art et essai ne sont pas assez distribués. V◯ F◯

Ⓑ Pourquoi est-il important d'être sélectionné par le CNC pour réaliser un film ?

....

Ⓒ Quelle est la forme du prix remis aux réalisateurs des meilleurs courts-métrages présentés aux festivals de Clermont-Ferrand et de Grenoble ?

....

Ⓓ D'après le document quelles sont les raisons qui contribuent à la notoriété du festival de Cannes ? (Plusieurs réponses possibles)
- ◯ a. Le choix des films en compétition.
- ◯ b. La composition du jury.
- ◯ c. La venue de célébrités du cinéma.
- ◯ d. La remise de la Palme d'or.
- ◯ e. La clôture du festival
- ◯ f. La possibilité de vendre des films
- ◯ g. La montée des marches

REPÈRES LEXICAUX

déplorer *(v.)* : regretter.
enjeu *(n.m.)* : ce que l'on peut gagner ou perdre.
notoriété *(n.f.)* : fait d'être connu avantageusement par un grand nombre de personnes.
primé *(adj.)* : récompensé par un prix.
promouvoir *(v.)* : provoquer le développement ou le succès de quelque chose.
salle obscure *(n.f.)* : salle de cinéma.
solliciter *(v.)* : demander.

À VOTRE TOUR !

COMPRÉHENSION ÉCRITE

QUIZ

A Dites si les propositions suivantes sont vraies (V) ou fausses (F).

1. Le rugby est un sport très peu médiatique. V○ F○
2. Le balisage des GR correspond à deux traits rouges. V○ F○
3. Le prix Femina récompense un auteur de sexe féminin. V○ F○
4. Un tiers des Français va aux sports d'hiver. V○ F○
5. La randonnée pédestre est le sport le plus pratiqué en France. V○ F○
6. L'entrée de certains musées est gratuite pour les mineurs. V○ F○
7. Les activités des MJC sont réservées aux jeunes de moins de 18 ans. V○ F○
8. Les vide-greniers sont réservés aux personnes qui déménagent. V○ F○

B Associez le lieu du festival au genre artistique représenté.
1. Orange
2. Avignon
3. La Rochelle
4. Vienne
5. Cannes
6. Aix-en-Provence

a. la chanson
b. le cinéma
c. l'art lyrique
d. le jazz
e. le théâtre

a.	b.	c.	d.	e.

C Que font certaines municipalités pour limiter la présence des voitures en villes ?

D Pourquoi la pétanque est-elle un jeu populaire ?

E En quoi consiste le portage de livres ?

F Que se passe-t-il pendant la nuit européenne des musées ?

G Que peut-on faire pendant les journées du patrimoine ?

PRODUCTION ORALE

Ça se discute !
- L'argent qui entoure le sport professionnel, surtout le monde du football, dénature-t-il les valeurs du sport ?
- L'accès à la culture devrait-il être gratuit pour tous ?

PRODUCTION ÉCRITE

À vos stylos !
Rédigez la critique d'un spectacle auquel vous avez assisté (cinéma, théâtre, concert, etc.).

7
L'ARGENT

On peut l'aimer ou le détester, mais il est indispensable pour bien vivre ou pour survivre. Si le fameux proverbe « L'argent ne fait pas le bonheur » signifie qu'on en relativise l'importance, il est cependant synonyme de sécurité et de liberté.
Il n'est un symbole de réussite sociale que pour une minorité et, pour un certain nombre de Français, il est davantage un instrument d'autonomie et de plaisir que de puissance. Le rapport des Français à l'argent est ambivalent, certains estiment que gagner beaucoup d'argent est indécent, le capitalisme étant perçu comme injuste et contraire aux principes d'égalité républicains ; la culture française s'oppose en cela à la culture anglo-saxonne dans laquelle l'argent et les affaires sont des moyens d'accomplissement personnel.

OBJECTIFS CULTURELS

- Comprendre le rapport des Français à l'argent.
- Situer le niveau de revenus et de pouvoir d'achat.
- Découvrir quelques formes de l'impôt.
- Se familiariser avec certaines habitudes de consommation.

PRATIQUE DE LA LANGUE

VÉRIFIER SES CONNAISSANCES

- **Réception de l'écrit**
  Lire pour s'informer
  → Quiz page 101

EXERCER SES COMPÉTENCES

- **Réception de l'oral**
  - Comprendre en tant qu'auditeur
  « La fin du cash ? »
  Audio 13 → page 100
  - Comprendre une conversation entre tierces personnes
  « De quoi vivent-ils ? »
  Audio 14 → page 99

- **Production orale**
  Monologue suivi ou interaction
  « Ça se discute ! »
  → Page 101

- **Production écrite**
  Écriture créative
  « À vos stylos ! »
  → Page 101

LES MOTS ET LES EXPRESSIONS DU THÈME

Banque de France (n.f.)
bien (n.m.)
blanchir de l'argent (exp.)
bling-bling (n.m. inv. ou adj.)
cagnotte (n.f.)
contribuable (n.m.)
épargne (n.f.)
espèces (n.f.pl.)
fisc (n.m.)
intérêt (n.m.)
léguer (v.)
liquide (n.m.)
mettre de l'argent de côté (exp.)
niveau de vie (n.m.)
patrimoine (n.m.)
placer de l'argent (exp.)
pouvoir (d'achat) (n.m.)
prélèvement (à la source) (n.m.)
revenu (n.m.)
taux (n.m.)

7 L'ARGENT

PROVERBES ET DICTONS

Le temps, c'est de l'argent.

L'ARGENT DANS LA CULTURE FRANÇAISE

Par tradition judéo-chrétienne, la culture française a un rapport particulier à l'argent. Ce dernier n'est pas un sujet réellement tabou, cependant il n'est pas de bon ton, au cours d'une conversation, de parler de ses revenus, de mentionner la valeur ou le prix des choses.

La France reste marquée par la culture paysanne même si elle ne compte aujourd'hui que très peu d'agriculteurs. En effet, autrefois à la campagne, on ne parlait pas de son argent (que l'on gardait chez soi sous forme liquide) par peur de se le faire voler. Si on ajoute à cela l'abolition des privilèges, conséquences de la Révolution française, et l'héritage du marxisme, on comprend que pour une partie de la gauche, faire du profit reste assez négatif.

La religion catholique, qui condamnait le prêt avec intérêt au Moyen Âge, a contribué à donner une mauvaise image de l'enrichissement personnel.

LE SAVIEZ-VOUS ?

- Il est courant d'appeler un être aimé « mon trésor » puisqu'il est considéré comme précieux aux yeux de celui qui utilise ce terme.
- On dit de quelqu'un qui est dépensier qu'il est un panier percé, que l'argent lui brûle les doigts ou qu'il jette l'argent par les fenêtres et de quelqu'un d'avare qu'il a des oursins dans la poche.

Autrefois, quand on n'avait pas de coffre ou de compte en banque, on cachait son argent sous les matelas.

L'ARGENT ET LES MENTALITÉS

L'individualisation des modes de vie et la forte médiatisation de l'argent ont modifié son image auprès des Français. Il n'est plus honteux de gagner de l'argent, c'est même légitime, mais les Français, conscients des inégalités économiques, sont parfois choqués par les revenus de certaines personnalités du monde du sport, de l'art, de la politique ou de l'industrie.

L'argent facile est suspect, d'autant plus que, depuis quelques années, des affaires de corruption impliquant des personnalités ont été mises à jour dans différents domaines.

L'étalage dans les médias des sommes considérables perçues par les grands patrons de l'industrie a renforcé l'idée d'inégalité et d'injustice sociale engendrant de ce fait un sentiment de frustration et de colère. Cette situation a provoqué en 2018 et 2019 d'importants mouvements sociaux et populaires qui ont bousculé la vie politique française et fait réagir le gouvernement. Appelé crise des « gilets jaunes », ce mouvement

Des « gilets jaunes » manifestent contre la diminution de leur pouvoir d'achat.

a fait comprendre, au fil de plusieurs mois de manifestations, que le pouvoir d'achat était au cœur des préoccupations des Français. Ce mouvement a été appelé ainsi, car les manifestants portaient des gilets de couleur jaune, réfléchissants et utilisés pour la sécurité sur les routes, par les cyclistes ou les automobilistes en cas d'accident de la circulation.

LA FORME DE L'ARGENT

🎧 13 « La fin du cash »** → page 100

Quand on parle de l'argent c'est pour évoquer avant tout des pièces, des billets, des chèques, des cartes bancaires, mais l'argent est aussi un métal précieux, utilisé pour l'orfèvrerie et la joaillerie. De nos jours les pièces de monnaie ne sont plus en argent ou en or, mais fabriquées comme l'euro, à base de cuivre.

L'argent a été successivement solide, liquide et gazeux. Solide en référence aux pièces métalliques « sonnantes et trébuchantes », liquide quand il a pu être « versé » sur un compte ce qui fait dire aux dépensiers que l'argent leur « coule entre les doigts ». Aujourd'hui l'argent est dématérialisé, il s'apparente à un gaz inodore. Selon la sagesse populaire « l'argent n'a pas d'odeur ». L'argent n'a pas d'odeur, mais il a une couleur : on fait référence au billet vert (le dollar) ou au métal jaune (l'or). L'argent sale, produit d'activités illicites, doit être blanchi pour réintégrer les circuits légaux.

C'est à partir de 1986, grâce à la puce, système inventé par le français Laurent Moreno, que les cartes se sont généralisées.

7 L'ARGENT

LE SAVIEZ-VOUS ?

Le côté d'une pièce de monnaie mentionnant sa valeur est appelé le côté « pile » par opposition au côté « face ». Le jeu de « pile ou face ? » est un jeu de hasard qui consiste à lancer une pièce en l'air et à deviner sur quel côté elle va retomber.
Les pièces en euro ont un point commun, le côté pile de la pièce représente la carte de l'Europe et la valeur de la monnaie et sur le côté face, chaque pays grave ses propres effigies en fonction de son identité nationale. Les billets, en revanche, sont identiques dans tous les pays.

LA MONNAIE

La France fait partie de la zone euro, parfois appelée euro zone. Cette zone monétaire regroupe les États membres de l'Union européenne qui ont adopté l'euro (€) comme monnaie (19 pays en 2019 sur les 27 États membres de l'UE). En 2002, l'euro a succédé au franc mettant ainsi un terme à une histoire monétaire vieille de 700 ans. La monnaie unique a également un cours légal à Monaco, à San Marin, au Vatican, en Andorre, au Monténégro et au Kosovo bien que ces États ne soient pas membres de l'Union européenne. Quel que soit leur pays d'origine, les pièces ont cours légal dans toute la zone euro.

La Suisse, qui est entourée par des pays de la zone euro, autorise les paiements dans cette devise, dans les grandes entreprises et dans certains commerces. Lors d'un achat, la monnaie est généralement rendue en francs suisses.

POUR EN SAVOIR PLUS

Dans les pays de l'Union européenne, la centième partie de l'euro est dénommée officiellement « cent », mais dans la communication courante entre francophones, on utilise le terme de « centime ».

Retrait d'espèces à un DAB (distributeur automatique de billets).

L'ARGENT DES MÉNAGES

 « De quoi vivent-ils ? »* → page 99

LES REVENUS

Le revenu (étymologiquement, ce qui revient à quelqu'un) est constitué non seulement de la rémunération du travail, mais aussi du revenu du patrimoine qu'il soit financier ou immobilier et des prestations sociales. Celles-ci (allocations familiales, indemnités de chômage, d'accident, etc.) représentent plus du tiers du revenu des Français. Pour connaître les ressources réelles des ménages, il faut déduire de toutes ces rentrées d'argent l'impôt sur le revenu, l'impôt foncier et les cotisations sociales.

LE PATRIMOINE

Le taux d'épargne des Français est élevé, ils apparaissent comme des « fourmis » au sein des pays de l'OCDE (Organisation de coopération et de développement économiques). Neuf ménages sur dix possèdent un patrimoine financier, il s'agit pour l'essentiel d'une épargne liquide peu risquée. Ce patrimoine est cependant inférieur au patrimoine immobilier, les logements représentant la moitié des biens légués. En effet les Français préfèrent investir « dans la pierre » et transmettre à leurs descendants des biens immobiliers. Ceci est dû au fait qu'ils ont une faible culture financière et qu'ils se sentent incompétents pour gérer un portefeuille d'actions par exemple. Dans ce domaine, les inégalités entre les catégories sociales sont particulièrement visibles. Le montant des héritages reçus par les enfants d'ouvrier est trois fois moins élevé que celui des enfants d'agriculteur et cinq fois moins que celui des cadres supérieurs. On assiste ainsi à un phénomène de concentration du patrimoine : 10 % des ménages possèdent la moitié de la richesse totale et 90 % des Français estiment qu'il est difficile aujourd'hui de se constituer un patrimoine.
Près de deux ménages sur trois déclarent mettre de l'argent de côté pour faire face à l'imprévu, en particulier la perte d'un emploi, mais aussi pour se constituer un complément de retraite.

PROVERBES ET DICTONS

On ne peut avoir le beurre et l'argent du beurre.

Le notaire est un officier public qui exerce à titre libéral. L'une de ses tâches consiste à authentifier les actes et les contrats (mariage, successions, ventes, etc.).

POUR EN SAVOIR PLUS

Le terme « capital » évoque avant tout le capital économique, mais en sociologie on parle aussi du capital culturel qui regroupe l'ensemble des ressources dont dispose une personne, comme les connaissances et les compétences, et du capital social qui représente son réseau de contacts et de relations humaines.

7 L'ARGENT

- Communication, loisirs et culture : 11 %
- Logement : 31 %
- Alimentation : 17 %
- Divers : 19 %
- Santé : 4 %
- Habillement : 4 %
- Transport : 14 %

Budget des ménages : répartition des dépenses.

LE POUVOIR D'ACHAT

Les Français sont nostalgiques de la période des Trente Glorieuses (c'est ainsi qu'on appelle les 30 années de croissance économique qui ont suivi la seconde guerre mondiale) ; pendant cette période la majorité des Français se sont plus enrichis que pendant tout le siècle précédent, alors que la durée moyenne annuelle du travail diminuait. La France subit, comme de nombreux autres pays, les conséquences de la crise économique consécutive à la pandémie due au covid-19 mais les impacts de cette catastrophe sanitaire sur l'économie ont été un peu amortis par son modèle national de protection sociale, ce qui n'a pas été le cas dans d'autres pays d'Europe.

Cependant, la pauvreté qui conduit souvent à l'exclusion et à la marginalisation touche les personnes qui sont coupées des réseaux familiaux et qui ne bénéficient pas de l'entraide familiale. Les familles monoparentales sont particulièrement vulnérables et exposées à la pauvreté malgré des aides de l'État. Dans la grande majorité des cas, il s'agit de femmes seules avec un ou plusieurs enfants. Le fait de ne disposer que d'un seul revenu par foyer ne permet pas toujours de faire face aux dépenses de logement, d'éducation et de transport.

LA CONSOMMATION

La plupart des Français savent qu'en consommant ils contribuent à augmenter le niveau de pollution qui fragilise l'environnement et porte atteinte à la survie de la planète. Les comportements ont changé au cours de la dernière décennie et on peut constater qu'une partie des consommateurs se détourne des marques, de la publicité et des médias considérés comme tentateurs. Les consommateurs n'achètent plus les yeux fermés ainsi la société de consommation se transforme pour des raisons économiques, mais aussi éthiques et écologiques. On préfère désormais faire réparer plutôt que jeter et systématiquement remplacer. Ces nouveaux comportements traduisent une lassitude à l'égard des objets dont la durée de vie est volontairement limitée par les fabricants (on parle à ce sujet d'obsolescence programmée) et correspondent à un rejet de l'hyperconsommation.

💡 POUR EN SAVOIR PLUS

Le pourboire est une somme d'argent remise à titre de récompense par le client à un travailleur salarié, ou pas. Il n'est jamais obligatoire, mais l'usage est de laisser un pourboire au chauffeur de taxi, au coiffeur, au serveur, au guide touristique, etc. Il faut le distinguer du service qui doit être compris dans le prix affiché.
Il ne faut pas le confondre avec le « pot-de-vin » (synonyme de « dessous de table ») qui fait référence à des pratiques de corruption.

Plutôt que de jeter pour acheter du neuf, les bricoleurs réparent ou rénovent des objets de seconde main.

Les petits supermarchés de proximité également appelés supérettes satisfont les besoins courants d'une clientèle de voisinage.

On constate que les achats effectués auprès des grandes surfaces diminuent. Une partie des Français se détourne des hypermarchés de périphérie et redécouvre les supermarchés urbains et les petits commerces de proximité. L'augmentation du prix des carburants est une des raisons de cette désaffection pour les grandes surfaces éloignées des centres-ville.

Bien que méfiants à l'égard de la société de consommation, les Français restent hédonistes et adaptent leur comportement pour acheter moins cher, plus « équitable » ou plus « responsable ». L'engouement pour des systèmes de troc qui organisent des échanges de biens ou de service va de pair avec des valeurs de convivialité et de solidarité. La consommation dite « bling bling » (expression utilisée pour critiquer l'affichage ostentatoire de signes extérieurs de richesse) n'est plus à la mode.

Le « fait maison » a le vent en poupe, ainsi on préfère cuisiner plutôt que d'acheter des plats préparés dont on ne connaît pas toujours la composition, on réalise soi-même des travaux de bricolage ou de décoration pour limiter le coût de nouvelles installations. Cette tendance, qui inclut le plaisir de faire, est en outre valorisée par la société.

Cuisiner pour sa famille ou ses amis est un plaisir et la garantie d'une alimentation plus saine ; c'est aussi parfois plus économique.

LE BUDGET

Bien entendu, la répartition du budget n'est pas la même pour tous les ménages : elle varie en fonction de la catégorie sociale, de la composition des ménages et du lieu d'habitation.

Cependant globalement la part du budget consacrée au logement est la plus importante, elle inclut les loyers, les remboursements d'emprunts, les charges. Viennent ensuite les dépenses d'alimentation, de transports et de communication, suivies des dépenses pour les services médicaux et de santé qui représentent environ 12 % du budget. La part consacrée à l'habillement est régulièrement décroissante, c'est la conséquence de la moindre importance de la mode et de la recherche du meilleur prix (achats en solde, sur Internet, d'occasion, troc, etc.), mais aussi de la délocalisation de la production.

POUR EN SAVOIR PLUS

- On peut être riche comme Crésus, pauvre comme Job, en référence respectivement à un roi de l'antiquité grecque et à un personnage de la bible.
- On ne vous fait pas un compliment si on vous traite d'Harpagon, nom d'un personnage d'une célèbre comédie de Molière qui est caractérisé par son avarice caricaturale.

7 L'ARGENT

> **PROVERBES ET DICTONS**
>
> Les bons comptes font les bons amis.

LES IMPÔTS

L'impôt direct

Avec les différentes réformes fiscales, l'impôt sur le revenu se révèle de plus en plus concentré sur un nombre limité de contribuables, plus aisés. Moins de la moitié des ménages paie l'impôt sur le revenu. Créé en 1914, cet impôt ne touche aujourd'hui qu'une petite moitié des foyers fiscaux du pays et représente une part de plus en plus faible des recettes fiscales de l'État.

Depuis janvier 2019, la France suit le modèle mis en place chez ses voisins européens et applique le système du prélèvement à la source. Désormais, c'est directement sur le salaire ou la pension que l'impôt est prélevé par l'employeur au nom de l'administration fiscale. Ce sont donc les revenus de l'année en cours qui sont taxés et non plus les revenus de l'année précédente.

Certains contribuables essaient d'échapper totalement ou partiellement à l'impôt. L'expatriation fiscale consiste, pour une personne ou une entreprise, à changer légalement de résidence fiscale afin d'être moins soumis à l'impôt. Un certain nombre de grosses fortunes françaises a choisi d'être résident en Suisse, en Belgique ou au Royaume-Uni en fonction du régime fiscal et des conditions d'accueil. Entre 2013 et 2017, l'administration fiscale a mis en place un dispositif de régularisation permettant aux détenteurs de comptes non déclarés à l'étranger (en Suisse essentiellement) de se mettre en conformité avec la loi en bénéficiant de pénalités réduites. L'échange automatique de données bancaires entre différents pays depuis 2014 a poussé les détenteurs de ces comptes à se faire connaître de l'administration.

Les impôts indirects

Ils sont parmi les plus élevés d'Europe. Ainsi, les Français reversent près de la moitié de leurs revenus sous des formes diverses : taxe professionnelle, taxe foncière, TVA (taxe à la valeur ajoutée), etc. Le montant de la TVA est pour de nombreux services et produits de 20 % pour la France continentale. Il existe des taux réduits à 5,5 % (livres, quelques produits alimentaires, abonnement au gaz et à l'électricité…).

Les taux peuvent être différents en Corse, en Guadeloupe et à la Réunion. La TVA n'est pas applicable dans les départements, collectivités et territoires d'outre-mer suivants : Saint-Pierre-et-Miquelon, Wallis-et-Futuna, Guyane, Saint-Martin, Saint-Barthélemy (sauf en matière immobilière), Mayotte et Nouvelle-Calédonie.

Contrairement aux impôts directs, ces impôts ne sont pas progressifs en fonction du revenu, ils pèsent donc plus en proportion sur le budget des ménages les moins aisés.

LE SAVIEZ-VOUS ?

Les enfants apprennent plus tôt qu'avant à gérer leur argent de poche. Entre 5 et 15 ans, ils reçoivent entre 5 et 20 euros par semaine en fonction de leur âge. Les plus économes le mettent parfois dans une tirelire. Les parents français sont généreux, mais ils n'arrivent qu'en deuxième place en Europe derrière les parents italiens.

7 L'ARGENT

Le PMU (Pari mutuel urbain) est le 1er opérateur de pari mutuel hippique en Europe.

LES JEUX D'ARGENT

En France, les jeux d'argent ont été longtemps interdits : ce n'est qu'à partir du XVIIe siècle qu'ils ont été progressivement légalisés. Les premiers casinos sont apparus au début du XIXe siècle.

Jusqu'à une date récente, l'État détenait en partie le monopole des jeux d'argent à travers la Française des jeux, société qui a été privatisée en novembre 2019. Le sujet a fait débat parce que le jeu est une activité susceptible de développer des addictions dans les catégories les plus vulnérables de la population comme les mineurs. La FDJ est toutefois soumise au contrôle strict des pouvoirs publics qui souhaitent prévenir le jeu excessif, lutter contre la fraude et le blanchiment d'argent. Les deux tiers des Français jouent au moins une fois par an à des jeux d'argent, les hommes plus que les femmes. Ils ont à leur disposition une quinzaine de jeux, dont le tiercé et le quinté qui consistent à parier sur des courses de chevaux. Les jeux d'argent ont pris une dimension internationale avec leur mise en ligne par la Française des Jeux. On peut désormais cocher ses grilles de Loto, Super Loto et Euro Millions sur un site Internet. Un loto du patrimoine a été mis en place en 2018 pour assurer l'entretien de monuments considérés comme étant en péril, qu'il s'agisse de monuments historiques ou non.

Tous ces jeux liés à l'argent sont réservés aux joueurs de plus de 18 ans.

💡 POUR EN SAVOIR PLUS

- Si plusieurs personnes souhaitent faire des cadeaux ou financer des dépenses, elles peuvent adopter le principe de la cagnotte qui est une caisse réelle ou en ligne.
- Dans certains jeux de hasard, la cagnotte est la somme d'argent qui s'accumule au fil des tirages et que quelqu'un peut remporter dans sa totalité.

À VOTRE TOUR !

REPÈRES CULTURELS

fisc *(n.m.)* : administration des finances publiques.
SNCF : Société nationale des chemins de fer français.

REPÈRES LEXICAUX

assurer *(v.)* : garantir.
frauder *(v.)* : ne pas respecter volontairement la loi ou le règlement.
note (de frais) *(n.f.)* : facture sur laquelle apparaissent des dépenses professionnelles et que l'on souhaite se faire rembourser.
ouvrage *(n.m.)* : livre.
rapporter *(v.)* : donner un certain revenu.

COMPRÉHENSION ORALE *

🎧 14 DE QUOI VIVENT-ILS ?

Écoutez le document et répondez aux questions.

❶ Quelle est l'attitude des personnes interrogées ?
Elles sont :
○ **a.** Immédiatement disposées à répondre.
○ **b.** Un peu méfiantes dans un premier temps.

❷ Pourquoi acceptent-elles de répondre aux questions ?
....

❸ Quelles sont les sources de revenus mentionnées ?
a. Pour la femme
1. Un emploi — V○ F○
2. La publication de romans — V○ F○
3. La location de logements — V○ F○
4. Le bénéfice d'actions — V○ F○
5. La vente de logements — V○ F○
6. La publication de livres scolaires — V○ F○

b. Pour l'homme
1. Un emploi — V○ F○
2. La publication de romans — V○ F○
3. La location de logements — V○ F○
4. Le bénéfice d'actions — V○ F○
5. La vente de logements — V○ F○
6. La publication de livres scolaires — V○ F○

❹ La femme admet ne pas être toujours honnête. Comment se manifeste sa malhonnêteté ?
a. ....
....
b. ....
....

❺ Comment l'homme réagit-il à la question concernant la fraude ?
....
....

❻ Quelle est la profession de la femme ?
....
....

L'ARGENT ◂ 99

À VOTRE TOUR !

REPÈRES CULTURELS

Espèces sonnantes et trébuchantes : expression dont l'origine remonte au Moyen Âge. À l'époque les espèces désignaient les pièces de monnaie métalliques. Deux éléments permettaient de s'assurer qu'elles n'étaient pas fausses : Le bruit (caractéristique de l'alliage) qu'elles faisaient en tombant sur une surface dure (espèces sonnantes) et le poids, mesuré avec une balance appelée trébuchet (espèces trébuchantes).

REPÈRES LEXICAUX

contrefaçon *(n.f.)* : reproduction frauduleuse d'un objet, d'une monnaie.
extinction *(n.f.)* : disparition.
frange *(n.f.)* : partie d'un groupe humain, d'une population.
prometteur *(adj.)* : plein d'avenir.
sauter le pas *(exp.)* : se décider à agir.
souterrain *(adj.)* : caché, clandestin.
voir d'un mauvais œil *(exp.)* : être défavorable (à quelque chose).

COMPRÉHENSION ORALE **

🎧 13
LA FIN DU CASH ?

Écoutez et répondez aux questions.

❶ Quels sont les points mentionnés dans ce document ?
   ○ **a.** La résistance des Français au paiement sans contact.
   ○ **b.** La résistance des Européens du Nord au paiement sans contact.
   ○ **c.** La marque identitaire des billets de banque.
   ○ **d.** La disparition imminente des espèces.
   ○ **e.** L'utilisation du chèque

❷ Quels sont les deux acteurs de l'économie favorables à la disparition du cash et pour quelles raisons ?
Acteur 1 : ....
Raison : ....
Acteur 2 : ....
Raison : ....

❸ Quelle est la catégorie professionnelle qui résiste au paiement électronique et pour quelle raison ?

❹ Pourquoi les Français sont-ils méfiants face au paiement électronique ?

❺ Quelle est la catégorie de population la plus méfiante ?

❻ Quel est le pourcentage des achats payés en liquide ?

❼ Pour quelles raisons les Français préfèrent-ils payer en liquide ?

❽ Pourquoi les plus pauvres paient-ils majoritairement en espèces ?

❾ Comment peut-on interpréter la résistance des Français à la disparition du cash ? (Deux interprétations possibles)

À VOTRE TOUR !

COMPRÉHENSION ÉCRITE

QUIZ

Répondez aux questions suivantes.

❶ Citez trois éléments culturels qui ont influencé les Français à propos de leur perception de l'argent.
- a. ....
- b. ....
- c. ....

❷ Quel est le métal principal qui entre dans la fabrication des euros ?

❸ Quels sont les noms de chacun des deux côtés d'une pièce de monnaie ?
a. .... et ....
b. Comment reconnait-on le côté pile ?

❹ La Suisse fait-elle partie de la zone euro ?
◯ Oui   ◯ Non

❺ À quelle période et à quelle situation économique correspond l'expression « Les Trente Glorieuses » ?

❻ Quel.e est la différence entre un pourboire et un pot-de-vin ?

❼ Qu'est-ce qu'un capital social ?

❽ À quel comportement correspond l'expression « bling-bling » ?

❾ Quel est l'intérêt de l'expatriation fiscale ?

❿ Quel est le poste de dépenses le plus élevé dans le budget d'un ménage français ?

PRODUCTION ORALE

Ça se discute !

- Selon vous est-il normal de donner de l'argent de poche aux enfants ? Si oui, à partir de quel âge ? Et doit-on les rémunérer pour les petits travaux qu'ils effectuent dans la maison ou les services qu'ils rendent à la famille ?
- Êtes-vous pour ou contre la pratique du pourboire ?

PRODUCTION ÉCRITE

À vos stylos !

Rédigez un article de presse relatant la condamnation pour corruption d'une personnalité. Expliquez dans quel domaine la corruption s'est exercée et décrivez les circonstances et les faits qui ont amené la police à arrêter le ou les coupables.

8

L'HABITAT ET LE LOGEMENT

L'architecture de l'habitat français avec ses caractéristiques régionales est le reflet de la diversité des territoires et des cultures. La France, qui était à la fin du XIXe siècle un pays principalement agricole, a perdu au fil du temps son caractère rural et c'est ainsi qu'aujourd'hui 95 % de la population vit en zone urbaine. Cette métamorphose a bien sûr transformé le paysage des campagnes, les structures des villes et des villages. À ce phénomène s'ajoute le changement profond des modes vie qui voit se développer un habitat périurbain au détriment des centres-villes pour des raisons essentiellement économiques. Les gouvernements successifs ont dû faire face depuis plusieurs années à une crise du logement qui perdure, faute de solutions adaptées. Trop de gens sont encore de nos jours mal logés ou sans abri, les plus touchés étant les familles en situation précaire et les immigrés.

OBJECTIFS CULTURELS

- **Découvrir la diversité de l'habitat régional traditionnel.**
- **Comprendre l'évolution de l'habitat.**
- **Aborder la problématique de la crise du logement social.**
- **Prendre connaissance de la réglementation des logements locatifs.**

PRATIQUE DE LA LANGUE

VÉRIFIER SES CONNAISSANCES

- **Réception de l'écrit**
  Lire pour s'informer
  → Quiz page 113

EXERCER SES COMPÉTENCES

- **Réception de l'oral**
  - Comprendre une conversation entre tierces personnes
  « Quitter Paris »
  Audio 15 → page 111
  - Comprendre en tant qu'auditeur
  « L'attractivité des villes de province »
  Audio 16 → page 112

- **Production orale**
  Monologue suivi ou interaction
  « Ça se discute ! »
  → Page 113

- **Production écrite**
  Écriture créative
  « À vos stylos ! »
  → Page 113

LES MOTS ET LES EXPRESSIONS DU THÈME

agglomération *(n.f.)*
bâtiment *(n.m.)*
chalet *(n.m.)*
domicile *(n.m)*
grand ensemble *(n.m.)*
hameau *(n.m.)*
héberger *(v.)*
immeuble *(n.m.)*
insalubre *(adj.)*
locataire *(n.m./f.)*
locatif *(adj.)*
logis *(n.m.)*
lotissement *(n.m.)*
loyer *(n.m.)*
mas *(n.m.)*
métropole *(n.f.)*
pavillon *(n.m.)*
pavillonnaire *(adj.)*
propriétaire *(n.m./f.)*
quartier *(n.m.)*
résidence *(n.f.)*
tour *(n.f.)*
urbaniste *(n.m/f)*

8 ▸ L'HABITAT ET LE LOGEMENT

LES TYPES D'HABITAT

En France, selon les régions, le paysage, le relief, le climat sont très différents.
Cette diversité géologique et climatique a imposé aux bâtisseurs divers matériaux de construction qui donnent aux villages leur identité.
Ainsi en Bretagne, les maisons adoptent des styles différents selon qu'elles sont au bord de la mer ou à l'intérieur des terres. La longère, maison tout en longueur, est située plutôt à la campagne. Les maisons de pêcheur, souvent petites sont regroupées en hameaux. Les maisons bretonnes typiques sont construites en granit, ont un toit en ardoise et n'ont pas plus d'un étage.
En Alsace, l'influence germanique se retrouve dans l'architecture des maisons traditionnelles. Le bois est utilisé dans ces constructions à colombages situées le long des rues des villages alsaciens. En été, les balcons et les rebords de fenêtres sont abondamment fleuris.
En Provence, le mas était autrefois une ferme, aujourd'hui il est recherché comme habitation de villégiature. La couleur des mas varie en fonction du lieu de construction, ils sont orientés façade au sud pour se protéger du mistral, un vent venant du nord.
Dans les régions de montagne, les constructions traditionnelles utilisaient le bois, aujourd'hui les chalets construits dans ce matériau sont appréciés pour leurs qualités énergétiques et esthétiques. Les constructions modernes ne respectent plus ces caractéristiques régionales, le paysage rural a perdu son originalité.

Champ de lavande en fleurs devant un mas provençal.

Chalet de bois typique des régions de montagne.

💡 POUR EN SAVOIR PLUS

La France se situe après la Grèce, l'Allemagne et l'Italie pour la production d'électricité solaire. L'essentiel de l'électricité produite en France est d'origine nucléaire, l'énergie hydraulique arrive en deuxième position.

Maisons traditionnelles à colombages sur les canaux pittoresques du quartier de la Petite France dans la vieille ville médiévale de Strasbourg.

Une maison bretonne avec son toit d'ardoise face à l'océan à marée basse.

L'ÉVOLUTION DE L'HABITAT

L'HABITAT RURAL

Ce sont les logements individuels qui caractérisent l'habitat rural, plus la commune est petite, plus les habitations sont dispersées. C'est en zone rurale que l'on trouve un grand nombre de résidences secondaires, maisons familiales souvent héritées de parents ou grands parents.

Les logements vacants sont très nombreux ; les villages se désertifient essentiellement à cause du manque d'emplois. Cette diminution de la population entraîne la fermeture des écoles et la disparition des services publics (hôpitaux, transports, agences postales...).

LES ESPACES URBAINS

95 % de la population vit dans un territoire sous influence urbaine, mais dans des zones très différentes.

Dans les banlieues défavorisées logent de nombreux travailleurs immigrés et leurs familles, des jeunes à la recherche d'un premier emploi, des chômeurs. On parle du mal des banlieues ou des quartiers en difficulté pour évoquer le malaise social qui y est attaché. Les grandes barres d'immeubles construites après la deuxième guerre mondiale devraient disparaître petit à petit, les plans de rénovation des banlieues se succèdent, des tours ont été démolies pour laisser place à un habitat plus aéré, moins concentré.

À l'opposé, il existe des banlieues chics où résident les catégories sociales les plus favorisées.

Depuis les années 2000, on constate un déplacement d'une partie de la population des centres-villes vers des banlieues éloignées. En effet, dans les grandes villes les loyers et les taxes ont beaucoup augmenté. De plus, l'habitat ancien, parfois insalubre, nécessite d'importants travaux de rénovation que les familles aux revenus modestes ne peuvent financer.

POUR EN SAVOIR PLUS

- 57 % des familles habitent une maison individuelle située en zone rurale ou dans une petite agglomération en périphérie d'une ville. 6 ménages sur 10 sont propriétaires de leur logement. On compte 3,5 millions de résidences secondaires dont 40 % situées au bord de la mer.
- Avec 2 500 000 piscines, la France est ainsi le premier marché d'Europe pour l'installation de piscines privées.

8 L'HABITAT ET LE LOGEMENT

Napoléon III et le préfet Haussmann ont conduit un grand projet d'urbanisme qui a transformé Paris entre 1852 et 1870. Les immeubles de type haussmannien sont caractéristiques de cette métamorphose.

❓ LE SAVIEZ-VOUS ?

La numérotation des bâtiments est laissée à l'initiative du maire d'une commune mais les numéros pairs sont tous du même côté de la rue et les numéros impairs de l'autre. À Paris, le système de numérotation est apparu en 1805 ; pour les rues perpendiculaires à la Seine, les numéros impairs sont situés à gauche de la rue, à partir de la Seine, et les numéros pairs à droite !

Autrefois gravés sur la pierre, les noms des rues apparaissent en blanc sur fond bleu depuis 1938.

Le territoire périurbain se développe en absorbant les petites communes situées en périphérie des villes. Le centre-ville des grandes cités est de plus en plus consacré aux affaires et aux commerces. Néanmoins, on y trouve encore quelques quartiers bourgeois et des quartiers anciens promis à la rénovation.

Les métropoles sont des regroupements administratifs de communes comptant au moins 400 000 habitants, il y en a une vingtaine : la métropole de Lyon (Grand Lyon), Nantes Métropole, Grenoble Alpes Métropole, Métropole Nice Côte d'Azur, etc.

L'HABITAT COLLECTIF

Les modes de vie changent, l'habitat s'adapte.

Les familles évoluent, elles sont moins stables : séparations, recompositions, augmentation du nombre de personnes seules, etc. Les logements neufs ont tendance à être plus petits mais modulables, ils permettent de supprimer ou d'ajouter une pièce selon l'évolution de la famille. Dans les centres-villes, le prix des loyers, le montant élevé des charges et parfois l'isolement social, conduisent les célibataires qui veulent profiter des attraits de la ville à partager un appartement. La colocation ne touche plus seulement les étudiants, les jeunes cadres apprécient aussi ce mode de vie.

Pour louer un appartement, les locataires doivent verser au propriétaire une caution correspondant à deux ou trois mois de loyer et justifier de revenus réguliers. Le locataire doit parfois trouver un garant, c'est-à-dire une personne qui s'engage à payer le loyer à sa place s'il est défaillant. Les constructions nouvelles doivent répondre aux normes actuelles sur la réduction de la consommation énergétique, ce qui a pour conséquence l'augmentation du prix des logements. Aussi voit-on apparaître des logements partagés sous différentes formes : colocation, cohabitation entre générations, familiale ou non. L'État incite, à travers des aides financières et des réductions d'impôts, les propriétaires d'immeubles anciens à réaliser des travaux d'isolation thermique pour réduire la consommation énergétique. On espère que le parc immobilier français sera entièrement rénové en 2050 et que la consommation énergétique aura notablement baissé.

 « Quitter Paris »* → page 111

LES LOGEMENTS SOCIAUX

Environ 17 % des ménages louent un logement social. La plupart de ces logements sont des HLM (habitations à loyer modéré) permettant à des personnes qui ont des ressources modestes de se loger à moindres frais. La pauvreté urbaine est un problème majeur : 30 % des ménages urbains à bas revenus vivent dans une cité ou un grand ensemble et les logements sont souvent surpeuplés : on y trouve une grande proportion d'immigrés et de ménages avec enfants.

POUR EN SAVOIR PLUS

Le contrat de location est appelé bail. Le propriétaire est le bailleur, et l'agence à qui il a donné le pouvoir de gérer ses biens est son mandataire. Dans les immeubles, propriétaires et locataires doivent payer des charges d'habitation pour l'entretien de la copropriété.

Les logements sociaux des grandes villes sont trop souvent concentrés dans des zones périphériques. Cette situation ne favorise pas la mixité sociale et contribue à la « ghettoïsation » de certains quartiers.

PROVERBES ET DICTONS

Maison sans flammes est un corps sans âme.

Chacun est roi en sa maison.

C'est la femme qui fait et défait la maison.

8 L'HABITAT ET LE LOGEMENT

POUR EN SAVOIR PLUS

La loi littoral interdit de construire des bâtiments neufs sur une bande large de 100 mètres au bord de mer. Des constructions en bois, démontables, sont autorisées pour diverses prestations touristiques : location de matelas, de planches à voiles, débits de boissons, restauration, etc.

La loi solidarité et renouvellement urbain (SRU) impose à certaines villes de proposer entre 20 % et 25 % de logements sociaux. 1 000 communes concernées par cette loi préfèrent s'acquitter d'une amende plutôt que de respecter la règle. La France connaît en effet une crise du logement social, les demandes sont en augmentation, mais ne peuvent être satisfaites faute de constructions suffisantes.

On estime que quatre millions de personnes sont mal logées : mauvaise qualité de l'habitation, logements surpeuplés, sans compter les personnes hébergées, faute de mieux, dans la famille ou chez des amis. Le nombre de SDF (sans domicile fixe) est difficile à évaluer, car ces derniers échappent aux statistiques officielles : ils sont victimes de la misère, du chômage, de l'augmentation des loyers, et à ces problèmes s'ajoute parfois une rupture familiale. Ils vivent dans la rue ou dans des habitations de fortune (tentes, caravanes, garages) ou dans des foyers d'accueil. Si les deux tiers des SDF sont des hommes, de plus en plus de femmes seules et de familles vivent dans la rue, essentiellement des étrangers en situation irrégulière. Cette situation critique engendre parfois des réactions de rejet mais aussi des réactions de solidarité. De nombreuses associations militent pour le droit au logement et l'aide aux migrants.

La pénurie de logements sociaux contraint certaines populations à vivre sous des tentes dans des conditions très précaires.

LE SAVIEZ-VOUS ?

Les communes de plus de 5 000 habitants ont l'obligation d'avoir un terrain avec des sanitaires, un accès à l'électricité et à l'eau pour accueillir au moins 40 caravanes ou camping-cars appartenant aux gens du voyage.

POUR EN SAVOIR PLUS

L'association Droit au logement (DAL) a été créée en 1990 par des familles mal logées ou sans-logis et des militants d'associations de quartier à Paris. L'action du DAL s'est concrétisée en repérant les logements inoccupés pour y reloger des milliers de familles en situation précaire. Les actions du DAL ont été une prise de conscience, dans l'opinion, de la crise du logement et ont permis l'amélioration de la loi. « Un toit, c'est un droit » est le slogan de cette association.

LE SAVIEZ-VOUS ?

En France, si vous ne payez pas votre loyer, vous risquez d'être expulsé de votre domicile. Cependant, la loi interdit les expulsions entre le 1er novembre et le 15 mars, les mois les plus froids de l'année.

L'État a mis en place des aides financières afin d'encourager le recours aux énergies renouvelables.

LE BUDGET LOGEMENT

 16 « L'attractivité des villes de province »** → page 112

Les propriétaires d'une habitation principale ou secondaire sont soumis à un impôt appelé taxe foncière, les occupants d'un logement, locataires ou propriétaires, paient aussi une taxe d'habitation dont le montant est calculé en fonction des revenus. Il est prévu que cette taxe disparaisse progressivement.

Parmi les critères pris en compte pour choisir un logement, arrivent aux premiers rangs le coût mensuel, le type d'habitation (maison ou appartement), l'état général, la superficie, le nombre de pièces et l'exposition ou la luminosité. En ce qui concerne la localisation et l'environnement du logement, la proximité du lieu de travail, d'établissements scolaires et le calme sont des critères de choix importants.

Les locataires peuvent bénéficier, sous conditions de ressources, d'aides mises en place par l'État à travers l'APL (Aide personnalisée au logement).

POUR EN SAVOIR PLUS

Les Français consacrent environ un tiers de leur budget mensuel à leur logement. Ils dépensent en moyenne 1 700 € par an pour leur chauffage. Les loyers dans la région parisienne sont 10 % plus élevés qu'en province, et 30 % des ménages disent avoir des difficultés à financer leur logement.

8 L'HABITAT ET LE LOGEMENT

? LE SAVIEZ-VOUS ?

Lorsqu'on emménage dans un nouveau logement, il est d'usage de pendre la crémaillère. À cette occasion, on organise un apéritif, un dîner ou une fête qui est une sorte d'inauguration du domicile.

L'État accorde un prêt sans intérêts en complément d'autres prêts aux personnes qui souhaitent acquérir un logement pour la première fois. L'obtention de ce prêt dépend des ressources de l'emprunteur, son montant peut atteindre jusqu'à 40 % du prix d'achat du logement.

LE CONFORT

Pendant longtemps, les conditions de confort des logements en France étaient inférieures à celles des autres grands pays d'Europe. Mais la France a comblé son retard.

La taille moyenne d'un logement est de 91 m². La loi interdit de louer un logement de moins de 9 m² et d'une hauteur sous plafond de moins de 2,20 m. De plus, tous les logements locatifs doivent être décents, c'est-à-dire confortables, correctement équipés, et ne pas présenter de risques pour la sécurité des locataires. Cependant, face au manque de logements abordables dans les centres-villes, certains propriétaires peu scrupuleux, qualifiés de marchands de sommeil, louent sans autorisation des appartements insalubres, présentant des dangers pour leurs occupants.

Repas partagé entre voisins.

LES RELATIONS DE VOISINAGE

Pour lutter contre l'isolement des personnes vivant seules en ville, un groupe d'amis a créé, en 1999, l'association « Paris d'amis » qui est à l'origine de la première fête des voisins.

Cette fête a lieu en mai ou en juin, elle permet aux voisins de se rencontrer de manière conviviale dans les jardins, les cours, les halls d'immeuble, chez les uns ou chez les autres. L'association des maires de France appuie cette initiative, et l'événement a dépassé les frontières puisque plus de 30 pays dans le monde (dont 20 dans l'Union européenne) ont adopté cette manifestation.

Ces rencontres permettent parfois d'atténuer ou de relativiser les causes de mésentente.

Le bruit, la présence d'un animal, les odeurs de cuisine ou de poubelles sont les principales causes de conflits de voisinage. Quand ces problèmes s'aggravent, les communes mettent gratuitement à disposition des protagonistes un médiateur chargé de régler pacifiquement ces conflits.

À VOTRE TOUR !

REPÈRES CULTURELS

F3 : façon de classifier les appartements, F pour fonction et 3 pour le nombre de pièces principales (un salon et deux chambres) auxquelles s'ajoutent la cuisine et la salle de bains.

Périgord *(n.m.)* : zone géographique et historique qui recouvre approximativement le département de la Dordogne.

province *(n.f.)* : toutes les régions françaises à l'exception de la capitale.

Sud-Ouest *(n.m.)* : région réputée pour sa gastronomie.

taxe foncière *(n.f.)* : taxe payée par le propriétaire d'un logement.

taxe d'habitation *(n.f.)* : taxe acquittée par l'occupant d'un logement, locataire ou propriétaire (est amenée à disparaître).

TGV *(n.m.)* : train à grande vitesse.

COMPRÉHENSION ORALE *

🎧 15
QUITTER PARIS

Vous allez entendre une personne qui explique à une amie ses difficultés à se loger.
Lisez les questions ci-dessous et choisissez la ou les bonnes réponses.

❶ Pourquoi la jeune femme veut-elle quitter Paris ?
○ **a.** Parce qu'elle a 4 enfants.
○ **b.** Parce que leur appartement est trop petit.
○ **c.** Parce qu'elle veut vivre dans une petite ville.
○ **d.** Parce que les prix de l'immobilier sont trop élevés.

❷ Pourquoi veut-elle habiter en province ?
○ **a.** Parce que la vie à la campagne est plus agréable.
○ **b.** Parce que les logements sont moins chers.
○ **c.** Parce qu'elle pourra sortir plus facilement.
○ **d.** Parce que les taxes sont moins élevées.

❸ Pourquoi veut-elle habiter dans le Sud-Ouest ?
○ **a.** Parce que c'est une belle région.
○ **b.** Parce qu'on y mange bien.
○ **c.** Parce qu'elle a de la famille à proximité.
○ **d.** Parce qu'il y a beaucoup d'Anglais.

❹ Quelle est la raison de l'augmentation du prix des maisons dans le Sud-Ouest ?

....

....

....

REPÈRES LEXICAUX

baraque *(n.f., familier)* : maison individuelle.

retaper *(v. familier)* : restaurer, rénover une habitation.

se taper *(v. familier)* : faire quelque chose qui déplait, faire une corvée.

À VOTRE TOUR !

REPÈRES CULTURELS

Angers *(n.p.)* : ville située dans la région Pays de la Loire.

quartiers médiévaux *(adj.)* : quartiers anciens qui datent du Moyen Âge.

Île-de-France *(n.f.)* : région qui compte huit départements, dont la capitale Paris.

métropole *(n.f.)* : regroupement de plusieurs communes.

province *(n.f.)* : ensemble du pays à l'exclusion de la capitale.

REPÈRES LEXICAUX

abordable *(adj.)* : à prix raisonnable.

arsenal *(n.m.)* : ensemble de moyens.

atout *(n.m.)* : avantage, moyen de réussir.

exorbitant *(adj.)* : excessif, hors de prix.

fluctuant *(adj.)* : qui subit des variations.

plébisciter *(v.)* : désigner, élire quelqu'un ou quelque chose de façon massive.

pôle *(n.m.)* : centre attractif.

terne *(adj.)* : sans intérêt.

COMPRÉHENSION ORALE **

L'ATTRACTIVITÉ DES VILLES DE PROVINCE

Vous allez entendre un document expliquant l'intérêt des Français pour la vie en province.

A Replacez les thèmes abordés dans ce document dans l'ordre où vous les avez entendus.
a. Les salariés s'installent dans les banlieues.
b. Nantes et Grenoble sont des villes écologiques.
c. Autrefois, Paris faisait rêver.
d. Les villes, petites et moyennes, sont attractives.
e. Rennes est une ville universitaire et d'histoire.
f. Paris est une ville faite pour les célibataires.

1	2	3	4	5	6

B Relevez trois éléments qui poussent les salariés à quitter Paris.
- ....
- ....
- ....

C Quels sont les éléments mentionnés dans le document qu'il est rare de trouver réunis dans une grande ville ? Cochez la bonne réponse (Vrai ou Faux).
1. Des opportunités de travail. V○ F○
2. Des logements en maisons individuelles. V○ F○
3. Une atmosphère festive. V○ F○
4. Des facilités de déplacement en train. V○ F○
5. Un aéroport pas trop éloigné. V○ F○
6. Des accès autoroutiers. V○ F○
7. Des logements pas trop chers. V○ F○
8. Un pôle financier international. V○ F○
9. Une riche offre culturelle. V○ F○

D Quel est l'élément qui fait la fierté de Nantes ?
....

E Citez trois points communs entre Nantes et Grenoble.
1. ....
2. ....
3. ....

F Pourquoi est-il agréable de se promener à Rennes ?
....

G Quels sont les plaisirs simples que les Français espèrent trouver dans la vie en province ?
....

112 ▶ LA FRANCE AU QUOTIDIEN

À VOTRE TOUR !

COMPRÉHENSION ÉCRITE

QUIZ

A Ces affirmations sont-elles vraies (V) ou fausses (F) ?

1. Les maisons traditionnelles bretonnes sont très différentes des maisons traditionnelles alsaciennes. V○ F○
2. Les appartements situés en banlieue sont réservés aux immigrés. V○ F○
3. Les territoires périurbains sont situés en pleine campagne. V○ F○
4. 57 % des Français habitent en ville. V○ F○
5. La diminution de la consommation énergétique est encouragée financièrement par l'État. V○ F○
6. Toutes les communes doivent construire des logements sociaux. V○ F○
7. HLM signifie habitation à loyer modéré. V○ F○
8. SDF est une association qui milite pour le droit au logement. V○ F○
9. La taxe foncière est payée par les locataires. V○ F○
10. On peut être expulsé de son domicile à tout moment si l'on ne paie pas son loyer. V○ F○
11. L'APL prend en charge la totalité du loyer des personnes en difficultés financières. V○ F○
12. On pend la crémaillère lorsqu'on quitte son domicile. V○ F○

B Répondez aux questions suivantes.

1. Pourquoi la façade des mas provençaux est-elle orientée au sud ?
....
....

2. Qu'est-ce qu'un village pavillonnaire ?
....

3. Pourquoi les centres-villes perdent-ils des habitants ?
....

4. Que fait l'État pour inciter les gens à améliorer les performances énergétiques des logements anciens ?
....

5. Qu'est-ce que la loi littoral ?
....

PRODUCTION ORALE

Ça se discute !
Pour pallier le manque de logements et lutter contre l'habitat insalubre, la meilleure solution est de construire de grands immeubles en périphérie des villes. Qu'en pensez-vous ?

PRODUCTION ÉCRITE

À vos stylos !
Vous êtes à la recherche d'un ou d'une colocataire idéale, rédigez le texte d'une annonce pour préciser les règles de cohabitation que vous exigez.

9

L'ENSEIGNEMENT PRIMAIRE ET SECONDAIRE

L'instruction est obligatoire et gratuite en France pour les filles et les garçons depuis 1882. La scolarité est divisée en quatre structures, l'école maternelle, l'école élémentaire, le collège et le lycée. Elles sont réparties entre deux grandes catégories, l'enseignement primaire et l'enseignement secondaire.

L'enseignement en France est piloté de manière très centralisée par le ministère de l'Éducation nationale qui bénéficie du premier budget de l'État et qui est le premier employeur public avec plus d'un million de personnels à gérer et 13 millions d'élèves à éduquer. Malgré les sommes importantes consacrées à l'institution scolaire et les nombreuses réformes initiées par les gouvernements successifs, les résultats scolaires des élèves français dans les évaluations internationales sont décevants.

OBJECTIFS CULTURELS

- **Comprendre l'organisation de l'enseignement primaire.**
- **Repérer les différentes classes qui composent le collège et le lycée.**
- **Prendre connaissance de l'évolution du baccalauréat.**
- **Découvrir l'organisation de la vie scolaire.**
- **Aborder les faiblesses du système scolaire français.**

PRATIQUE DE LA LANGUE

VÉRIFIER SES CONNAISSANCES

- **Réception de l'écrit**
  Lire pour s'informer
  → Quiz page 129

EXERCER SES COMPÉTENCES

- **Réception de l'oral**
  - Comprendre en tant qu'auditeur
  « L'école maternelle »
  Audio 17 → page 127
  - Comprendre une conversation entre tierces personnes
  « Rencontre parent-professeur »
  Audio 18 → page 128

- **Production orale**
  Monologue suivi ou interaction
  « Ça se discute ! »
  → Page 129

- **Production écrite**
  Écriture créative
  « À vos stylos ! »
  → Page 129

LES MOTS ET LES EXPRESSIONS DU THÈME

académie *(n.f.)*
acquis *(n.m.)*
affecter *(v.)*
candidat *(n.m.)*
cantine *(n.f.)*
décrochage *(n.m.)*
discipline *(n.f.)*
dispenser *(v.)*
épreuve *(n.f.)*
garderie *(n.f.)*
internat *(n.m.)*
laïc *(adj.)*
laïcité *(n.f.)*
mission *(n.f.)*
pensionnat *(n.m.)*
périscolaire *(adj.)*
retenue *(n.f.)*
sanction *(n.f.)*
socle *(n.m.)*

9 L'ENSEIGNEMENT PRIMAIRE ET SECONDAIRE

POUR EN SAVOIR PLUS

- À la fin de la dernière année de maternelle, un document mentionnant les acquis de l'enfant est remis aux parents et aux enseignants du cycle suivant.
- L'école maternelle permet de faire un bilan de la santé de l'enfant, de détecter d'éventuels problèmes de vision, d'audition ou d'apprentissage.

L'école maternelle associe apprentissages et activités ludiques.

LE SAVIEZ-VOUS ?

Apporter un gâteau d'anniversaire fait à la maison est déconseillé, parfois interdit dans certaines écoles, car la fraicheur ne peut être garantie et la présence d'allergènes peut être dangereuse pour certains élèves.

L'ENSEIGNEMENT PRIMAIRE

L'enseignement primaire accueille les enfants à partir de 3 ans, d'abord à l'école maternelle pendant 3 ans puis à l'école élémentaire pendant 5 ans. L'école publique est gratuite et laïque, elle a l'obligation d'accueillir tous les enfants qu'ils soient français ou étrangers, en situation régulière ou irrégulière. Les établissements privés (majoritairement confessionnels), qui ont passé un contrat avec l'État, dispensent le même enseignement que les établissements publics. Les effectifs d'élèves dans l'enseignement privé sont en augmentation (14 % des enfants en primaire) ; les parents qui font ce choix pensent que leur enfant sera mieux suivi et que la discipline sera plus stricte.

L'ÉCOLE MATERNELLE

L'école maternelle accueille tous les enfants dès l'âge de 3 ans et c'est l'originalité du système français. En effet, dans la plupart des pays européens la scolarité est obligatoire à partir de 6 ans parfois même 7 ans comme en Estonie et en Finlande. L'école maternelle fait partie intégrante du système scolaire, ce n'est pas une garderie puisque les apprentissages sont définis par le ministère de l'Éducation nationale et les enseignants rémunérés par l'État. Elle est organisée en petite, moyenne et grande section en fonction de l'âge des enfants. L'accent est mis sur le développement du langage à travers des activités physiques ou artistiques. À la fin de ces trois années, l'enfant doit être capable de reconnaître les lettres de l'alphabet et les chiffres, savoir copier des mots en lettres cursives et écrire son nom, mais la mission principale de l'école maternelle, c'est en premier lieu de faire aimer l'école aux enfants. Cependant la tendance actuelle est d'accorder plus de place à l'élève qu'à l'enfant.

🎧 17 « L'école maternelle »** → page 127

L'ÉCOLE ÉLÉMENTAIRE

Sa mission est d'enseigner et d'assurer l'acquisition des savoirs fondamentaux : lire, écrire, compter, respecter autrui. Les élèves doivent également être initiés à une culture historique, géographique, scientifique et technique. Des activités d'éveil aux arts visuels et musicaux, l'initiation à l'apprentissage d'une langue vivante étrangère, la compréhension et l'usage des outils numériques complètent les savoirs fondamentaux. Depuis quelques années l'accent est mis sur le vivre ensemble : le respect de la personne, de ses origines, de ses différences. L'enseignement de la morale, des valeurs de la République et de l'Union européenne, a été réintroduit. Les élèves doivent apprendre l'hymne national et son histoire, le drapeau national flotte devant tous les établissements scolaires. Depuis la rentrée scolaire de 2019, quand les enfants arrivent en classe le matin, un petit-déjeuner leur est offert. Cette opération a débuté dans les quartiers comptant de nombreuses familles en difficulté où l'on a constaté que les enfants qui n'avaient pas pris de petit-déjeuner étaient somnolents et avaient du mal à se concentrer.

Les sorties scolaires régulières sont obligatoires pour les élèves et gratuites, comme aller à la piscine, à la bibliothèque ou au musée, cependant ces déplacements doivent être encadrés par deux ou trois adultes (éducateurs ou parents d'élèves) en fonction du nombre d'enfants.

❓ LE SAVIEZ-VOUS ?

Le matin, avant de rentrer en classe, les élèves doivent se mettre en rang deux par deux. En général, ils appellent leur enseignant maître, et maîtresse, si c'est une femme.

À l'école primaire les devoirs à la maison peuvent être un travail oral (recherche ou lecture) ou des leçons à apprendre, mais un enseignant ne peut pas donner à ses élèves un travail écrit en dehors de la classe.

💡 POUR EN SAVOIR PLUS

Dans les quartiers difficiles, souvent à forte population d'origine étrangère, des zones prioritaires à effectif réduit ont été créées, avec seulement 12 élèves par classe au cours préparatoire pour favoriser l'apprentissage de la lecture.
Pour faciliter l'insertion d'élèves étrangers dans le système scolaire français ou pour préparer certains élèves à un retour éventuel dans leurs pays d'origine, des sections internationales ont été ouvertes dans l'enseignement primaire. Ces sections proposent, selon les cas, trois heures hebdomadaires de cours de français langue étrangère ou de langue étrangère en fonction de la nationalité ou de la langue maternelle des élèves.

Les sorties scolaires sont l'occasion de faire une pause dans la routine scolaire et de faire découvrir des lieux qui ne sont pas toujours fréquentés en famille par les enfants.

9 L'ENSEIGNEMENT PRIMAIRE ET SECONDAIRE

POUR EN SAVOIR PLUS

Les parents qui travaillent ont la possibilité de déposer leur enfant une heure avant le début des cours le matin et de les laisser le soir pour des activités périscolaires jusqu'à 18 h 30 maximum. Ces garderies ont lieu au sein de l'école et leur tarif est fixé par les communes en fonction des revenus de la famille.

Les classes de découverte en montagne permettent aux enfants de développer leur autonomie, de découvrir un nouvel environnement et une nouvelle façon de vivre. Elles ont un fort intérêt pédagogique car elles sont organisées par les écoles elles-mêmes.

Des classes dites « de découverte » peuvent être organisées par des enseignants volontaires, elles permettent aux enfants de changer d'environnement et de s'initier aux sports et activités de plein air tout en poursuivant les apprentissages du programme. Ces classes décentralisées ne sont pas obligatoires et ne peuvent excéder une durée de 5 jours successifs. Pour des raisons de sécurité, la présence d'au moins un adulte pour 10 enfants est exigée. Ces séjours occasionnels sont payants, mais le coût doit être modéré de sorte que chaque enfant puisse y participer.

LE SAVIEZ-VOUS ?

Dans certains établissements, les professeurs des écoles sensibilisent les enfants à la nature, par exemple en cultivant avec eux un potager. Plus original, certaines écoles possèdent une couveuse pour permettre aux enfants d'observer la naissance de poussins !

ÉCOLE MATERNELLE
- Petite section
- Moyenne section
- Grande section

ÉCOLE ÉLÉMENTAIRE
- Cours préparatoire : CP
- Cours élémentaire 1re année : CE1
- Cours élémentaire 2e année : CE2
- Cours moyen 1re année : CM1
- Cours moyen 2e année : CM2

POUR EN SAVOIR PLUS

- L'association « L'école à l'hôpital » assure gratuitement la continuité de l'instruction en milieu hospitalier auprès de jeunes patients de 5 à 25 ans.
- En 2019, l'État a décidé de renforcer l'intégration progressive en milieu scolaire des enfants en situation de handicap. La France était dans ce domaine en retard par rapport à des pays comme l'Italie, la Suède ou l'Espagne. Comme le nombre actuel d'assistants de vie scolaire (AVS) nécessaires à ces enfants est insuffisant, le recrutement et la formation de ces personnels ont été planifiés dans toutes les académies.

L'ENSEIGNEMENT SECONDAIRE

L'enseignement secondaire comprend le collège et le lycée. Les collèges sont des établissements publics dont les locaux et la gestion des personnels incombent aux départements alors que les lycées sont à la charge des régions. En revanche, le personnel enseignant est toujours rémunéré par l'État.

LA VIE SCOLAIRE AU COLLÈGE ET AU LYCÉE

Le fonctionnement de chaque établissement est régi par un règlement intérieur, rédigé par la direction de l'établissement en concertation avec les membres de la communauté éducative. Il rappelle les règles de comportement et de civilité, ainsi que les principes de laïcité. Le règlement intérieur est affiché dans l'établissement, il est remis aux élèves et doit être signé par les parents. Il précise que l'utilisation des téléphones mobiles est interdite dans l'enceinte des écoles et des collèges. Au lycée, chaque établissement peut en réguler l'usage. Bien évidemment il est strictement interdit de fumer dans tous les établissements scolaires, publics ou privés. Les assistants éducatifs, appelés aussi surveillants, veillent au respect de la discipline et du règlement intérieur par les élèves en dehors des heures de classe.

Le chef d'établissement est secondé par un conseiller principal d'éducation (CPE) dont les fonctions sont de faire le lien entre les élèves et l'administration, d'accompagner les élèves dans les différentes étapes de la vie scolaire et de veiller à la qualité de vie de tous (professeurs, élèves, personnels administratifs) au sein de l'établissement.

Les collèges et les lycées disposent de personnels infirmiers qui exercent parfois dans plusieurs établissements. Ils sont chargés de l'accueil et de l'écoute des élèves dans le domaine de la santé. L'infirmier ou l'infirmière scolaire peut délivrer la pilule du lendemain (pilule contraceptive), à une élève majeure ou mineure. Cet acte est gratuit et anonyme, mais suivi d'un entretien et de conseils sur la contraception.

> **LE SAVIEZ-VOUS ?**
>
> Le règlement intérieur des collèges et lycées précise que les élèves doivent porter une tenue vestimentaire correcte, mais devant l'ambiguïté de ce terme et la fantaisie de certains adolescents, un débat sur le retour possible de l'uniforme semble séduire quelques adultes.
> Chaque enseignant fait l'appel quand il entre dans la classe, c'est-à-dire qu'il vérifie la présence des élèves à son cours. Les parents doivent prévenir l'établissement de l'absence de leur enfant en envoyant un mot d'excuse. En cas d'absence non justifiée, les parents d'un élève mineur sont alertés par téléphone. Les absences répétées d'un lycéen majeur peuvent entraîner son exclusion partielle de l'établissement.

Les collégiens et les lycéens peuvent se rendre à l'infirmerie pour faire soigner des petits bobos.

9 ▸ L'ENSEIGNEMENT PRIMAIRE ET SECONDAIRE

Pour lutter contre le gaspillage alimentaire, les cantines scolaires innovent en matière de service et adaptent leurs menus.

LE SAVIEZ-VOUS ?

Les distributeurs automatiques de boissons et de produits alimentaires payants et accessibles aux élèves sont interdits dans les établissements scolaires.

Tous les établissements scolaires disposent d'une cantine et proposent une restauration pour le déjeuner des élèves et pour le personnel qui le souhaite. La composition des repas doit être variée et équilibrée, des menus aménagés permettent de répondre aux besoins des élèves dont l'état de santé nécessite un régime alimentaire particulier. De nombreux établissements proposent un menu alternatif aux élèves qui ne mangent pas de porc et un menu végétarien est expérimenté une fois par semaine. Le tarif des repas est calculé en fonction des revenus des parents, en moyenne 3 ou 4 € le repas, malgré ce prix relativement modique, certaines familles de milieux défavorisés ne laissent pas leurs enfants à la cantine, car ils n'ont pas les moyens de payer leur repas. Pour remédier à ces situations, l'État va aider financièrement les collectivités territoriales à mettre en place des repas à 1 euro pour ces familles.

Dans chaque école, collège et lycée, des parents sont élus chaque année pour être des représentants de parents d'élèves. Ils aident les parents à être mieux informés, à s'exprimer et à participer à la vie de l'école, du collège ou du lycée.

LE SAVIEZ-VOUS ?

Les parents d'élèves étrangers peuvent voter et être élus pour représenter les parents de la classe de leur enfant.

Les élèves ont également leurs représentants, chaque classe élit 2 délégués titulaires et 2 suppléants pour l'année scolaire. Ils sont chargés de représenter les élèves de la classe en toutes circonstances, et sont les porte-paroles des élèves auprès des professeurs et des personnels d'éducation.

Au moins une fois par trimestre, un conseil de classe se réunit en présence des membres du personnel de l'établissement, des délégués d'élèves et de parents d'élèves. Il formule des propositions concernant l'orientation et l'accompagnement des élèves et en informe les parents. Le conseil de classe est chargé du suivi des élèves et des questions pédagogiques intéressant la vie de la classe. Les délégués des parents et des élèves interviennent sur les questions d'ordre pédagogique et sur tous les aspects de la vie scolaire. Le conseil de classe est une instance pédagogique, ce n'est pas une instance disciplinaire.

Au collège, comme au lycée, si un élève ne respecte pas le règlement intérieur de l'établissement, il s'expose à des punitions ou, pour les fautes les plus graves, à des sanctions. Ces dernières sont décidées par le conseil de discipline qui réunit l'élève et ses parents, ils peuvent se faire assister d'un professeur, d'un camarade de classe ou d'un avocat. Les punitions vont d'un devoir supplémentaire ou d'un avertissement signé par les parents, à une retenue de quelques heures que les élèves appellent « une colle ». Pour les fautes graves comme des faits de violence envers le personnel ou un autre élève, la sanction peut aller jusqu'à l'exclusion momentanée ou définitive de l'élève. Un élève âgé de moins de 16 ans ne peut être exclu définitivement du système scolaire, il sera transféré dans un autre établissement.

PROVERBES ET DICTONS

La culture est ce qui reste quand on a tout oublié.

À chaque âge ses plaisirs !

LE COLLÈGE

Le passage de l'enseignement primaire au collège est un grand bouleversement pour les élèves, non seulement ils changent d'établissement, mais en plus ils changent de matière et donc de professeur toutes les heures. Le collège accueille sans examen de passage, tous les enfants à l'issue de l'école primaire. S'ils n'ont pas redoublé dans l'enseignement primaire, ils entrent en classe de 6e à l'âge de 11 ans. La scolarité au collège comporte 4 années : la 6e, la 5e, la 4e et la 3e. À l'issue de la classe de 3e, les collégiens peuvent se présenter au diplôme national du brevet des collèges.

9 L'ENSEIGNEMENT PRIMAIRE ET SECONDAIRE

> **POUR EN SAVOIR PLUS**
>
> Les collégiens peuvent choisir une langue régionale au lieu d'une langue étrangère. L'alsacien, le corse, le breton et l'occitan sont les langues régionales les plus fréquemment enseignées à l'école publique, mais choisies par une minorité d'élèves. En revanche, de nombreuses associations proposent des cours de langues régionales hors du système scolaire destinés aussi bien aux jeunes qu'aux adultes.

Les collégiens doivent suivre 22 heures de cours par semaine. Ces cours sont complétés par 4 heures consacrées à l'aide aux élèves en difficulté et à des enseignements pratiques dits transversaux comme, par exemple, un cours de géographie en langue étrangère. Des enseignements facultatifs sont aussi proposés comme l'apprentissage du latin ou du grec ou l'apprentissage de langues et cultures européennes. À l'école élémentaire, les élèves sont sensibilisés à l'écoute d'une autre langue, mais dès la classe de 6e, l'enseignement d'une langue étrangère est obligatoire. En 5e, une deuxième langue obligatoire est enseignée, les élèves peuvent choisir entre une dizaine de langues, mais tous les collèges ne les proposent pas ; outre l'anglais qui est obligatoire,

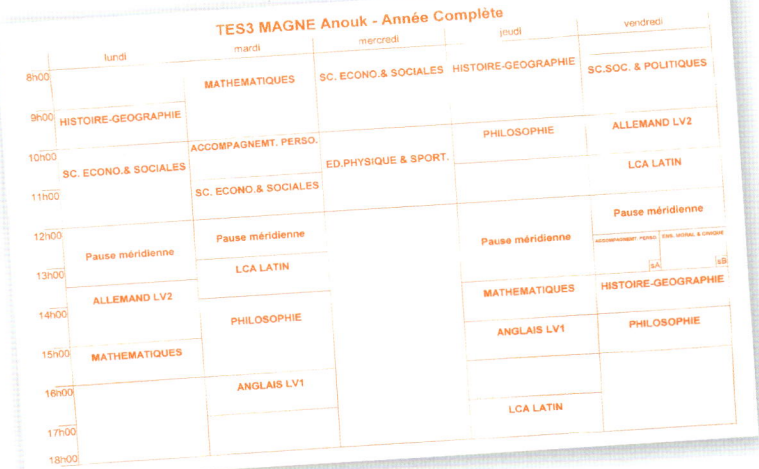

l'allemand, l'espagnol et l'italien sont les langues les plus souvent proposées. À la fin de l'enseignement secondaire, tous les élèves doivent pouvoir communiquer dans au moins deux langues vivantes. Le ministère de l'Éducation nationale, conscient que la France fait partie des mauvais élèves en Europe en ce qui concerne la pratique des langues étrangères, préconise de commencer cet apprentissage plus tôt et soutient les expérimentations de classes d'immersion en langue étrangère lancées par quelques établissements scolaires. Environ 200 établissements d'enseignement secondaire ont ouvert une section internationale pour faciliter l'intégration des élèves étrangers et stimuler les élèves français à l'apprentissage des langues étrangères.

LES DIFFICULTÉS DU COLLÈGE

C'est au collège que la communauté éducative rencontre le plus de problèmes : tout d'abord, les évaluations faites à l'entrée au collège montrent que 1 élève sur 5 a des difficultés en lecture. Ensuite, à partir de la classe de 4e, les méthodes de travail changent, les exigences augmentent et les programmes font davantage appel à l'abstraction. Aussi certains élèves voient leurs résultats baisser et, pour certains, on parle même de décrochage scolaire, c'est-à-dire qu'ils interrompent leur scolarité. Environ 13 % des élèves quittent le système scolaire sans diplôme.

> **POUR EN SAVOIR PLUS**
>
> Pour les élèves en difficultés, une aide gratuite aux devoirs est proposée en plus des heures de cours. Les élèves volontaires peuvent faire leurs devoirs dans le calme avec l'aide d'un membre de l'équipe pédagogique.

 18 « Rencontre parent-professeur »* → page 128

POUR EN SAVOIR PLUS

Environ 2 300 000 élèves fréquentent le lycée dont 670 000 en lycée professionnel. Les lycéens suivent environ 28 heures de cours hebdomadaires auxquelles il faut ajouter 4 ou 5 heures selon les options choisies.

En sciences et vie de la terre, les travaux pratiques se font dans des salles aménagées.

LE LYCÉE

À l'issue du collège, les élèves peuvent poursuivre leur scolarité dans un lycée d'enseignement général et technologique ou dans un lycée professionnel. La scolarité est organisée autour de trois classes : la seconde, la première et la terminale. Le baccalauréat est le diplôme qui, à l'issue, de la classe de terminale, clôt l'enseignement secondaire et qui ouvre les portes de l'enseignement supérieur.

En 2019, une grande réforme du système scolaire, notamment du baccalauréat général et technologique, a entraîné des modifications pour l'organisation des enseignements dans les classes de seconde, première et terminale.

En classe de seconde, un enseignement obligatoire commun au lycée général et technologique comprend les disciplines suivantes :

Français	Physique-Chimie
Histoire-Géographie	Sciences de la vie et de la terre
Langue vivante A Langue vivante B	Sciences économiques et sociales
Éducation physique et sportive	Enseignement moral et civique
Mathématiques	Sciences numériques et technologiques

Au cours de l'année de seconde, l'élève formule ses choix d'orientation avec l'accord de ses parents et du chef d'établissement.

En classe de première et terminale générale, un enseignement obligatoire est composé des disciplines suivantes :

Français (en première)	Histoire-Géographie
Philosophie (en terminale)	Enseignement moral et civique
Langue vivante A Langue vivante B	Éducation physique et sportive
	Enseignement scientifique

POUR EN SAVOIR PLUS

L'État dispose d'environ 1 700 internats qui hébergent 180 000 pensionnaires. Une aide financière permet aux familles qui ont des revenus modestes de faire face aux dépenses engendrées par le fait que des élèves sont éloignés de l'établissement scolaire. Les pensionnats sont occupés majoritairement par des garçons dont l'adolescence semble plus difficile à gérer par les parents et par les familles monoparentales. Les établissements privés sous contrat avec l'Éducation nationale pratiquent des tarifs pouvant s'élever de 2 000 à 10 000 € par année scolaire.

9 L'ENSEIGNEMENT PRIMAIRE ET SECONDAIRE

> **POUR EN SAVOIR PLUS**
>
> - Les manuels scolaires sont prêtés gratuitement par les établissements aux élèves de l'enseignement primaire et du collège. Au lycée, ce sont les régions qui financent en grande partie les ouvrages scolaires.
> - En 2015, le plan numérique à l'école a permis de doter plus d'un quart des écoles primaires et des collèges de tablettes numériques cofinancées par l'État et les collectivités territoriales.

En plus du socle commun obligatoire, les élèves sélectionnent parmi 12 disciplines proposées, 3 spécialités en classe de première, puis 2 d'entre elles en terminale. Ces disciplines de spécialités offrent un large choix, le lycéen peut choisir par exemple art, écologie agronomie et territoire, numérique et sciences informatiques, sciences de l'ingénieur, mathématiques, langue et littérature étrangères... Cependant toutes les disciplines ne peuvent être proposées dans tous les lycées de France, évidemment l'éventail des disciplines offertes aux élèves est plus large en ville qu'à la campagne ce qui inquiète parents d'élèves et enseignants qui craignent un fonctionnement inégalitaire.

LE BACCALAURÉAT

Au fil des réformes, le bac a subi de nombreux changements. Les principales critiques étaient une organisation beaucoup trop onéreuse : trop d'épreuves, trop de personnel mobilisé, près de 3 000 sujets d'examens à préparer, 4 millions de copies à corriger... La dernière réforme accorde plus de place à l'oral et au contrôle continu dès la classe de première. Le bac de Français a lieu en classe de première. Les contrôles continus en classe de première et terminale comptent pour 40 % de la note finale et les épreuves passées en terminale pour 60 %. Elles sont réduites à quatre épreuves : un oral, deux épreuves dans les disciplines de spécialités choisies, une épreuve de philosophie. La grande nouveauté est l'instauration de l'épreuve orale : devant un jury de trois personnes, le candidat présente pendant 20 minutes un projet qu'il a préparé depuis la classe de première et poursuivi en classe terminale, l'exposé est suivi d'un échange avec les membres du jury. Un oral de rattrapage est organisé pour les candidats à qui il manque quelques points.

> **LE SAVIEZ-VOUS ?**
>
> Le baccalauréat existe depuis 1808, il ne comportait que des épreuves orales et les 31 premiers candidats devaient être âgés d'au moins 16 ans. Aujourd'hui, ils sont plus de 750 000 de 11 à 76 ans, car il est possible de candidater hors du système scolaire à n'importe quel âge. Le taux de réussite avoisine 88 %.

Le déroulement des épreuves du baccalauréat est régi par des règles précises et strictes. Par exemple, si un retard dépasse une heure après le début d'une épreuve, le candidat est considéré comme absent.

Le BP (Brevet Professionnel) se prépare en deux ans après un CAP et conduit aux fonctions d'artisan, d'ouvrier ou de chef d'entreprise.

L'ENSEIGNEMENT PROFESSIONNEL

À l'issue du collège, les élèves qui souhaitent entrer rapidement dans la vie active, ou qui n'ont pas de bons résultats scolaires ont la possibilité d'entrer en apprentissage auprès d'un patron. Ils peuvent aussi s'inscrire dans un lycée professionnel où ils acquièrent des connaissances et un savoir-faire dans un domaine spécifique. Ces filières débouchent sur des diplômes nationaux : après 2 ans de formation, les élèves présentent le CAP (Certificat d'aptitude professionnelle) ou le BP (Brevet Professionnel), et peuvent poursuivre jusqu'à un bac professionnel préparé en 3 ans. Ces enseignements conjuguent cours théoriques en alternance avec une immersion en entreprise. Le « bac pro » offre la possibilité de poursuivre des études de technicien supérieur.

LE TEMPS SCOLAIRE

L'organisation du temps scolaire est régulièrement un sujet de discussion, voire de polémique ! La durée de l'année scolaire dans l'enseignement primaire est de 36 semaines pour toutes les écoles à raison de 24 heures de cours hebdomadaires. Les écoles peuvent décider d'avoir des cours le mercredi ou le samedi matin, mais le volume horaire ne peut dépasser 5 heures 30 de cours par jour. Une pause d'au moins 1 heure 30 permet aux élèves de déjeuner à la cantine ou de rentrer chez eux.

Les élèves français bénéficient de 16,5 semaines de vacances par an, dont 7,5 semaines en été, alors que dans la plupart des pays européens, ils jouissent en moyenne de 10 à 15 semaines de vacances d'été. La France se singularise par le nombre important de vacances intermédiaires, toujours deux semaines pour les vacances de Toussaint, de Noël, d'hiver et de printemps. Pour satisfaire les professionnels du tourisme et étaler la fréquentation des vacanciers dans les stations de sports d'hiver, les vacances d'hiver et de printemps n'ont pas lieu aux mêmes dates sur tout le territoire. Les 26 académies de métropole sont regroupées en trois zones, A, B et C, de sorte que le nombre d'étudiants de chaque zone soit à peu près équivalent.

LE SAVIEZ-VOUS ?

L'Éducation nationale offre une deuxième chance aux détenus qui désirent renouer avec l'école. Un service d'enseignement à tous les niveaux de la scolarité permet aux volontaires d'accéder à des diplômes pouvant aller au-delà du baccalauréat. Les enseignements sont dispensés dans l'enceinte de la prison et le détenu peut passer les épreuves des examens dans l'établissement pénitentiaire ; en cas d'impossibilité de passer les épreuves dans l'établissement, le candidat peut bénéficier d'une autorisation de sortie si sa situation pénale le permet.

Les formations professionnelles en alternance proposent une formation qui alterne des cours théoriques en centre de formation (une semaine) et des exercices pratiques en entreprise (deux semaines). La formation est validée par un diplôme d'État.

■ Zone A   ■ Zone B   ■ Zone C

Zones de vacances scolaires (en France métropolitaine, hors Corse).

9 L'ENSEIGNEMENT PRIMAIRE ET SECONDAIRE

Le calendrier scolaire suscite régulièrement le mécontentement des parents et des enseignants qui reprochent au ministère de l'Éducation nationale de ne pas prendre en compte le bien-être des élèves.

LES FAIBLESSES DU SYSTÈME ÉDUCATIF FRANÇAIS

Le système éducatif français a longtemps été, croyait-on, un des meilleurs du monde, mais les diverses évaluations internationales ont mis en évidence d'importantes lacunes.

De fortes inégalités persistent selon le milieu social des élèves, le système éducatif est jugé comme trop élitiste ; cependant les mauvaises performances en orthographe neutralisent les écarts, car elles touchent tous les milieux ! C'est à l'école primaire que s'enracinent les différences, alors que l'État avait tendance à accorder des budgets plus importants à l'enseignement secondaire. Depuis 2018, l'effort porte plus sur la réduction des effectifs en classes de CP et CE1, et sur un encadrement individualisé des élèves en difficulté.

Les inégalités se concentrent dans les établissements défavorisés, les jeunes enseignants nommés dans ces établissements manquent souvent d'expériences et auraient besoin de travailler en équipe avec des enseignants expérimentés. L'État, souhaitant fidéliser les intervenants en zone prioritaire, accorde des primes aux équipes éducatives qui acceptent de travailler en réseaux d'éducation prioritaire (REP).

Les professeurs sont recrutés par concours après 5 ans d'études supérieures. Pendant la 5e année de sa formation, le futur enseignant a la responsabilité d'une classe à mi-temps. Le niveau de compétence dans la discipline enseignée est jugé très satisfaisant, en revanche beaucoup de jeunes professeurs souhaiteraient une formation pédagogique plus importante pour être mieux préparés à affronter des classes parfois difficiles. Les très nombreuses réformes scolaires engagées par les gouvernements successifs font l'objet de fréquents mouvements de protestation de la part des enseignants, parfois des élèves et des parents d'élèves.

Comme dans de nombreux pays, les actes de harcèlement, le racket, les violences verbales ou physiques sont en augmentation. Ces actes sont systématiquement répertoriés et sanctionnés par les autorités scolaires ou policières dans les cas les plus graves.

POUR EN SAVOIR PLUS

En Europe, le nombre d'heures d'enseignement délivrées pendant les 5 premières années scolaires est très variable d'un pays à l'autre, moins de 3 000 heures par exemple en Hongrie et plus de 5 000 au Luxembourg. La France, avec 4 320 heures, se situe dans les pays au volume important d'heures de cours avec l'Italie, l'Espagne ou l'Irlande.

À VOTRE TOUR !

REPÈRES CULTURELS

Ministère de l'Instruction publique : en 1932 ce ministère devient le ministère de l'Éducation nationale.

REPÈRES LEXICAUX

couche sociale *(n.f.)* : catégorie de personnes ayant les mêmes statuts économiques et sociaux.

garderie *(n.f.)* : lieu, sans ambitions pédagogiques, où l'on surveille les jeunes enfants.

notable *(n.m.)* : une personne socialement importante.

sensoriel *(adj.)* : concerne l'ensemble des sens.

COMPRÉHENSION ORALE **

17
L'ÉCOLE MATERNELLE

Vous allez entendre un document sur les changements apportés à l'école maternelle.

A Répondez aux questions suivantes.

❶ Quels sont les points abordés dans ce document ?
○ **a.** Les difficultés des femmes qui travaillent
○ **b.** L'évolution de la scolarisation des jeunes enfants
○ **c.** Les causes de l'échec scolaire chez certains jeunes
○ **d.** Les difficultés rencontrées par les institutrices
○ **e.** Le rôle joué par l'Éducation nationale
○ **f.** Les capacités physiques et intellectuelles des enfants

❷ Pourquoi les parents plaçaient-ils leurs enfants dans les classes d'asile ? (2 raisons)
....

❸ Pourquoi des responsables religieux ou des notables prenaient-ils en charge l'éducation des enfants dans les salles d'asile ?
....

❹ Dans les années 1950, pourquoi la plupart des enfants de 3 à 6 ans fréquentaient-ils l'école maternelle ? (3 raisons)
....

❺ Dans les années 1980, quels étaient les objectifs de l'école maternelle définis par l'Éducation nationale ? (4 objectifs)
....

B Dites si les énoncés sont vrais (V) ou faux (F) ou si le document ne permet pas de le savoir (?).

❶ **Les salles d'asile :**
a. Tous les enfants pauvres sont placés dans des classes d'asile.   V○ F○ ?○
b. Les salles d'asile évoluent vers des activités plus ludiques.   V○ F○ ?○
c. Les enfants doivent rester toute la journée dans les salles d'asile.   V○ F○ ?○

❷ **Dans les années 1950 :**
a. Les femmes ne veulent plus garder leurs jeunes enfants à la maison.   V○ F○ ?○
b. L'école maternelle accueille des enfants de tous les milieux sociaux.   V○ F○ ?○

❸ **Dans les années 1980 :**
a. Dans certains quartiers, les enfants ne parlent pas du tout français.   V○ F○ ?○
b. À la fin de l'école maternelle, les enfants doivent savoir compter.   V○ F○ ?○

❹ **En 2019 :**
a. La scolarisation des enfants est obligatoire à partir de 3 ans.   V○ F○ ?○
b. L'école maternelle est un lieu de socialisation des enfants.   V○ F○ ?○

À VOTRE TOUR !

REPÈRES CULTURELS

bulletin trimestriel (n.m.) : document rempli par les professeurs de chaque discipline où sont reportées les notes et les appréciations de l'enseignant et envoyé aux parents tous les trois mois.

carnet de liaison (n.m.) : chaque élève dispose d'un carnet destiné à maintenir la relation entre le collège ou le lycée et les parents.

conseil de classe (n.m.) : il réunit au moins trois fois par an, le chef d'établissement, les professeurs, les délégués des élèves et des parents pour traiter de la vie de la classe.

REPÈRES LEXICAUX

casquette (n.f.) : fonction.

coller (v.) : dans le langage scolaire, punition qui consiste à faire venir au collège ou au lycée un élève en dehors du temps scolaire pour faire des devoirs supplémentaires.

COMPRÉHENSION ORALE *

 18
RENCONTRE PARENT-PROFESSEUR

Répondez aux questions suivantes.

❶ Où se passe la discussion ?
○ **a.** au lycée
○ **b.** au collège

❷ Quelle est la fonction de ces personnes ?
La femme est :
○ **a.** une enseignante
○ **b.** une représentante des parents d'élèves
○ **c.** une mère d'élève
L'homme est :
○ **a.** un représentant des professeurs
○ **b.** le professeur de français
○ **c.** un inspecteur
○ **d.** le professeur principal
○ **e.** le professeur de musique

❸ Combien y a-t-il de bons élèves dans la classe ?
○ **a.** 3
○ **b.** 4
○ **c.** 0

❹ Que propose-t-on aux élèves qui ont des difficultés scolaires ?
....
....

❺ Quels sont les problèmes rencontrés par le fils de la femme ?
○ **a.** il n'écoute pas le professeur
○ **b.** il est indiscipliné
○ **c.** il ne fait pas ses devoirs
○ **d.** il n'assiste pas toujours aux cours

❻ Que va faire la femme après sa rencontre avec le professeur ?
a. à propos de son fils : ....
b. à propos des parents d'élèves : ....

À VOTRE TOUR !

COMPRÉHENSION ÉCRITE

QUIZ

Répondez aux questions suivantes.

❶ À partir de quel âge l'école est-elle obligatoire ?
....

❷ Jusqu'à quel âge l'école est-elle obligatoire ?
....

❸ Quelle est la durée du cycle primaire ?
○ 5 ans   ○ 8 ans   ○ 3 ans

❹ Pourquoi un petit-déjeuner est-il proposé aux enfants de l'école primaire ?

❺ Pendant les classes de découverte, les élèves suivent-ils des cours ?
○ Oui   ○ Non

❻ Au collège et au lycée, quel est le rôle des surveillants ?
....

❼ Le conseiller principal d'éducation est le chef d'établissement.   V○ F○

❽ Dans les cantines, des repas spéciaux sont proposés aux élèves
○ a. qui n'aiment pas les légumes
○ b. qui ne mangent pas de viande
○ c. qui ont des problèmes de santé
○ d. qui ne mangent pas de porc
○ e. qui ne veulent pas grossir

❾ Le prix du repas dans les cantines est de 1 € pour toutes les familles.   V○ F○

❿ Quel est le rôle des délégués de classe ?
....

⓫ Le conseil de classe décide des punitions et des sanctions quand un élève se comporte mal.   V○ F○

⓬ Pour une faute grave, quelle est la sanction la plus sévère ?
....

⓭ Les sections internationales sont réservées aux élèves d'origine étrangère.   V○ F○

⓮ Au lycée, quelles disciplines sont obligatoires en classe terminale ? ....

⓯ Le baccalauréat professionnel permet d'entrer dans l'enseignement supérieur.   V○ F○

⓰ Pourquoi la France métropolitaine est-elle découpée en 3 zones pour les vacances ? ....
....

⓱ Quelles sont les difficultés rencontrées dans l'enseignement primaire et secondaire ?
○ a. Le nombre d'élèves par classe est trop élevé.
○ b. Trop d'enfants de milieux défavorisés sont en échec scolaire.
○ c. Il n'y a pas assez d'enseignants.
○ d. Le budget de l'Éducation nationale n'est pas assez élevé.
○ e. Le manque de formation pédagogique des jeunes professeurs.

PRODUCTION ORALE

Ça se discute !
- En 2019, l'État a décidé de rendre l'instruction obligatoire dès l'âge de 3 ans. Qu'en pensez-vous ?
- L'exclusion momentanée de l'établissement pour faute grave vous paraît-elle justifiée ?

PRODUCTION ÉCRITE

À vos stylos !
Listez 5 points importants qui devraient selon vous, figurer dans le règlement intérieur d'un lycée.

10

L'ENSEIGNEMENT SUPÉRIEUR

L'enseignement supérieur est ouvert aux étudiants titulaires d'un baccalauréat ou son équivalent. Les enseignements sont dispensés dans les établissements publics ou privés sous tutelle ou non d'un ministère. Depuis les années 1950, les effectifs des universités ont été multipliés par six. L'enseignement supérieur a dû s'adapter et diversifier son offre, créant des filières courtes à côté des formations plus classiques. L'université élitaire a progressivement été remplacée par une université ouverte à des classes sociales plus différenciées. Environ 2 600 000 étudiants sont inscrits dans l'enseignement supérieur en France et dans les départements d'outre-mer. Même si les droits d'inscriptions sont globalement peu élevés, les étudiants issus de familles à faibles revenus font face à des difficultés financières dans l'organisation de leur vie quotidienne et ceci malgré les aides accordées par l'État.

OBJECTIFS CULTURELS

- Saisir le fonctionnement des instances universitaires.
- Prendre connaissance des principaux diplômes de l'enseignement supérieur.
- Découvrir le système des grandes écoles.
- Aborder les difficultés de la vie étudiante.

PRATIQUE DE LA LANGUE

VÉRIFIER SES CONNAISSANCES

- **Réception de l'écrit**
 Lire pour s'informer
 → Quiz page 145

EXERCER SES COMPÉTENCES

- **Réception de l'oral**
 - Comprendre une conversation entre tierces personnes
 « Fin des études et parcours professionnels »
 Audio 19 → page 143
 - Comprendre en tant qu'auditeur
 « Les mouvements étudiants »
 Audio 20 → page 144

- **Production orale**
 Monologue suivi ou interaction
 « Ça se discute ! »
 → Page 145

- **Production écrite**
 Écriture créative
 « À vos stylos ! »
 → Page 145

LES MOTS ET LES EXPRESSIONS DU THÈME

accréditer (v.)
bachelier (n.m.)
bourse (d'études) (n.f.)
certification (n.f.)
classe préparatoire (n. f.)
concours (n.m.)
crédit (n.m.)
critère (n.m.)
cursus (n.m.)
délivrer (v.)
diplôme (n.m.)
discipline (n.f.)
doctorat (n.m.)
doctorant/e (n.m./f.)
élitiste (adj.)
énarque (n.m./f.)
établissement (n.m.)
évaluation (n.f.)
filière (n.f.)
licence (n.f.)
master (n.m.)
mastère (n.m.)
matière (n.f.)
mention (n.f.)
orienter (v.)
sélectif (adj.)
sélection (n.f.)
thèse (n.f.)
titulaire (adj.)
valider (v.)

10 L'ENSEIGNEMENT SUPÉRIEUR

LE SAVIEZ-VOUS ?

La première université française a été créée au XIIe siècle à Paris, peu avant les universités de Toulouse et de Montpellier.

Ancienne faculté de médecine de Montpellier.

LES UNIVERSITÉS ET LES ÉTABLISSEMENTS D'ENSEIGNEMENT SUPÉRIEUR

Les universités sont des établissements publics qui hébergent des unités de formation et de recherche (UFR), des instituts et des écoles. Une des particularités de l'université est d'associer enseignement et recherche. Les enseignants-chercheurs, les étudiants, le personnel administratif et technique forment la communauté universitaire dont la mission est la recherche et la transmission des savoirs pour le bien de tous. Les universités sont réparties sur tout le territoire métropolitain et outre-mer. Les universités de la Réunion, des Antilles et de la Guyane et l'université du Pacifique en Nouvelle-Calédonie délivrent les mêmes diplômes qu'en métropole. Certaines universités ont délocalisé des formations dans des villes de taille moyenne facilitant ainsi l'accès à l'enseignement supérieur aux étudiants résidant loin des grands pôles universitaires.

Les universités bénéficient d'une certaine autonomie dans la gestion financière, le choix des étudiants et l'embauche des enseignants-chercheurs. Un conseil d'administration, qui comprend de 25 à 36 membres élus, définit la politique de l'établissement. Il est composé des représentants d'enseignants-chercheurs, des représentants des personnels administratifs et techniques et des représentants d'étudiants. Le conseil d'administration élit, parmi ses membres, le Président de l'université.

Les UFR (Unité de formation et de recherche) sont administrées par un conseil composé de membres élus parmi le corps enseignant, le personnel administratif et les étudiants. Le conseil d'UFR nomme son directeur, choisi parmi les enseignants chercheurs.

Les instituts et écoles supérieures ont leurs propres statuts.

Les Français et les ressortissants des États membres de l'Union européenne sont libres de créer des établissements privés d'enseignement supérieur, sous réserve d'acceptation des instances officielles françaises.

L'État se réserve le droit de contrôler les enseignements dispensés dans ces établissements qui ne délivrent que leurs propres certifications. Cependant les étudiants de ces établissements peuvent se présenter aux épreuves des examens conduisant à un diplôme national. Le ministère de l'Enseignement supérieur a ainsi accrédité une cinquantaine d'écoles d'ingénieurs, une soixantaine d'écoles de commerces privées et une quinzaine d'établissements plus généralistes comme l'Institut catholique de Paris par exemple. Les écoles privées de commerce et de gestion, après évaluation par une commission officielle, peuvent délivrer des diplômes de fin d'études.

POUR EN SAVOIR PLUS

- 18 % des étudiants sont inscrits dans des établissements d'enseignement supérieur privés. Les droits d'inscription dans ces établissements vont de 3000 à 10 000 € par an.
- Les écoles d'architecture sont toutes des établissements de statut public alors que sur 25 écoles de journalisme, seules 10 écoles ont un statut public.

Cinq années d'études au sein d'une école d'architecture sont nécessaires pour obtenir le Diplôme d'État (DE) d'architecte.

L'ENSEIGNEMENT SUPÉRIEUR LONG

60 % des bacheliers choisissent de s'inscrire dans une université. Pour cela, ils doivent s'inscrire dès la classe terminale sur une plateforme numérique appelée Parcoursup. Auparavant, seulement 4 étudiants sur 10 réussissaient à passer en deuxième année de licence, ces échecs étaient dus souvent à une mauvaise orientation, certains étudiants abandonnaient les cours, et quittaient l'enseignement supérieur sans aucun diplôme. En outre, par manque de places, certaines facultés très demandées se voyaient dans l'obligation de refuser des étudiants sans critères précis ou de les accepter par tirage au sort, ce qui était perçu comme une injustice. Depuis 2018, un étudiant qui veut s'inscrire en première année doit déposer un dossier sur Parcoursup, formuler ses vœux de poursuite d'études et répondre aux propositions d'admission des établissements où il désire s'inscrire. Il est conseillé de faire plusieurs choix pour être certain d'obtenir une place dans la discipline choisie. Les facultés sont libres d'accepter ou de refuser des étudiants. Si tous les vœux formulés sont refusés, l'étudiant sera orienté vers les licences universitaires moins sélectives qui devront accepter son inscription.

10 L'ENSEIGNEMENT SUPÉRIEUR

? LE SAVIEZ-VOUS ?

Les formations les plus demandées par les étudiants sont celles en droit, sciences et techniques des activités physiques et sportives (STAPS), économie-gestion et psychologie.

LICENCE, MASTER, DOCTORAT

Dans le cadre de l'harmonisation des parcours d'enseignement supérieur européens, le cursus universitaire s'organise autour de trois diplômes : la licence, le master et le doctorat. Cette organisation, dite LMD, permet d'accroître la mobilité des étudiants européens. L'année universitaire se décompose en deux semestres : du mois de septembre au mois de janvier, et du mois de février au mois de mai. Chaque semestre d'études est affecté de 30 crédits ou ECTS (*European credit transfer system*) capitalisables et transférables dans de nombreux pays européens.

La licence
Pendant six semestres, l'étudiant se spécialise petit à petit. Il doit capitaliser 180 crédits pour obtenir sa licence. Certaines universités proposent des licences professionnelles, plus spécialisées et plus proches du marché de l'emploi. À l'issue de la licence, les étudiants peuvent s'inscrire en master.

Le master
Il s'obtient après quatre semestres d'études et 120 crédits après la licence. L'étudiant peut choisir entre un master professionnel, plus orienté vers la vie active, et un master recherche qui le prépare au doctorat. Le master est un diplôme et aussi un grade de l'enseignement supérieur qui correspond à cinq années d'études après le bac.
Il ne faut pas le confondre avec le mastère spécialisé qui est proposé par les grandes écoles ; c'est une formation post diplômante d'une durée d'au moins deux semestres. Le mastère n'est pas un diplôme, mais un

Cette devise de la République française est inscrite aux frontons de nombreux édifices publics comme les écoles, les universités ou les mairies.

? LE SAVIEZ-VOUS ?

Les étudiants extra communautaires devaient, en 2019, payer 2 770 € pour une inscription en licence et 3 770 € en master. Une dizaine d'universités refusent d'appliquer les tarifs des droits d'inscription différenciés pour les étudiants étrangers considérant ce fait comme discriminatoire.

Un cours magistral dispensé dans un amphi (amphithéâtre).

label des grandes écoles d'ingénieur et de commerce, qui a pour but de faire acquérir une compétence professionnelle complémentaire à la formation initiale.

Le doctorat
Il peut se préparer en six semestres après le master recherche. Le système des crédits n'est pas appliqué au doctorat.

Les grandes écoles
Les grandes écoles sont des établissements d'enseignement supérieur très sélectifs qui recrutent les étudiants par concours et assurent des formations de haut niveau. La préparation aux concours dure deux ans et a lieu dans les classes préparatoires aux grandes écoles (CPGE) et aux écoles d'ingénieurs. Les inscriptions dans les CPGE se font dès la classe terminale sur la plateforme Parcoursup, les étudiants sont sélectionnés en fonction de leur dossier scolaire et à condition d'avoir obtenu un baccalauréat avec mention. Des classes préparatoires existent dans quelques grands lycées, mais des écoles privées, souvent très onéreuses

POUR EN SAVOIR PLUS

Les droits d'inscription à l'université varient selon le diplôme préparé et, quelquefois, selon la nationalité des étudiants. Pour une année en licence, les montants s'élevaient en 2019 à 170 € pour la licence, 243 € pour le master et 380 € pour le doctorat. Ces tarifs s'appliquent aux étudiants français et aux ressortissants d'un pays de l'Union européenne, de l'Espace économique européen et de la Suisse. Les étudiants canadiens résidents du Québec ainsi que les étudiants inscrits dans un centre de Français langue étrangère (FLE) avant la rentrée universitaire bénéficient du même tarif que les étudiants français.

Parmi les grandes écoles, on peut citer des écoles d'ingénieur comme l'école des Mines, l'École centrale, Polytechnique, des écoles militaires comme Saint-Cyr, l'école navale, et l'école de l'air, des écoles de commerce comme HEC, l'ESSEC et une école de la haute administration, l'ENA.

LE SAVIEZ-VOUS ?

Un concours récréatif permet aux doctorants des pays francophones qui le souhaitent de présenter en 180 secondes leur thèse à un public de non-spécialistes.
Cette compétition, diffusée sur les réseaux sociaux remporte chaque année un grand succès.

10 L'ENSEIGNEMENT SUPÉRIEUR

préparent également aux divers concours d'entrée dans les grandes écoles. Ces filières dites « d'excellence » sont perçues comme élitistes, en effet le nombre d'étudiants issus de milieux populaires est très faible dans les classes préparatoires et ensuite dans les écoles d'ingénieurs. Malgré les efforts engagés par certaines grandes écoles pour lutter contre cet élitisme social et permettre l'intégration d'élèves de milieux défavorisés, le résultat est plutôt décevant.

Les grandes écoles jouissent d'une excellente réputation puisqu'elles forment l'élite de la nation. Les dirigeants de grandes entreprises, les hauts fonctionnaires, les hommes politiques sont souvent issus de ces écoles prestigieuses, mais les Français jugent sévèrement ce système élitiste qui, à leurs yeux, forme des technocrates loin des réalités de la vie quotidienne. Une école est particulièrement critiquée, l'ENA (École nationale d'administration) dont la mission est la formation initiale des hauts fonctionnaires français et étrangers. L'ENA a été créée après la dernière guerre mondiale en 1945 pour démocratiser l'accès à la haute fonction publique grâce à des concours. En effet, de très nombreux hommes politiques français « sortent de l'ENA », expression utilisée par les Français qui n'aiment pas beaucoup les énarques ! 7 élèves sur 10 sont issus des classes sociales supérieures. Pourtant l'ENA, sous la pression des hommes politiques sensibles à l'opinion publique, cherche à évoluer pour devenir une structure orientée vers une plus grande mixité sociale.

Les études de santé

Les formations sont ouvertes aux étudiants titulaires du baccalauréat et inscrits sur la plateforme Parcoursup. Les enseignements se déroulent dans les universités et dans les Centres hospitaliers universitaires (CHU).

La première année commune aux études de santé mène à des études longues :
- bac + 5 pour les sages-femmes
- bac + 9 à bac + 12 pour les médecins
- bac + 6 à bac + 9 pour les pharmaciens
- bac + 6 à bac + 8 ou bac + 9 (troisième cycle long) pour les chirurgiens-dentistes

💡 POUR EN SAVOIR PLUS

À l'issue des formations dans les CPGE, les étudiants qui n'intègrent pas une grande école peuvent poursuivre leurs études à l'université. Seulement 28 % des étudiants inscrits dans les écoles d'ingénieurs sont des femmes.

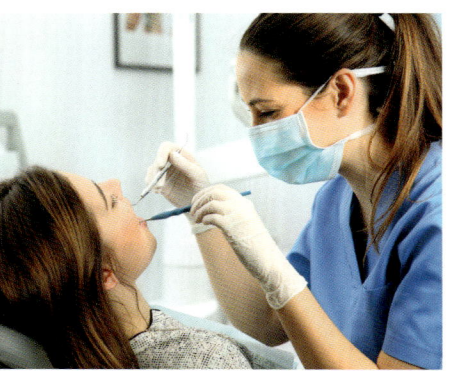

À partir de la fin du Moyen Âge, le terme « Hôtel-Dieu » désigne l'hôpital principal de nombreuses villes.

En raison de la pénurie de médecins, le processus d'admission en études de médecine est plus ouvert qu'auparavant. À l'issue de la cinquième année d'études, l'étudiant passe un concours pour intégrer l'internat dans un CHU où il achève sa formation pratique.

Les professeurs des écoles interviennent à l'école maternelle et élémentaire.

La formation des enseignants

Les enseignants des écoles maternelles et élémentaires sont recrutés par concours. Après un master 1, le futur enseignant doit réussir le Concours de recrutement des professeurs des écoles (CRPE) à la suite duquel il effectue une année de stage dans un établissement scolaire. Une fois le stage validé, l'enseignant devient professeur des écoles et fonctionnaire d'État.

Après un master 1 ou 2, les futurs professeurs de collège ou de lycée se présentent au Capes (certificat d'aptitude au professorat de l'enseignement secondaire) ou à l'agrégation correspondant à leur domaine de spécialité. Capes et agrégation sont des concours dont le nombre d'admis est défini chaque année par le ministère de l'Éducation nationale en fonction des besoins de l'institution.

La formation au métier d'enseignant se fait au sein des universités ; après la licence, le futur enseignant se forme dans le cadre du master 1 MEEF (Métier de l'enseignement, de l'éducation et de la formation) qui alterne cours et stages. Le master 1 validé, l'étudiant doit réussir le Capes pour suivre les cours de master 2 MEEF, en alternance avec la pratique d'une classe. Pendant cette formation, le futur enseignant est rémunéré et sera titulaire du grade de professeur quand son master 2 sera validé par un jury académique.

Les enseignants du secteur privé sous contrat avec l'État reçoivent une formation proche de celle des enseignants du service public, mais ils ne sont pas reconnus en tant que fonctionnaires.

10 L'ENSEIGNEMENT SUPÉRIEUR

LES FORMATIONS COURTES

LA FORMATION DES TECHNICIENS

Le BTS : Brevet de technicien supérieur

Le brevet de technicien supérieur est un diplôme professionnalisé qui se prépare en deux ans dans un lycée ou dans une école privée. Cette formation, accessible après le baccalauréat ou équivalent, dispense des enseignements spécialisés dans le domaine industriel et commercial. Elle est accompagnée d'un ou de plusieurs stages en entreprise facilitant ainsi une insertion professionnelle après l'obtention d'un BTS. Les titulaires d'un BTS possèdent 120 crédits européens, ce qui leur permet d'entrer en 3e année de licence professionnelle.

Dans les IUT, des travaux pratiques viennent compléter les formations théoriques.

Le DUT : Diplôme universitaire de technologie

Ce diplôme se prépare en deux ans dans les IUT (Institut universitaire de technologie) qui pour la plupart sont intégrés dans les pôles universitaires. Les enseignements dispensés relèvent du secteur de la production : génie mécanique, science et génie des matériaux… ou de la gestion d'entreprises. Le DUT permet à l'étudiant d'entrer directement dans le monde du travail, ou, après examen de son dossier, de poursuivre des études dans certaines écoles d'ingénieurs ou en dernière année de licence professionnelle.

LES FORMATIONS PARAMÉDICALES ET SOCIALES

Les écoles des formations paramédicales et sociales, souvent rattachées aux universités, préparent aux Diplômes d'État (DE) indispensables pour exercer dans ces secteurs.

Les études paramédicales durent entre 3 ou 5 ans pour obtenir un diplôme d'État pour les professions d'infirmier, d'audioprothésiste, de pédicure-podologue, de sage-femme, d'ostéopathe, etc. Les frais de scolarité peuvent être relativement élevés selon les établissements et les diplômes. L'achat du matériel professionnel est à la charge de l'étudiant. Dans les écoles privées, le coût par exemple pour 5 ans de formation en ostéopathie pouvait atteindre 46 000 € en 2019. Cependant il existe des aides sous forme de bourses octroyées par l'État ou les régions.

PROVERBES ET DICTONS

La science sans vertu aveugle au lieu d'éclairer.

Le campus universitaire de Grenoble.

Dans le domaine des formations sociales, le baccalauréat est nécessaire pour passer le diplôme d'État pour les professions d'assistant de service social, d'éducateur de jeunes enfants ou d'éducateur spécialisé. Ces formations, d'une durée de 3 ans, alternent cours théoriques et nombreux stages pratiques.

 19 « Fin des études et parcours professionnels »* → page 143

LA VIE ÉTUDIANTE

Pour les jeunes dont les parents ne vivent pas près d'une ville universitaire, la vie étudiante est souvent synonyme d'indépendance et de liberté. Deux tiers des étudiants ne vivent plus chez leurs parents, mais ils ne sont pas pour autant complètement indépendants. Les étudiants dont les parents ont des revenus modestes peuvent se voir accorder une bourse d'études sur des critères sociaux ou au mérite. Le montant de cette aide s'échelonne de 1 000 à 5 000 € par an selon leur situation financière. Environ 38 % des étudiants bénéficient d'une bourse.

Le logement
Le principal problème est le choix d'un logement, dans le secteur public, privé, chez l'habitant ou en colocation, le choix est vaste, mais le prix des loyers peut s'avérer très élevé à Paris et dans certaines grandes villes

> **LE SAVIEZ-VOUS ?**
>
> Des personnes âgées, vivant seules et souhaitant de la compagnie, proposent d'héberger gratuitement ou pour un somme modique des étudiants en échange de menus services.

Équipement minimaliste et fonctionnel d'une chambre d'étudiant.

Déballage et emménagement en colocation.

10 L'ENSEIGNEMENT SUPÉRIEUR

> **POUR EN SAVOIR PLUS**
>
> Les étudiants peuvent bénéficier de l'APL (Aide personnalisée au logement) versée par la Caisse d'allocations familiales et dont le montant dépend des revenus du bénéficiaire ainsi que du logement lui-même (superficie, loyer, etc.). Le Crous attribue des bourses d'études sur des critères sociaux.

universitaires. Le premier bailleur du secteur public est le Crous (Centre régional des œuvres universitaires et scolaires) qui dispose de 700 résidences universitaires réparties sur toute la France. Les loyers pour une chambre s'échelonnaient, selon les villes, entre 360 à 600 € par mois en 2019. Les chambres en cité universitaire sont accordées en priorité aux étudiants boursiers ou à ceux dont les revenus familiaux ne dépassent pas un certain plafond. Leur nombre étant insuffisant, beaucoup d'étudiants se tournent vers les résidences privées, bien sûr plus chères. La colocation est une possibilité qui séduit de plus en plus d'étudiants.

Les repas

Les restaurants universitaires gérés par le Crous sont ouverts midi et soir à tous les étudiants inscrits dans un établissement de l'enseignement supérieur. Un ticket de RU (restaurant universitaire) de 3,30 € en 2019-

2020 permet de prendre dans une cafétéria en libre service, un repas complet composé d'une entrée, d'un plat chaud et d'un dessert. Ces repas sont subventionnés par l'État.

La santé

Les étudiants sont rattachés au régime de Sécurité sociale de leurs parents jusqu'à 28 ans, mais peuvent adhérer, s'ils le souhaitent, à une mutuelle étudiante qui complète le remboursement des frais médicaux par la Sécurité sociale. En revanche, tous les étudiants doivent s'acquitter d'une cotisation « Vie étudiante et Campus » (CVEC) de 90 €, qui inclut la santé, le bien-être, le sport et la culture. Les étudiants boursiers sont exonérés de la CVEC.

Chaque université dispose d'un service de santé universitaire (Service universitaire de médecine préventive et de promotion de la santé - SUMPS) qui est à la disposition des étudiants. Tous les services de santé universitaire proposent aux étudiants des bilans de santé gratuits et des consultations individuelles également gratuites.

 « Les mouvements étudiants » → page 144

> **POUR EN SAVOIR PLUS**
>
> Les étudiants étrangers extracommunautaires, qui n'ont pas souscrit une assurance santé dans leur pays, doivent se faire enregistrer auprès de la Sécurité sociale française.

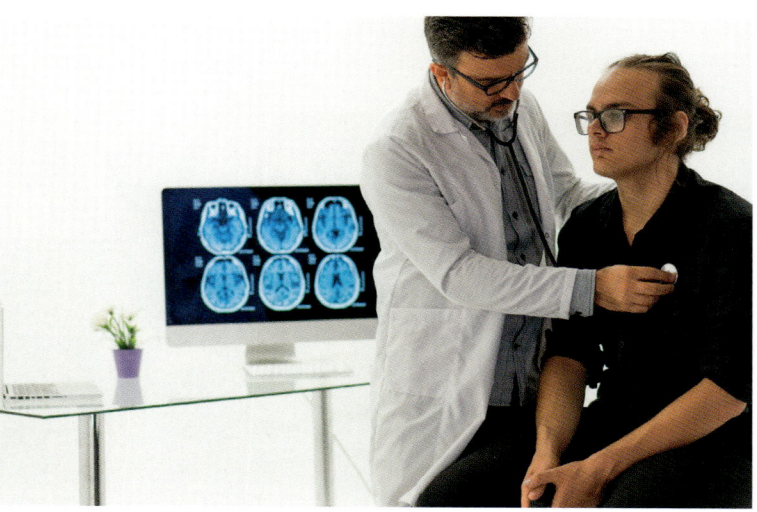

Dans le quartier de la Sorbonne, à Paris, la bibliothèque publique et interuniversitaire Sainte-Geneviève occupe un bâtiment édifié en 1851. En raison de ses aménagements et de ses décors d'origine, elle est classée au titre des monuments historiques.

Les chorales universitaires ont pour vocation de promouvoir des œuvres de différents styles et de différentes périodes.

Les sports et les loisirs

Tous les étudiants possèdent une carte d'étudiant qui donne accès gratuitement aux bibliothèques universitaires et leur permet de bénéficier de réductions dans différents lieux : cinémas, musées, théâtres, librairies, etc. Les Universités, pour encourager les étudiants à la pratique du sport, mettent à leur disposition des équipements sportifs à tarifs préférentiels. Les salles de sport du secteur privé leur proposent également des tarifs réduits.

La vie associative est très riche au sein des universités, des centaines d'associations existent dans tous les domaines : art, cinéma, culture, politique, musique, etc. Certaines universités disposent de locaux et de salles de spectacles, gérés et animés par des associations étudiantes.

Les petits emplois étudiants

Même si les conditions de vie des étudiants paraissent dans la majorité des cas acceptables, certains étudiants se trouvent dans des situations de précarité et mènent de front études et petits boulots. Tous les étudiants, français ou étrangers, ont le droit d'exercer une activité rémunérée pour compléter leurs revenus, cependant les étudiants étrangers ne peuvent pas travailler plus de 964 heures dans l'année. Pour les étudiants non européens, un titre de séjour étudiant est exigé. Les universités accordent aux étudiants qui le souhaitent des contrats de travail pour participer à l'accueil des étudiants au moment de la rentrée universitaire, pour le tutorat, l'animation culturelle ou sportive ou pour l'accompagnement d'étudiants handicapés. Certains diplômes nécessitent, pour être validés, de faire des stages en entreprises qui seront rémunérés s'ils durent plus de deux mois. Le stagiaire perçoit alors une indemnité de 577 € par mois.

Les week-ends d'intégration

Au moment de la rentrée universitaire, les nouveaux étudiants sont accueillis par les anciens qui organisent des week-ends festifs dont la nature est contestée par certains. Ces week-ends où l'alcool tient une place importante sont perçus comme des rites de passage dans la vie étudiante. Ces rituels doivent permettre aux nouveaux étudiants de se connaître, mais certaines dérives ont conduit le ministère à rédiger un

LE SAVIEZ-VOUS ?

- Pour encourager l'esprit d'entreprise, les universités ont créé le statut national d'étudiant-entrepreneur qui permet aux jeunes diplômés et aux étudiants d'élaborer un projet entrepreneurial, de mener à bien ce projet avec un maximum de sécurité et de visibilité.
- 80 % des étudiants français exercent une activité rémunérée régulière ou occasionnelle, que ce soit pendant l'année universitaire (50 %) ou pendant les vacances.

10 L'ENSEIGNEMENT SUPÉRIEUR

code de bonne conduite mettant en garde la communauté universitaire contre les excès. Ces épreuves d'initiation, appelées aussi bizutage, appartiennent essentiellement à la tradition des grandes écoles et des facultés de médecine.

ÉTUDIER À L'ÉTRANGER

LES ÉTUDIANTS FRANÇAIS À L'ÉTRANGER

Le programme Erasmus, créé en 1987, permet à tous les étudiants, à partir de la deuxième année d'études, de passer entre 3 et 12 mois dans une autre université européenne et faire valider leur cursus dans leur université d'origine. Ce programme d'échange connaît un succès toujours croissant, car il permet d'étudier à l'étranger à moindres frais. En effet, les droits d'inscription sont les mêmes que ceux de l'établissement d'origine. L'étudiant reçoit une bourse Erasmus+ pour couvrir ses frais de voyage et de séjour, à laquelle s'ajoute fréquemment une bourse pour la mobilité accordée par les communes, les départements ou les régions.

LES ÉTUDIANTS ÉTRANGERS EN FRANCE

Les étudiants européens suivent, à travers la plateforme Parcoursup, les mêmes procédures que les étudiants français pour s'inscrire dans un établissement de l'enseignement supérieur français.

Si les étudiants ne sont pas ressortissants de l'Union européenne, ils doivent justifier d'un diplôme équivalent au baccalauréat. Certaines universités exigent un niveau de langue attesté par un DELF B2, C1 ou C2 ou le TCF (test de connaissance du français), ou le TEF (Test d'évaluation du français). Ils doivent, de surcroît, effectuer une Demande d'admission préalable (DAP) depuis la plateforme Études en France. Le candidat peut formuler trois vœux d'inscription dans trois universités et ensuite choisir l'établissement où il s'inscrira en fonction des réponses apportées par chaque université.

? LE SAVIEZ-VOUS ?

Chaque année, la France accueille 340 000 étudiants étrangers. Les Marocains, les Algériens et les Chinois sont les plus nombreux à fréquenter l'enseignement supérieur français, les Italiens sont les plus nombreux parmi les Européens. 37 % des étudiants étrangers privilégient les filières scientifiques et la médecine.

À VOTRE TOUR !

REPÈRES CULTURELS

DUT : Diplôme universitaire de technologie.
HEC : école des Hautes Études Commerciales.
IUT : Institut universitaire de technologie.

REPÈRES LEXICAUX

clerc de notaire (n.m.) : personne qui prépare et rédige les actes juridiques pour le notaire.
cursus (n.m.) : ensemble des études universitaires dans une matière.
émulation (n.f.) : sentiment qui conduit à égaler ou surpasser quelqu'un.
filière (n.f.) : ensemble d'enseignements spécifiques.
notaire (n.m.) : officier public chargé d'établir des actes juridiques.

COMPRÉHENSION ORALE *

FIN DES ÉTUDES ET PARCOURS PROFESSIONNELS

Ⓐ Complétez le tableau ci-dessous.

	L'homme	La femme
Profession		
Durée des études		

Ⓑ Répondez aux questions suivantes à propos de l'homme.

❶ Pourquoi n'a-t-il pas poursuivi ses études d'histoire ? Citez deux raisons.

a. ....

b. ....

❷ Comment a-t-il été embauché dans un cabinet notarial ?

....

❸ Quel diplôme aurait-il aimé obtenir ?

....

❹ Quelles professions aurait-il aimé exercer ?

....

❺ Dans quel cadre envisage-t-il de reprendre des études ?

....

Ⓒ Répondez aux questions suivantes à propos de la femme.

❶ Pourquoi s'est-elle inscrite en classe préparatoire ? Citez deux raisons.

a. ....

b. ....

❷ Parmi les éléments mentionnés, quels sont ceux qu'elle a appréciés dans son cursus universitaire ? Cochez la bonne réponse : vrai (V) ou faux (F).

a. La possibilité de choisir son école.   V◯ F◯
b. L'émulation entre étudiants.   V◯ F◯
c. La compétence des enseignants.   V◯ F◯
d. La bienveillance entre étudiants.   V◯ F◯
e. La renommée de l'école.   V◯ F◯
f. L'enseignement théorique en particulier.   V◯ F◯
g. L'apprentissage approfondi d'une langue étrangère.   V◯ F◯

À VOTRE TOUR !

REPÈRES CULTURELS

La Sorbonne : la plus ancienne université parisienne.
UNEF : syndicat étudiant (l'Union nationale des étudiants de France).
FAGE : Fédération des associations générales des étudiants.
Crous : Centre régional des œuvres universitaires et scolaires.
Parcoursup : plateforme numérique permettant aux étudiants de s'inscrire en première année de l'enseignement supérieur.
Rennes : ville universitaire située en Bretagne.

REPÈRES LEXICAUX

militantisme *(n.m.)* : engagement actif dans une association, un syndicat ou un parti politique.
partiel *(n.m.)* : examen qui porte sur une partie du programme et qui entre en compte dans la note globale.
peiner *(v.)* : avoir des difficultés à faire quelque chose.
prôner *(v.)* : vanter et défendre une idée.
s'insurger *(v.)* : protester vivement.

COMPRÉHENSION ORALE **

LES MOUVEMENTS ÉTUDIANTS

Écoutez le document et répondez aux questions.

❶ Quels sont les sujets évoqués dans ce document ?
○ **a.** La mobilité des étudiants
○ **b.** La disparition des syndicats étudiants
○ **c.** Les différentes causes de contestation des étudiants
○ **d.** Les différents types de cours à l'université
○ **e.** La compétence des enseignants
○ **f.** La place des élus étudiants dans la vie universitaire
○ **g.** La sélection à l'entrée de l'université

❷ Dites si les énoncés suivants sont vrais (V), faux (F), ou si le document ne permet pas de le savoir (?)

a. Les étudiants militent de plus en plus dans les syndicats. V○ F○ ?○

En 1968 :
• **b.** Les mouvements étudiants demandaient plus de libertés. V○ F○ ?○
• **c.** Les enseignants étaient critiqués. V○ F○ ?○
• **d.** Les enseignants refusaient de discuter avec les étudiants. V○ F○ ?○

Actuellement :
• **e.** Les travaux pratiques comptent moins d'étudiants que les cours magistraux. V○ F○ ?○
• **f.** Des représentants d'étudiants siègent dans les organes de direction des universités. V○ F○ ?○
• **g.** Le conseil d'administration du Crous donne son avis sur l'organisation des cours. V○ F○ ?○
• **h.** Les étudiants protestent contre la sélection à l'entrée de l'université. V○ F○ ?○
• **i.** Après un échec en première année, les étudiants doivent quitter l'université. V○ F○ ?○
• **j.** Il n'y a pas de sélection pour entrer à l'université. V○ F○ ?○
• **k.** L'entraide et la solidarité existent sur les campus. V○ F○ ?○

À VOTRE TOUR !

COMPRÉHENSION ÉCRITE

QUIZ

1 Quelles personnes composent la communauté universitaire ?
....

2 Qui élit le Président de l'université ?
....

3 Qui dirige le conseil d'UFR ?
....

4 Les écoles privées ne peuvent pas délivrer de diplômes nationaux.   V◯ F◯

5 Parcoursup est une plateforme numérique qui permet de s'inscrire :
◯ **a.** exclusivement dans les disciplines les plus demandées
◯ **b.** en deuxième année de licence
◯ **c.** à l'université
◯ **d.** au baccalauréat
◯ **e.** en première année de l'enseignement supérieur

6 Quels sont, pour les ressortissants européens, les avantages du système de crédits dans l'organisation des études LMD ?
....
....
....

7 Les classes préparatoires aux grandes écoles permettent d'entrer directement dans une grande école.   V◯ F◯

8 Les enseignants des écoles primaires et de l'enseignement secondaire sont recrutés par le même concours.   V◯ F◯

9 Le DUT est un diplôme équivalent au niveau ingénieur.   V◯ F◯

10 Pour exercer une profession paramédicale, le DE est obligatoire.   V◯ F◯

11 Le Crous :
◯ **a.** gère les chambres des résidences universitaires
◯ **b.** gère les chambres louées aux étudiants dans le secteur privé
◯ **c.** gère les cafétérias proches des campus
◯ **d.** accorde des bourses d'études
◯ **e.** gère la restauration étudiante

12 Quel est l'objectif premier des week-ends d'intégration ?
....
....

13 Dans le programme Erasmus, les droits d'inscription sont très élevés.   V◯ F◯

PRODUCTION ORALE

Ça se discute !
Les droits d'inscriptions sont plus élevés pour les étudiants non européens. Cela vous paraît-il justifié ?

PRODUCTION ÉCRITE

À vos stylos !
Vous souhaitez venir étudier dans une université française. Vous écrivez aux services culturels français situés dans votre pays pour obtenir un dossier de demande de bourse d'études.

L'ENSEIGNEMENT SUPÉRIEUR

11

LE TRAVAIL

Le travail a longtemps été placé au centre de la société en en déterminant les structures et son fonctionnement. La situation professionnelle d'un individu est un important marqueur social et un indicateur d'un niveau de revenus, d'un mode de vie et d'un système de valeurs. Depuis quelques décennies, l'évolution des modèles économiques a rendu les emplois plus précaires. Le travail, qui était considéré par le passé comme un devoir à l'égard de la collectivité et une source d'épanouissement, est devenu un moyen de survivre dans une société qui s'est mondialisée.

Depuis 200 ans, au fil des revendications sociales, la législation du travail a considérablement évolué et le temps de travail a diminué de moitié en France. C'est un des pays développés où l'on travaille le moins au monde si l'on considère la durée légale du travail. Une petite moitié des Français sont considérés comme actifs, cela signifie que les autres (enfants, étudiants, retraités ou inactifs) ne travaillent pas.

OBJECTIFS CULTURELS

- Prendre connaissance de l'organisation du monde du travail.
- Découvrir les contraintes légales qui régissent les relations employé/employeur.
- Aborder la relation des Français au travail en juxtaposant clichés et réalité.

PRATIQUE DE LA LANGUE

VÉRIFIER SES CONNAISSANCES

- **Réception de l'écrit**
  Lire pour s'informer
  → Quiz page 159

EXERCER SES COMPÉTENCES

- **Réception de l'oral**
  - Comprendre en tant qu'auditeur
    « Les Français aiment-ils travailler ? »
    Audio 21 → page 157
  - Comprendre une conversation entre tierces personnes
    « Quelle profession exercez-vous ? »
    Audio 22 → page 158

- **Production orale**
  Monologue suivi ou interaction
  « Ça se discute ! »
  → Page 159

- **Production écrite**
  Écriture créative
  « À vos stylos ! »
  → Page 159

LES MOTS ET LES EXPRESSIONS DU THÈME

apprenti *(n.m.)*
artisan *(n.m.)*
cadre *(n.m.)*
chômé *(adj.)*
congé *(n.m.)*
dérogation *(n.f.)*
embaucher *(v.)*
emploi *(n.m.)*
employé *(n.m.)*
employeur *(n.m.)*
fonctionnaire *(n.m.)*
gagner sa vie *(exp.)*
intérim *(n.m.)*
intérimaire *(adj.)*
légal *(adj.)*
libéral *(adj.)*
licencier *(v.)*
métier *(n.m.)*
ouvrable *(adj.)*
paie *(n.f.)*
pointeuse *(n.f.)*
précaire *(adj.)*
rémunération *(n.f.)*
repos *(n.m)*
retraite *(n.f.)*
salarié *(n.m.)*
smicard *(n.m.)*
syndicat *(n.m.)*
toucher de l'argent *(exp.)*

11 LE TRAVAIL

LES SECTEURS D'ACTIVITÉS ET LES CATÉGORIES PROFESSIONNELLES

Le monde du travail est organisé autour de trois grands secteurs d'activités.
Le secteur primaire regroupe l'ensemble des activités dont la finalité consiste à exploiter les ressources naturelles comme l'agriculture, la pêche ou la sylviculture
Le secteur secondaire auquel la construction et l'industrie appartiennent.
Le secteur tertiaire qui réunit les activités marchandes et les services.
Sur les 26 millions de Français « occupés », plus des trois quarts travaillent dans le secteur tertiaire, tandis que l'industrie ne représente plus que 13,9 % des emplois, la construction, 6,6 %, et l'agriculture, 2,8 %.

? LE SAVIEZ-VOUS ?

Bien gagner sa vie signifie avoir un bon salaire et perdre sa vie à la gagner sous-entend que l'on travaille trop ou dans de mauvaises conditions.

Les employés, cadres, techniciens représentent les catégories les plus importantes. Ce sont les professions liées aux services privés et publics qui se sont le plus développées ces dernières années. Dans la catégorie des cadres, qui comprend entre autres les professions intellectuelles et libérales, les femmes sont majoritaires. Le nombre de commerçants et artisans a diminué en raison du développement des grandes surfaces. Le nombre des ouvriers est en net recul. Ce sont avant tout des postes non qualifiés du secteur industriel qui ont disparu ; cependant, ils représentent encore près du quart de la population active.

À droite : les entreprises du bâtiment manquent de main-d'œuvre et font parfois appel à des ouvriers étrangers.

Ci-dessus : le cordonnier est un artisan qui répare des chaussures, des sacs, des vêtements en cuir. Son magasin est aussi son atelier de travail. La formation diplômante dure deux ans.

À droite : selon les régions et les saisons le secteur de l'agriculture offre différents types d'emplois saisonniers.

LES CONDITIONS ET LE TEMPS DE TRAVAIL

LE CONTRAT DE TRAVAIL

Tout salarié travaillant dans le secteur privé doit avoir un contrat précisant ses conditions de travail et son salaire. Il existe de nombreux types de contrats, mais la loi est de plus en plus orientée vers une simplification. Un CDD est un contrat à durée déterminée et un CDI, un contrat à durée indéterminée. Dans le cas d'un CDI, une entreprise ne peut licencier un employé qu'en lui versant des indemnités de licenciement. Le contrat est un élément clé de la relation entre un employeur et un employé. Il doit préciser la fonction, la rémunération, la qualification, le lieu du travail de l'employé et la convention collective. Les conventions collectives sont des textes réglementaires qui permettent de prendre en compte les spécificités de chaque métier.

L'emploi à durée indéterminée reste, de loin, le plus répandu chez les salariés, mais sa part diminue depuis une dizaine d'années. Les femmes occupent plus que les hommes des emplois en CDD. Les salariés de moins de 25 ans bénéficient plus rarement des emplois en CDI, ils sont plus fréquemment apprentis, en CDD ou exercent un travail intérimaire.

LA DURÉE LÉGALE DU TRAVAIL

En 1982, la durée légale du travail est passée de 40 heures à 39 heures par semaine. Depuis 1998, elle est fixée pour un temps complet à 35 heures (ou 1 600 heures par an) pour toutes les entreprises, quel que soit leur effectif sauf en cas de dérogations collectives pour un secteur d'activité.

Cette réduction du temps de travail (RTT) a permis aux salariés de bénéficier de temps libre sous forme d'allègement de l'horaire hebdomadaire ou de jours de congés supplémentaires. Il s'agit d'un seuil de référence à partir duquel sont calculées les éventuelles heures supplémentaires qui font l'objet d'une rémunération spécifique. Si la durée de travail est inférieure à la durée légale, le salarié travaille à temps partiel.

Ci-dessus : la grande majorité des caissiers de supermarché travaillent à temps partiel.

À gauche : le gouvernement et les syndicats souhaitent améliorer la prise en compte de la pénibilité pour le régime universel des retraites.

POUR EN SAVOIR PLUS

Un cadre est un salarié aux connaissances professionnelles certaines qui, dans l'exercice de ses fonctions, doit notamment assumer des responsabilités importantes, gérer une équipe et être capable de travailler en autonomie. Le salarié qui est cadre dirigeant n'est soumis à aucune durée de travail (ni minimale ni maximale).

11 LE TRAVAIL

💡 POUR EN SAVOIR PLUS

Le temps nécessaire à la restauration, ainsi que celui dédié aux pauses, est considéré comme du travail effectif. Il est compris dans les 35 heures si le salarié reste, pour ces périodes, à la disposition de l'employeur et ne peut se consacrer à ses occupations personnelles. Lorsque le port d'une tenue de travail est imposé par des dispositions légales et que l'habillage et le déshabillage doivent être réalisés sur le lieu de travail, des contreparties sous forme financière ou de repos sont accordées.

La durée hebdomadaire de travail effectif ne doit pas dépasser 48 heures sur une même semaine et 44 heures par semaine en moyenne sur une période de 12 semaines consécutives.

Un temps de pause d'au moins 20 minutes est accordé au salarié, dès lors qu'il effectue 6 heures de travail quotidien en continu ou pas. Un temps de pause supérieur peut être fixé en accord avec l'employeur. Tout salarié ou apprenti, âgé de moins de 18 ans, est soumis à des durées de travail réduites.

Le code du travail prévoit un repos hebdomadaire d'au moins 24 heures consécutives, qui s'ajoute à l'obligation de repos quotidien de 11 heures consécutives.

Le plus souvent, le salarié bénéficie de 2 jours de repos : samedi-dimanche ou dimanche-lundi par exemple. En fonction de leur secteur d'activité, certaines entreprises bénéficient d'une dérogation au repos dominical, le jour de repos est alors déplacé. C'est le cas des hôtels, des restaurants, des pharmacies, des hôpitaux, des entreprises de spectacles et des commerces d'alimentation par exemple.

La durée journalière du travail pour les HCR (hôtels, cafés, restaurants) dépend du poste occupé. Elle est différente selon que l'on est cuisinier, réceptionniste ou serveur.

LES CONGÉS LÉGAUX

Il y a plusieurs types de congés légaux accessibles aux salariés. Certains sont de droit, d'autres sont soumis à l'approbation de l'employeur (congé pour examen, congé sabbatique par exemple). Le congé de maternité ou le congé parental d'éducation (voir chapitre 3 page 41) sont des congés de droit tout comme les congés payés.

? LE SAVIEZ-VOUS ?

Aucun employeur ne peut refuser d'embaucher quelqu'un, de le sanctionner ou de le licencier en raison de son sexe, de son origine, de ses mœurs ou de sa religion.
Une femme n'est pas obligée d'informer son futur employeur qu'elle attend un enfant, et un employeur ne peut pas refuser d'embaucher une femme enceinte.
Depuis 1892, l'inspection du travail est un important organe de contrôle chargé, au nom de l'État, de faire respecter le droit du travail et le droit conventionnel dans les entreprises.
Le travail de nuit est interdit aux jeunes de moins de 18 ans.

Les congés payés

Afin de permettre au salarié de se reposer de la fatigue parfois engendrée par le travail, le législateur a prévu le congé payé annuel. Tout salarié a droit à ces congés, quels que soient son poste, sa qualification, sa rémunération, ses horaires et son contrat de travail (CDD, CDI, intérim), que le salarié travaille à temps plein ou à temps partiel, à condition d'avoir travaillé pendant au moins un mois chez le même employeur. Chaque salarié a droit à 2 jours et demi de congés par mois de travail effectif, ce qui correspond à 5 semaines pour une année complète de travail.

Les congés pour événements familiaux

Pour des événements familiaux tels qu'une naissance, une adoption, un mariage, la conclusion d'un pacs, un décès ou l'annonce de la survenue d'un handicap chez un enfant, le salarié peut s'absenter pendant une durée de 1 à 5 jours selon les circonstances. Ces absences sont considérées comme du travail effectif, elles sont donc rémunérées et prises en compte dans le calcul des congés payés. Pour un enfant malade de moins de 16 ans, un salarié peut s'absenter de 3 à 5 jours par an.

Les jours fériés

Le code du travail fixe la liste des fêtes légales considérées comme des jours fériés (voir liste chapitre 2 page 23). Les jours fériés peuvent être chômés (c'est-à-dire non travaillés) ou travaillés et rémunérés.
Le 1er mai est le seul jour obligatoirement chômé pour tous les salariés, le travail n'étant prévu ce jour-là

11 LE TRAVAIL

Un ouvrier qualifié maîtrise parfaitement les connaissances technologiques liées à son domaine.

que dans certains établissements et services où le travail ne peut être interrompu en raison de la nature de l'activité (hôpitaux, transports publics…). Dans certains cas, les jours fériés permettent de bénéficier d'un pont entre un ou deux jours de repos hebdomadaire ou un jour férié. Les heures perdues du fait du pont doivent être récupérées.

🎧 21 « Les Français aiment-ils travailler ? »** → page 157

L'INSPECTION DU TRAVAIL

Des agents de contrôle de l'inspection du travail veillent au respect du droit du travail et à l'application des conventions issues du dialogue social. Ils sont compétents pour constater des infractions en matière de discriminations, de harcèlement moral ou sexuel, de travail forcé ou en matière de conditions d'hébergement indécentes. Ils veillent également au respect des règles d'hygiène et de sécurité sur les lieux de travail.
Parmi leurs missions figure la lutte contre le travail illégal qui constitue un préjudice pour les travailleurs privés de leurs droits et pour les organismes de protection sociale qui ne recouvrent pas les prestations qui leur sont dues.

LA MÉDECINE DU TRAVAIL

Les services de santé au travail ont pour mission d'éviter toute altération de la santé des travailleurs du fait de leur travail. Le rôle du médecin du travail est exclusivement préventif.
Il doit conseiller l'employeur, les travailleurs et les représentants du personnel sur les mesures à prendre afin d'éviter ou de limiter les risques professionnels, d'améliorer les conditions de travail, de prévenir la consommation d'alcool et de drogue sur les lieux de travail, de prévenir le harcèlement moral ou sexuel, de prévenir ou réduire la pénibilité au travail. Le salarié ne peut pas choisir son médecin du travail.
Les médecins du travail sont titulaires d'un diplôme de docteur en médecine, mais aussi d'un certificat d'études spécialisées (CES) ou d'un diplôme d'études spécialisées (DES) de médecine du travail ou équivalent.

❓ LE SAVIEZ-VOUS ?

En France, le décret d'abolition de l'esclavage date du 27 avril 1848.

LES RETRAITES

Le vieillissement de la population et l'évolution du contexte économique ont conduit le gouvernement à engager une réforme du régime des retraites dans le but annoncé de ne pas mettre en péril l'assurance retraite des futures générations.
L'âge légal du départ à la retraite des salariés dépend de plusieurs critères, notamment de la date de naissance, de la durée de cotisations, de la pénibilité, ou d'une situation de handicap.
L'âge minimal pour partir à la retraite est de 62 ans pour les personnes nées à partir du 1er janvier 1955. Pour les générations précédentes, cet âge diffère en fonction de l'année de naissance. L'âge limite du travail pour les salariés est en principe de 67 ans dans le secteur public et de 70 ans dans le secteur privé.

LES SALAIRES

La somme que reçoit le salarié après les prélèvements sociaux est le salaire net. Ces prélèvements, appelés cotisations sociales, sont répartis entre l'employeur et le salarié et sont la base du système de solidarité nationale. En effet, ces retenues sont redistribuées dans le système de solidarité comprenant essentiellement l'épargne retraite, l'assurance chômage et l'assurance maladie. Les prélèvements sociaux représentent pour le salarié une contribution de 20 % du salaire brut. Les charges patronales s'élèvent à environ 50 % du salaire net.

En plus de la catégorie socio-professionnelle et du sexe (les femmes ont en moyenne un salaire inférieur de 18,5 % à celui des hommes), la taille des entreprises n'est pas sans influence sur le niveau des rémunérations. Plus l'entreprise est grande et plus les salaires sont élevés.

 22 « Quelle profession exercez-vous ? »* → page 158

LE SMIC

Le SMIC (Salaire minimum interprofessionnel de croissance) a été institué en 1950. Aujourd'hui, le SMIC est réévalué chaque année en fonction de l'augmentation du coût de la vie. Environ un salarié sur dix est smicard c'est-à-dire payé au SMIC. Au 1er janvier 2020, le SMIC horaire était de 10,15 € de l'heure soit 7,82 € net.
Aucun salarié ne peut être rémunéré à un taux inférieur à celui du SMIC.

POUR EN SAVOIR PLUS

Certaines personnes s'investissent dans des associations à caractère sportif, social, ou culturel par exemple. Elles donnent de leur temps et partagent leurs connaissances et leur compétence sans être rémunérées, ces personnes sont bénévoles. De nombreux retraités font du bénévolat.

LE SAVIEZ-VOUS ?

Le mot salaire vient du latin *sal* qui signifie « sel ».
En effet, autrefois on payait les soldats en leur donnant une ration de sel.

Le bulletin de paie indique à la fois le salaire brut et le salaire net (somme restante une fois que les différentes charges ont été soustraites).

11 LE TRAVAIL

LE CONSEIL DES PRUD'HOMMES ET LE TRIBUNAL ADMINISTRATIF

Le conseil des prud'hommes est un tribunal qui tranche les litiges entre un salarié et un employeur à propos du contrat de travail. C'est un tribunal d'exception qui concerne les rapports de droit privé. Ce conseil est composé de salariés et d'employeurs et non pas de magistrats professionnels contrairement au tribunal administratif qui juge les conflits du travail dans la fonction publique.

LE RSA

Le RSA (revenu de solidarité active) est une allocation versée aux personnes en âge de travailler et en situation de précarité, dont le montant varie selon le niveau de ressources et la composition du foyer. Il n'est pas réservé aux Français, il faut être résident en France de façon stable. Le RSA a une double fonction : assurer à ceux qui ne travaillent pas un revenu minimum et donner à ceux qui travaillent un complément en cas de faibles revenus.

Au 01/04/2019 le montant du RSA était de 560 € pour une personne seule, 840 € pour un couple. Ce montant est modulable en fonction de la composition du foyer (parent isolé, nombre d'enfants). Il est revalorisé chaque année en fonction de l'inflation.

Près de 30 % des personnes éligibles au RSA ne le réclament pas, par méconnaissance du système ou pour éviter toute stigmatisation. Un projet de revenu universel d'activité (RUA) est en cours de réflexion. Son objectif est de remettre à plat un système d'aides sociales devenu au fil du temps complexe et peu lisible pour lutter contre la pauvreté.

LE CHÔMAGE

Dans les années qui ont suivi la crise financière de 2008, le taux de chômage a progressé pour toutes les tranches d'âge, mais tout particulièrement pour les plus jeunes c'est-à-dire les 20-24 ans. La majorité des jeunes peu qualifiés savent qu'ils passeront par le chômage et la précarité avant de pouvoir s'intégrer dans la vie professionnelle.

PROVERBES ET DICTONS

Toute peine mérite salaire.

C'est en forgeant qu'on devient forgeron.

On ne peut être à la fois au four et au moulin.

Les entreprises de 20 salariés et plus doivent employer un minimum de 6 % de travailleurs en situation de handicap.

POUR EN SAVOIR PLUS

Les militaires touchent des soldes, les médecins, les avocats, les notaires perçoivent des honoraires, les fonctionnaires des traitements, les artistes touchent des cachets alors que les écrivains et les auteurs reçoivent des droits d'auteur. Tous reçoivent une rémunération pour un travail ou un service rendu.

Environ 8,2 % de la population active était au chômage en 2020. Le chômage touche particulièrement les jeunes de moins de 30 ans, la recherche d'un premier emploi restant de loin la plus difficile. Le taux de chômage des handicapés est très élevé (près de 20 %) alors qu'une loi de 1987 prévoit que les handicapés doivent représenter 6 % des effectifs des entreprises de plus de 20 salariés. Les demandeurs d'emploi sont inscrits à Pôle emploi et perçoivent des indemnités de chômage. La durée et le montant de l'indemnisation dépendent de nombreux éléments comme l'âge de la personne et le temps pendant lequel elle a travaillé auparavant. Pôle emploi aide en principe le demandeur d'emploi dans sa recherche et exerce un contrôle sur les conditions de cette recherche.

On note une augmentation du travail précaire ainsi qu'une augmentation du chômage de longue durée qui affecte particulièrement les personnes de plus de 50 ans. En tenant compte du chômage, de la précarité des contrats en CDD ou intérim, ainsi que des personnes qui déclarent souhaiter travailler, mais ne sont pas considérées comme chômeuses, l'Observatoire des inégalités décompte plus de huit millions de personnes en situation de mal-emploi. Cette forme d'insécurité sociale touche un actif sur quatre. Pouvoir ou non se projeter dans la vie constitue l'une des fractures majeures de la société française.

Pour répondre à la demande des entreprises, on constate un changement structurel de l'organisation du travail davantage fondée sur la flexibilité et les contrats courts. Les lois récentes sur le travail sont allées dans ce sens en assouplissant les règles. Cette précarité frappe surtout les personnes peu diplômées et les jeunes.

Malgré un taux de chômage élevé, un certain nombre de postes ne trouvent pas preneur. Les secteurs du bâtiment et de la construction sont les premiers concernés, mais il en est de même pour les filières

11 LE TRAVAIL

Les banderoles et les drapeaux permettent d'identifier les syndicats qui prennent part aux manifestations.

de l'alimentaire, du commerce ou des services à la personne. L'image négative de certaines professions, les faibles rémunérations ou les horaires décalés rendent certaines professions peu attractives.
Ce qui pourrait ressembler à un paradoxe s'explique en partie par l'inadéquation de l'offre à la demande.

LES SYNDICATS

La majorité des mouvements de grève sont déclenchés par les syndicats. Les principaux motifs de grève sont les revendications salariales, la préservation de l'emploi et le système des retraites.
La France est le pays industrialisé le moins syndiqué (à peine 11 % de la population active) alors que le taux moyen de syndicalisation dans les pays de l'Union européenne est de 23 %. Une majorité de Français pense que les syndicats ont une approche trop idéologique des conflits.

LA FONCTION PUBLIQUE

Au total, la fonction publique emploie près de 6 millions de Français. Un salarié sur quatre dépend de l'État, d'une mairie, d'une région, d'un département ou d'un hôpital.
Les fonctionnaires sont recrutés par concours et bénéficient de la sécurité de l'emploi. Néanmoins, l'État est le premier créateur d'emplois précaires. En effet, un certain nombre de salariés (les plus récents) de la fonction publique ne bénéficient pas du statut de fonctionnaire. Ils ont des contrats renouvelables et des salaires peu élevés. Le ministère de l'Éducation nationale est celui qui emploie le plus de fonctionnaires (1,6 million).

 **LE SAVIEZ-VOUS ?**

Jusqu'en 1965, les femmes avaient besoin du consentement de leur mari pour exercer une activité professionnelle.

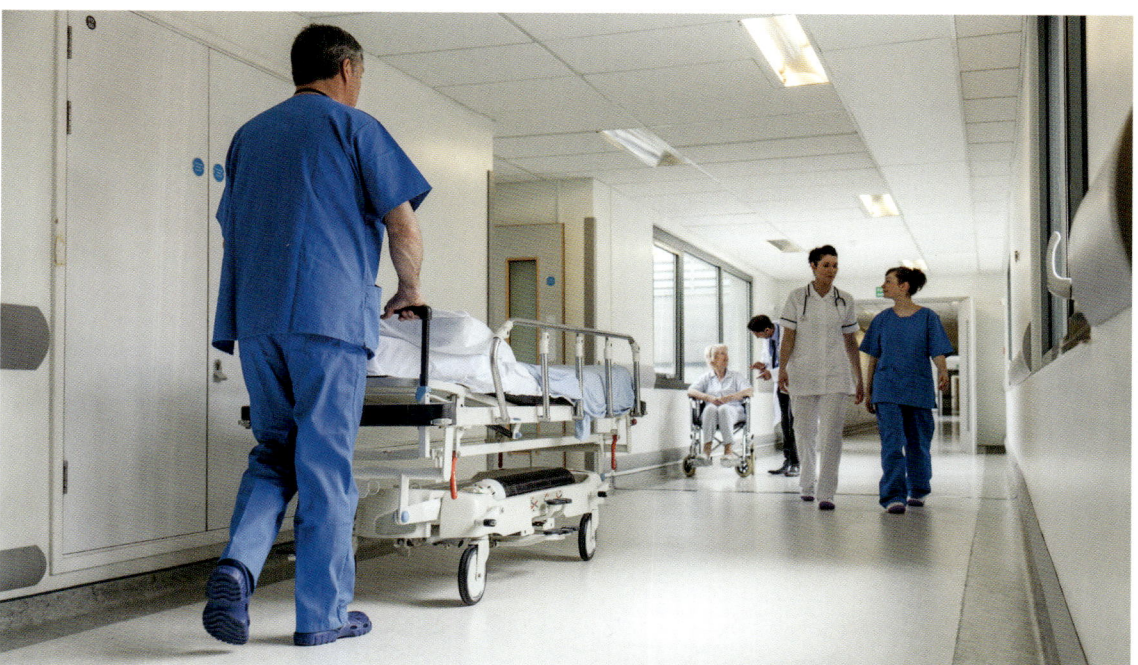

Les hôpitaux manquent d'infirmières et d'infirmiers ; le faible niveau des salaires et la pénibilité du travail découragent les vocations.

À VOTRE TOUR !

REPÈRES CULTURELS

CFDT : la Confédération française démocratique du travail est une confédération interprofessionnelle de syndicats français de salariés.

OCDE : l'Organisation de coopération et de développement économiques est une organisation internationale d'études économiques.

REPÈRES LEXICAUX

déclin (n.m.) : fait d'arriver progressivement à la fin d'une situation, d'un phénomène.

désyndicalisation (n.f.) : phénomène de réduction du nombre de personnes adhérentes d'un syndicat.

pâtir (v.) : souffrir.

tangible (adj.) : qui ne peut être mis en doute, que chacun peut constater.

traîner des pieds (exp.) : faire quelque chose par obligation, mais sans enthousiasme et sans se presser.

COMPRÉHENSION ORALE **

LES FRANÇAIS AIMENT-ILS TRAVAILLER ?

A Laquelle de ces propositions résume-t-elle le mieux le contenu de l'ensemble du document ?
- a. L'efficacité des Français au travail
- b. Le travail en France, préjugés et réalité
- c. La France, un pays où l'on travaille peu

B Répondez aux questions suivantes

❶ Quels sont les deux éléments qui font penser que les Français n'aiment pas travailler ?

❷ Selon son étymologie, à quel autre verbe français peut-on associer le mot travailler ?

❸ Pourquoi ne peut-on pas toujours choisir la nature et le lieu de son travail ?

❹ Quels sont les trois secteurs souvent affectés par les grèves ?

C Selon le document, dites si les affirmations suivantes sont vraies (V) ou fausses (F).

❶ Certaines personnes pensent que les Français sont trop souvent en grève. V◯ F◯

❷ La grève est un droit pour tous les travailleurs. V◯ F◯

❸ Il y a souvent des débats sur la loi des 35 heures avant les élections. V◯ F◯

❹ Les Français font de moins en moins grève. V◯ F◯

❺ Le nombre de Français adhérents à un syndicat est stable. V◯ F◯

❻ Les syndicats ont une existence légale depuis 1844. V◯ F◯

❼ Les salariés français bénéficent du plus grand nombre de jours de congés en Europe. V◯ F◯

❽ La majorité des personnes qui travaillent pensent que le travail permet de s'intégrer à la société. V◯ F◯

❾ Une majorité de Français s'ennuie au travail. V◯ F◯

❿ Être reconnu pour la qualité de son travail est très important pour les Français. V◯ F◯

⓫ Les Français n'aiment pas se rendre à leur travail. V◯ F◯

⓬ Pour les Français, la carrière professionnelle est moins importante que la vie privée. V◯ F◯

À VOTRE TOUR !

REPÈRES CULTURELS

Jean-Jacques Rousseau : écrivain et philosophe genevois de langue française, représentant majeur tout comme Voltaire du Siècle des lumières (1712-1778).

Voltaire : écrivain et philosophe français (1694-1778).

REPÈRES LEXICAUX

face-à-face pédagogique (n.m.) : c'est la situation dans laquelle le formateur et l' (ou les) apprenant(s) sont présents et en interaction pédagogique.

fidéliser (v.) : s'attacher durablement une clientèle par une politique ou un comportement approprié.

frais (n.m. pl.) : dépenses occasionnées par une cause quelconque (frais de déplacement, frais de transport).

COMPRÉHENSION ORALE *

QUELLE PROFESSION EXERCEZ-VOUS ?

Répondez aux questions suivantes. Si le document ne permet pas de répondre, mettez un point d'interrogation.

	La femme	L'homme
❶ Quelle est leur profession ?		
❷ Quel est leur volume horaire de travail ?	(par jour)	(par semaine)
❸ Quel est le montant de leur rémunération ?		
❹ Quels biens possèdent-ils ?		
❺ Quels sont les avantages de leur profession ?		
❻ Quels sont les inconvénients de leur profession ?		

À VOTRE TOUR !

COMPRÉHENSION ÉCRITE

QUIZ

Répondez aux questions suivantes.

1 Mettez en relation les activités et les secteurs qui les regroupent.

- **a.** L'industrie
- **b.** Les services
- **c.** La pêche
- **d.** La sylviculture
- **e.** L'agriculture
- **f.** La construction
- **g.** Les activités marchandes

Secteur primaire	Secteur secondaire	Secteur tertiaire

2 Quelle est la proportion d'ouvriers dans la population active ?

3 Pour un salarié, 35 h de travail hebdomadaire correspondent à :
○ Un temps partiel   ○ Un mi-temps   ○ Un temps complet

4 Complétez le tableau ci-dessous.

a. Nombre minimum de semaines de vacances par an	
b. Nombres de jours fériés	
c. Durée minimale du repos hebdomadaire	
d. Durée maximum de travail sur une même semaine	
e. Durée de la pause pour un travail quotidien de 6 h	

PRODUCTION ORALE

Ça se discute !

- Êtes-vous d'accord avec le fait d'instaurer une limite d'âge pour le travail des seniors ?
- Êtes-vous pour ou contre l'ouverture des magasins le dimanche ?
- L'âge de la retraite doit-il être différent pour les hommes et les femmes ?

PRODUCTION ÉCRITE

À vos stylos !

Vous êtes recruteur pour une agence de travail temporaire. Vous avez différents postes à pourvoir et vous détaillez les avantages des emplois que vous proposez, en matière de conditions de travail, de rémunération, d'image sociale. Choisissez vos professions et rédigez un petit texte qui les rendra attractives pour les demandeurs d'emploi.

5 Dites si ces propositions sont vraies (V) ou fausses (F)

- **a.** Les congés familiaux sont considérés comme du travail effectif. V○ F○
- **b.** On peut obtenir un congé familial si on adopte un enfant. V○ F○
- **c.** Un CDD est un contrat de travail définitif. V○ F○
- **d.** Tous les employés de la fonction publique ont le statut de fonctionnaire. V○ F○
- **e.** Le montant du salaire net est plus élevé que le montant du salaire brut. V○ F○
- **f.** Le RSA est une allocation versée aux personnes âgées sans ressources. V○ F○
- **g.** L'esclavage a été aboli pendant la révolution de 1789. V○ F○
- **h.** En 1980, les femmes avaient besoin de l'autorisation de leur mari pour travailler. V○ F○
- **i.** Les personnes mineures ne peuvent pas travailler la nuit. V○ F○
- **j.** Le rôle de l'inspection du travail est de contrôler le travail des employés. V○ F○
- **k.** L'âge de la retraite est de 62 ans pour tous les salariés. V○ F○
- **l.** Les salaires des femmes sont inférieurs d'environ 10 % à celui des hommes. V○ F○
- **m.** Il est illégal de rémunérer un salarié à un taux inférieur au SMIC. V○ F○
- **n.** Le conseil des prud'hommes aide les travailleurs au chômage à trouver un emploi. V○ F○
- **o.** Très peu de travailleurs sont adhérents d'un syndicat. V○ F○
- **p.** C'est le ministère de la Santé qui emploi le plus de fonctionnaires. V○ F○

12

LE CITOYEN, LES INSTITUTIONS ET LA POLITIQUE

Tout individu, tout groupe, toute association doit obéir aux lois en vigueur dans un pays. En France, il y a des règles fondamentales inscrites dans la Déclaration des droits de l'homme et du citoyen. La Constitution indique qui dirige le pays et comment on fait les lois. Le citoyen a des droits et des devoirs et partage le pouvoir avec ses concitoyens parce qu'il a le droit d'élire les représentants de la nation.

OBJECTIFS CULTURELS

- Aborder les notions de nationalité et d'identité.
- Connaître les droits et devoirs du citoyen français.
- Comprendre la vie politique et le fonctionnement de l'État.
- Découvrir le rôle du maire et du conseil municipal.
- Situer quelques partis sur l'échiquier politique.

PRATIQUE DE LA LANGUE

VÉRIFIER SES CONNAISSANCES

- **Réception de l'écrit**
  Lire pour s'informer
  → Quiz page 173

EXERCER SES COMPÉTENCES

- **Réception de l'oral**
  - Comprendre une conversation entre tierces personnes
    « Voter ou s'abstenir ? »
    Audio 23 → page 171
  - Comprendre en tant qu'auditeur
    « La fonction de maire »
    Audio 24 → page 172

- **Production orale**
  Monologue suivi ou interaction
  « Ça se discute ! »
  → Page 173

- **Production écrite**
  Écriture créative
  « À vos stylos ! »
  → Page 173

LES MOTS ET LES EXPRESSIONS DU THÈME

abstention *(n.f.)*
apatride *(n.m./f.)*
constitution *(n.f.)*
dépouillement *(n.m.)*
député *(n.m.)*
élire *(v.)*
état civil *(n.m.)*
hémicycle *(n.m.)*
imposable *(adj.)*
isoloir *(n.m.)*
magistrat *(n.m.)*
mandat *(n.m.)*
monarchie *(n.f.)*
parité *(n.f.)*
quinquennat *(n.m.)*
régime *(n.m.)*
scrutateur *(n.m.)*
scrutin *(n.m.)*
sénateur *(n.m.)*
suffrage *(n.m.)*
urne *(n.f.)*

12 LE CITOYEN, LES INSTITUTIONS ET LA POLITIQUE

POUR EN SAVOIR PLUS

Peut-on avoir plusieurs nationalités ? Oui. En France un étranger devenu français peut garder la nationalité de son pays d'origine ou dans certains cas, les deux nationalités de ses parents si elles sont différentes : ainsi il peut être bi ou tri national. Peut-on ne pas avoir de nationalité ? C'est possible et cela concerne les personnes auxquelles aucun pays n'accorde sa nationalité.

LA NATION, LA NATIONALITÉ ET L'IDENTITÉ

Ce qui crée l'idée de la nation, c'est la volonté de vivre ensemble et d'être gouverné par le même État, même si le peuple qui constitue la nation est composé d'individus qui n'ont pas forcément la même langue, la même culture et n'ont pas d'ancêtres communs. Les Tahitiens, les Bretons, les Basques et les Alsaciens n'ont pas la même histoire, mais appartiennent à une même nation. La nation française rassemble des peuples qui se sont mélangés à la suite de guerres de conquête ou de vagues d'immigration.

Ces peuples vivent ensemble sous les mêmes lois, sous le même gouvernement et sur un territoire qui s'appelle la France.

LA NATIONALITÉ

Le droit de la nationalité française s'est construit au fil des siècles parallèlement à la construction de la nation française. Il s'est transformé en fonction des intérêts démographiques, économiques et politiques de la France.

Avant la Révolution, le terme de nation désignait simplement un groupe d'hommes ayant une origine géographique ou linguistique commune. Après la Révolution, le territoire, qui était une juxtaposition de provinces, est considéré comme un espace indivisible. Une première frontière entre Français et étrangers se dessine et fait émerger la notion de nationalité. La qualité de français est définie par le code civil de 1804, appelé « Code Napoléon ». Depuis, les règles d'attribution de la nationalité ont évolué. On peut naître Français ou le devenir. Une personne est française si un de ses parents au moins est français, c'est le droit du sang, ou si elle est née en France ainsi qu'un de ses parents, c'est le droit du sol.

La tête de Maure représente la région Corse. C'est le seul emblème de région en France métropolitaine où figure une représentation humaine.

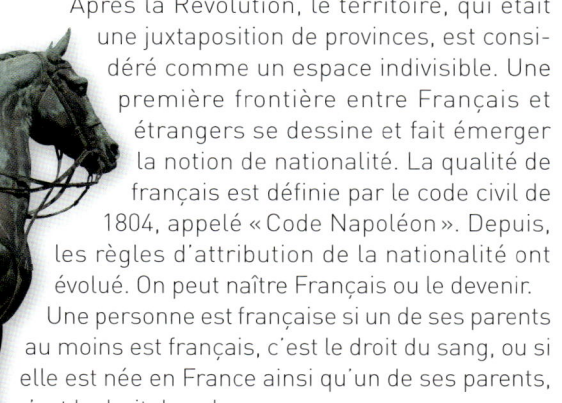

Statue équestre en bronze de Napoléon.

Édifié entre 1722 et 1728 le Palais Bourbon, siège de l'Assemblée nationale, conserve encore aujourd'hui de nombreuses traces de son siècle d'origine.

Il est possible de devenir français après la naissance. En effet, à partir de l'âge de 13 ans, un enfant né en France de parents étrangers peut devenir français avec l'accord de ces derniers. Il peut faire une demande lui-même par anticipation à l'âge de 16 ans ou attendre sa majorité à 18 ans. Être marié depuis plus de 4 ans à un Français ou à une Française permet de devenir Français si un certain nombre de conditions sont réunies (communauté de vie avec le conjoint, niveau de compréhension et expression orales de la langue française suffisant pour faire face aux situations de la vie courante...). Enfin si on vit légalement en France depuis au moins 5 ans, on peut demander à être naturalisé, mais la naturalisation n'est pas automatique, l'État peut refuser. Environ 70 % des demandes sont satisfaites à la suite d'une enquête et d'un entretien où on s'assure que le candidat est intégré, qu'il respecte les lois et qu'il parle le français.

L'IDENTITÉ

En France, le service d'état civil enregistre un nouveau-né dans les trois jours qui suivent sa naissance. Ce service se trouve dans toutes les communes et dans les consulats quand le bébé naît à l'étranger. L'état civil comprend le nom, le prénom de l'enfant, l'identité des parents, le lieu, la date et l'heure de sa naissance. Ces informations sont consignées dans les registres d'état civil. Ainsi chaque personne qui devra prouver son identité pourra obtenir de ces services, gratuitement et sur simple demande, un extrait d'acte de naissance.

LE SAVIEZ-VOUS ?

La nationalité française peut-être retirée à des personnes qui ont commis des crimes ou des délits comme le terrorisme ou l'espionnage. Pour éviter de faire des apatrides, la loi ne s'applique qu'aux binationaux naturalisés depuis moins de 10 ans ou 15 ans selon les cas. La carte nationale d'identité est délivrée gratuitement à toute personne qui en fait la demande, sans condition d'âge. Elle est valable dix ans.

12 LE CITOYEN, LES INSTITUTIONS ET LA POLITIQUE

POUR EN SAVOIR PLUS

Comme dans la grande majorité des pays européens, en France, on vote le dimanche, car la plupart des personnes qui travaillent sont libres ce jour-là.

Le numéro de sécurité sociale
Chaque citoyen, dès l'âge de 16 ans, reçoit automatiquement une carte de couleur verte appelée « carte vitale » sur laquelle figure un numéro de sécurité sociale. Ce numéro identifie une personne et indique ses droits à la sécurité sociale.

Le livret de famille
Il est édité lorsqu'un couple se marie. Il est également délivré aux parents non mariés, aux pères et aux mères célibataires à l'occasion de la naissance ou de l'adoption d'un premier enfant.

LA CITOYENNETÉ

LES DROITS ET DEVOIRS DU CITOYEN
La citoyenneté s'exerce à travers des droits et des devoirs identiques pour tous. Ils sont précisés dans la constitution et définis par la loi. En voici quelques exemples :

Le droit de vote
Le droit de vote est un élément clé de la citoyenneté. Pour être citoyen, il faut être de nationalité française et être majeur, c'est-à-dire avoir plus de 18 ans. C'est à ces deux conditions que les femmes et les hommes peuvent voter pour élire leurs représentants ou être candidat à une élection. Il faut être âgé d'au moins 18 ans pour se présenter aux élections présidentielles ou législatives, et d'au moins 24 ans pour se présenter aux élections sénatoriales. Dix-huit ans est l'âge auquel on acquiert des droits civils et politiques.
En France, le vote n'est pas obligatoire et l'inscription sur les listes électorales à la majorité n'est pas automatique. Si on veut voter, il faut faire la démarche de s'inscrire sur les listes électorales. Les étrangers, citoyens de l'Union européenne qui résident en France peuvent voter aux élections municipales et européennes.

 23 « Voter ou s'abstenir ? »* → page 171

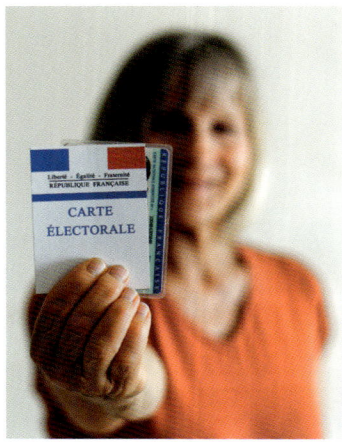

La carte électorale (« carte d'électeur ») est un document prouvant l'inscription sur la liste électorale de la commune.

POUR EN SAVOIR PLUS

Le terme « sans-papiers » désigne toute personne étrangère vivant en France sans titre de séjour.

Les bureaux de vote ouvrent à 8 heures et ferment à 18 heures, mais cet horaire peut être repoussé jusqu'à 20 heures dans les grandes villes.

Le droit au travail
Il s'agit, pour les pouvoirs publics, de mettre en œuvre une politique permettant à chacun d'obtenir un emploi. Ce droit au travail existe donc bien, mais les difficultés économiques qui pèsent sur l'emploi en France depuis les années 1970 ont rendu ce droit peu effectif.

Le droit au logement
En France, le droit au logement est un droit constitutionnel. Une loi de 1990 dit clairement que garantir le droit au logement (voir chapitre 8 sur l'habitat) constitue un devoir de solidarité pour l'ensemble de la nation.

Le droit à l'éducation
Avant la Révolution, l'enseignement était assuré par le clergé et ne concernait qu'une minorité aisée. Les lois de Jules Ferry de 1881 et 1882 initient la mise en place d'un enseignement laïc (voir chapitre 9 sur l'enseignement).

Le droit à la protection de la vie privée
Cette protection contre toute intervention arbitraire revêt plusieurs aspects :
- La protection du domicile : par exemple, la police ne peut y pénétrer que dans certains cas fixés par la loi.
- Le secret professionnel et médical : un médecin ne peut révéler les éléments du dossier médical d'une personne sans son consentement.
- La protection de l'intimité : des éléments concernant les relations amoureuses ou les préférences sexuelles d'une personne ne peuvent être révélés.

Le droit à la liberté d'opinion
La liberté d'opinion signifie que toute personne est libre de penser ce qu'elle veut, d'affirmer des opinions contraires à celles de la majorité, de les exprimer. La Déclaration des droits de l'homme et du citoyen précise d'ailleurs que cette liberté d'opinion s'étend à la liberté religieuse, chacun étant libre d'adopter la religion de son choix ou de n'en adopter aucune.

Le droit à la protection sociale
Chaque membre de la collectivité nationale a droit à la garantie d'un minimum vital, indépendamment de l'exercice ou non d'une activité professionnelle. La couverture du risque vieillesse est quasi universelle depuis la création du minimum vieillesse (1956) garantissant à chacun une retraite minimale. La couverture du risque maladie est devenue universelle par la mise en place de l'assurance personnelle en matière de maladie (1978) et surtout de la couverture maladie universelle (27 juillet 1999), permettant à chacun d'accéder à un minimum de soins.

Le droit à la liberté de circulation
Les déplacements des citoyens sur le territoire national ne font en principe l'objet d'aucun contrôle, et la circulation y est parfaitement libre. Il faut toutefois rappeler que, jusque dans les années 1980, une personne prenant une chambre dans un hôtel devait remplir une fiche mentionnant son état civil, destinée à être remise aux autorités de police.

> **LE SAVIEZ-VOUS ?**
>
> Le suffrage est l'acte de voter. Le droit de vote pour tous les citoyens majeurs s'appelle le suffrage universel, il date de 1848. Les femmes ont obtenu le droit de vote en 1944 et les militaires en 1945. Dès 1906, les femmes à travers des mouvements féministes ont manifesté pour revendiquer ce droit, on les appelait des suffragettes.

La liberté de circulation sans contrôle dans l'espace Schengen a pour contrepartie une harmonisation de la surveillance aux frontières extérieures, une politique commune des visas de court séjour et une coopération policière et judiciaire.

12 LE CITOYEN, LES INSTITUTIONS ET LA POLITIQUE

Depuis l'entrée en vigueur de la Convention de Schengen en 1990, cette liberté de circulation s'est élargie progressivement à 22 États de l'Union européenne ainsi qu'à la Norvège, l'Islande, la Suisse et le Liechtenstein.

Des restrictions à la liberté de circuler ont persisté jusqu'en 2017. Ainsi, les gens du voyage, en raison de leur mode de vie non sédentaire, ont longtemps fait l'objet d'une réglementation spécifique. Ils devaient faire établir un livret de circulation par le préfet.

Agir en citoyen

Pour jouir de ses droits, il faut assumer ses devoirs. Il faut se comporter civilement, adopter une attitude de respect à l'égard des autres citoyens, des bâtiments, de l'espace public et de l'environnement et s'acquitter de l'impôt. Tout citoyen est soumis à l'impôt en fonction de ses revenus. Certains citoyens à faibles revenus ne sont pas imposables. S'acquitter de l'impôt est un devoir et l'évasion fiscale est un délit puni par la loi.

La Constitution

C'est un texte qui définit l'organisation du pouvoir dans le pays. La Constitution fixe la séparation des pouvoirs. Elle rappelle qu'elle est fidèle à la Déclaration des droits de l'homme et du citoyen et proclame que la France est une République indivisible, laïque, démocratique et sociale. Cela signifie que les lois sont appliquées de la même façon sur tout le territoire et que l'État est séparé des religions.

Le Conseil constitutionnel donne son avis sur les lois et les traités et veille au respect de la Constitution.

POUR EN SAVOIR PLUS

La Déclaration des droits de l'homme et du citoyen a été rédigée par les révolutionnaires français le 26 août 1789. Pour la première fois, des droits et des libertés étaient reconnus. Ce texte, qui fait toujours partie de la Constitution française, a été adopté par l'ONU en 1948. Cette déclaration comporte notamment la phrase suivante : « Les hommes naissent libres et égaux en droit ».

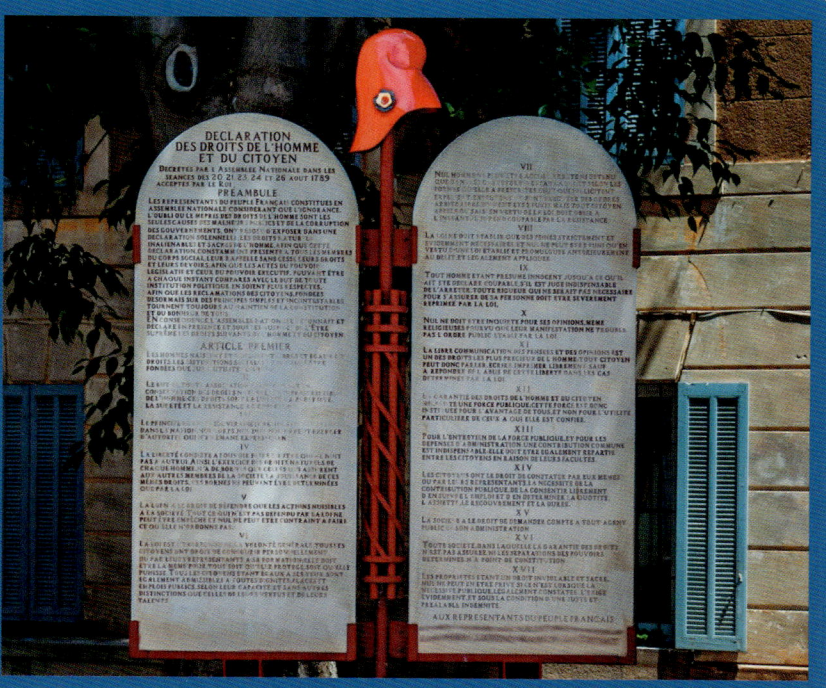

LE RÉGIME POLITIQUE

C'est l'organisation des différents pouvoirs au sein d'un pays. On distingue trois pouvoirs :
- Le pouvoir législatif appartient au parlement. Il vote les lois.
- Le pouvoir exécutif appartient au président de la République et au gouvernement. Il met en œuvre les lois votées par le parlement et conduit la politique nationale. Il dispose de l'administration et de la force armée.
- Le pouvoir judiciaire contrôle l'application des lois. Son indépendance est primordiale, puisqu'elle est la condition de son impartialité.

Cet emblème figure sur les passeports ou sur certains objets promotionnels vendus par la boutique de l'Élysée.

Le pouvoir législatif

Le Parlement rassemble des élus qui représentent les citoyens, légifèrent (c'est-à-dire qui votent les lois) et contrôlent le Gouvernement. En France, il existe deux assemblées de représentants élus qui siègent à Paris : l'Assemblée nationale et le Sénat. Ensemble, elles forment le Parlement français.

Les 577 députés de l'Assemblée nationale sont élus pour 5 ans au suffrage universel direct (c'est-à-dire par tous les électeurs). Ils siègent au Palais Bourbon.

Les 348 sénateurs sont élus pour 6 ans au suffrage universel indirect (c'est-à-dire par les grands électeurs comme les conseillers municipaux, régionaux ou départementaux). Ils sont renouvelés par moitié tous les 3 ans.

Le pouvoir exécutif

Désigné par le mot « gouvernement », il exécute ce qu'a décidé le pouvoir législatif.

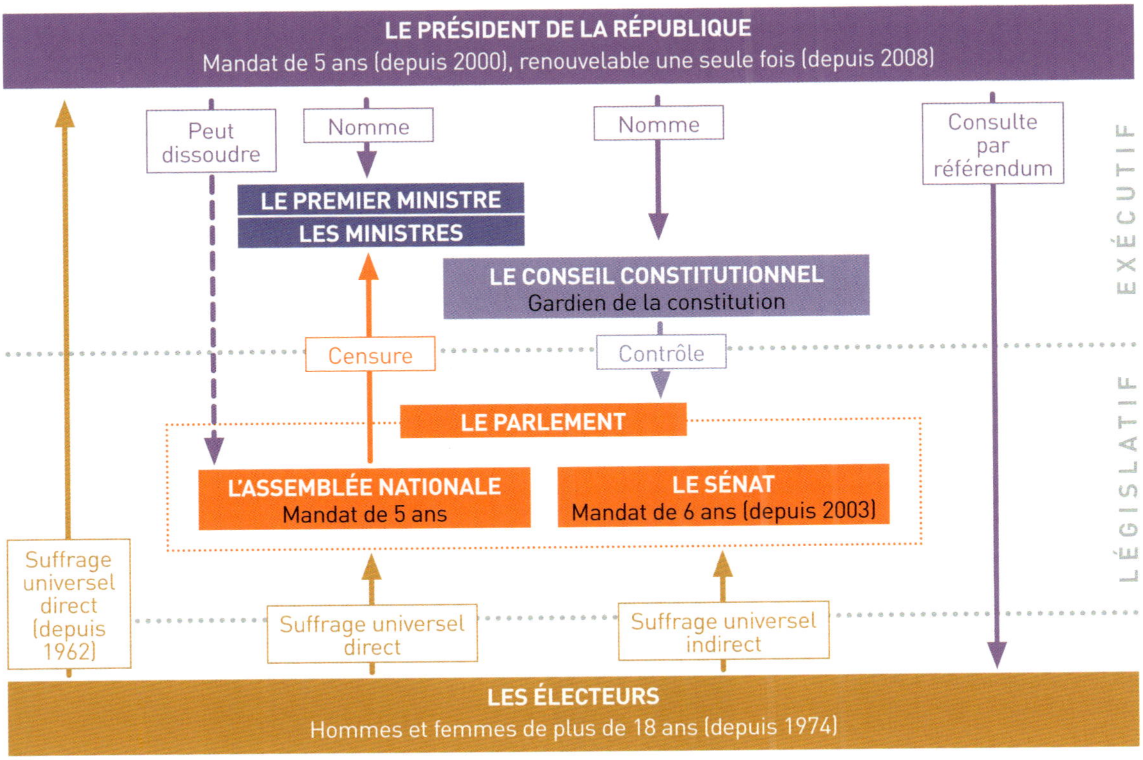

LE PRÉSIDENT DE LA RÉPUBLIQUE
Mandat de 5 ans (depuis 2000), renouvelable une seule fois (depuis 2008)

- Peut dissoudre
- Nomme → **LE PREMIER MINISTRE / LES MINISTRES**
- Nomme → **LE CONSEIL CONSTITUTIONNEL** — Gardien de la constitution
- Consulte par référendum
- Censure
- Contrôle

LE PARLEMENT
- **L'ASSEMBLÉE NATIONALE** — Mandat de 5 ans
- **LE SÉNAT** — Mandat de 6 ans (depuis 2003)

Suffrage universel direct (depuis 1962)
Suffrage universel direct
Suffrage universel indirect

LES ÉLECTEURS
Hommes et femmes de plus de 18 ans (depuis 1974)

EXÉCUTIF / LÉGISLATIF

12 LE CITOYEN, LES INSTITUTIONS ET LA POLITIQUE

> **POUR EN SAVOIR PLUS**
>
> L'hôtel de Matignon, situé dans le septième arrondissement de Paris est la résidence officielle et le lieu de travail du chef du gouvernement français. Dans le langage courant et dans celui des media, « Matignon » désigne, par métonymie, le Premier ministre ou ses services. Selon le même principe, « l'Élysée » désigne le Président de la République ou ses services, « l'hémicycle », l'Assemblée nationale, « Bercy », le ministère des Finances, « le palais du Luxembourg », le Sénat et « la place Beauvau », le ministère de l'Intérieur.

Le président de la République

Le président de la République française, qui est le chef de l'État, a un rôle majeur. Il est le chef des armées et conduit la politique extérieure. Il nomme les ministres et met fin à leurs fonctions sur proposition du Premier ministre. Il concentre au sein de sa fonction beaucoup de pouvoirs, trop pour certains, à tel point qu'on le désigne parfois par les termes de « monarque républicain ». Le président travaille au palais de l'Élysée et peut y habiter s'il le souhaite. Il dirige chaque mercredi le conseil des ministres. La durée de son mandat est de 5 ans. Il n'est pas possible de se présenter à plus de deux mandats consécutifs. Cette durée de 5 ans est désignée par le terme de quinquennat.

Les ministres

Le Premier ministre, nommé par le président, s'entoure de plusieurs ministres, chargés des différents domaines de la vie publique. Le nombre des ministres varie selon les gouvernements.

Le pouvoir judiciaire

Il applique les lois pour trancher les conflits entre les particuliers ou entre l'État et ces derniers. Son indépendance est primordiale puisqu'elle est la condition de son impartialité. Cette séparation constitue le fondement d'un État de droit.

C'est la magistrature (l'ensemble des magistrats) qui représente l'autorité judiciaire.

LES POUVOIRS DU PRÉSIDENT DE LA RÉPUBLIQUE

Pouvoirs généraux
- Il veille au respect de la Constitution et au bon fonctionnement des pouvoirs publics. Il peut saisir le Conseil constitutionnel.
- Il peut soumettre à référendum certains projets de loi.
- Il est le chef des armées.

Pouvoirs exceptionnels
Il peut décider d'exercer seul tous les pouvoirs en cas de menace sur l'indépendance du territoire ou sur les institutions.

Sur le gouvernement
- Il nomme le Premier ministre et met fin à ses fonctions en cas de démission du gouvernement.
- Il nomme les hauts fonctionnaires.
- Il préside le Conseil des ministres.

Sur le pouvoir judiciaire
- Il est le garant de l'indépendance de la Justice.
- Il a le droit de grâce sur les détenus.

Sur le Parlement
- Il promulgue les lois votées par le Parlement.
- Il peut dissoudre l'Assemblée nationale.

Le Palais du Luxembourg, construit au début du XVIIᵉ siècle, est aujourd'hui le siège du Sénat depuis 1799.

LES ÉLECTIONS ET LE VOTE

Le suffrage universel direct concerne entre autres les élections présidentielles (élection du président), législatives (élection des députés), municipales (élection des maires) et européennes (élection des députés au parlement européen).

Le suffrage indirect concerne les élections sénatoriales.

Tout citoyen inscrit sur les listes électorales reçoit une carte d'électeur. Il est possible de voter par procuration. La procuration permet à un électeur de se faire représenter, au bureau de vote, le jour du scrutin par un autre électeur de son choix.

On ne peut pas voter par Internet en France. Ce n'est possible que pour certaines élections et pour des citoyens français installés à l'étranger et inscrits sur la liste électorale du consulat.

L'abstention désigne le fait de ne pas participer à l'élection.

24 « La fonction de maire »** → page 172

Les conditions du vote

En France, les bureaux de vote sont le plus souvent aménagés à l'intérieur des hôtels de ville, des mairies de quartier et des écoles. Ils doivent être accessibles aux personnes handicapées.

Ils comportent un ou plusieurs isoloirs fermés par un rideau court, qui préservent le secret du vote, et des urnes transparentes fermées par deux serrures. Le dépouillement est opéré en public par 4 personnes au minimum par table. L'électeur glisse son bulletin de vote dans une enveloppe. Le vote nul correspond à un bulletin raturé, déchiré ou surchargé, le vote blanc correspond à une enveloppe vide ou à un bulletin sans nom.

Une fois le bureau de vote fermé, c'est le moment du dépouillement, c'est-à-dire du comptage des bulletins de vote. Le code électoral rend obligatoire le comptage en public. Cette opération est réalisée par des scrutateurs désignés par le bureau de vote parmi des électeurs présents et volontaires.

❓ LE SAVIEZ-VOUS ?

Il n'est pas nécessaire de demander une autorisation pour manifester, mais les manifestations sont réglementées, de façon à prévenir les troubles de l'ordre public. Depuis le décret-loi du 23 octobre 1935, il existe une obligation de déclaration préalable : trois organisateurs de la manifestation doivent, au minimum trois jours avant l'événement, déposer une déclaration à la mairie ou à la préfecture indiquant leur nom et domicile, le jour, l'heure et l'itinéraire de la manifestation.
Faire grève est un droit sauf pour les militaires et pour certaines catégories de personnels (policiers, magistrats…).

💡 POUR EN SAVOIR PLUS

Le terme « scrutin » est synonyme du mot « élection » ; il désigne aussi l'ensemble des opérations qui se déroulent le jour du vote et les modes de calcul destinés à départager les candidats.

12 LE CITOYEN, LES INSTITUTIONS ET LA POLITIQUE

Pendant la durée de la campagne électorale, chaque commune doit proposer des emplacements réservés pour apposer les affiches de chaque candidat.

LES PARTIS POLITIQUES

La vie politique française est animée par de très nombreux partis. Il y en a plus de 400, mais seuls quelques-uns sont représentés au parlement.

La majorité et l'opposition

On appelle « majorité » les groupements politiques qui, ensemble, ont un nombre de députés qui atteint la majorité absolue à l'Assemblée. Les partis de la majorité soutiennent le gouvernement.

On appelle « partis de l'opposition » l'ensemble des partis qui n'ont pas la majorité et qui s'opposent à la politique du gouvernement en place.

La gauche et la droite

L'origine des expressions droite et gauche remonte à la révolution. Les partisans de la monarchie se sont regroupés à la droite du président de l'assemblée et rassemblaient les défenseurs de l'ordre et de la tradition. Gauche et droite sont des sensibilités politiques, elles représentent des tendances partagées par un même groupe, des ensembles de préoccupations qui dépendent du sujet considéré : traditionnellement, la droite repose sur des valeurs bien précises comme le mérite, l'ordre, le travail, la sécurité et la famille. La droite est donc en général attachée aux traditions, rejette les réformes abruptes et est favorable au libéralisme économique.

Sont considérées comme étant caractéristiques de la gauche : l'égalité, la solidarité, la tolérance, le changement, l'insoumission. La gauche met en avant certaines valeurs comme la liberté contre l'arbitraire des pouvoirs et pour la sécurité des personnes, l'égalité contre les privilèges de la naissance et de la richesse.

> **POUR EN SAVOIR PLUS**
>
> Dans les années 1990, il est apparu nécessaire de faire évoluer la loi afin de permettre une meilleure représentation des femmes en politique. Ainsi une réforme constitutionnelle est adoptée permettant l'établissement de quotas en faveur des femmes. Elles étaient 6 % à l'Assemblée nationale en 1990 et, une trentaine d'années plus tard, elles sont à peine 40 %. Les contraintes légales et les pénalités financières n'ont pas permis d'amélioration notoire.

Extrême gauche	Gauche radicale	Centre gauche / Gauche
• Nouveau parti anticapitaliste (NPA) • Lutte ouvrière (LO)	• La France insoumise (FI) • Front de gauche (FG)	• Parti socialiste (PS) • Europe Écologie Les Verts (EELV)

Centre	Centre droit / Droite	Extrême droite
• La République en marche (LREM) • Mouvement démocratique (MoDem)	• Les Républicains (LR) • Debout la France (DLF) • Agir, la droite constructive (ALDC) • Union des démocrates et indépendants (UDI) • Chasse, pêche, nature et traditions (CPNT)	• Rassemblement national (RN), • Les Patriotes (LP)

De gauche à droite, voici le positionnement relatif et fluctuant de quelques partis politiques représentatifs de certaines tendances.
La droite et la gauche ont des valeurs communes comme la liberté, la justice, l'idée de la nation, la tolérance et le respect des institutions.

À VOTRE TOUR !

REPÈRES CULTURELS

1944 : date à laquelle les femmes ont obtenu le droit de vote.

Commissariat (n.m.) : Locaux où se trouvent les services d'un commissaire de police et où il est possible de faire établir une procuration pour des élections.

REPÈRES LEXICAUX

démarche (n.f.) : manière d'agir, comportement.

dépouillement (n.m.) : Ensemble d'opérations dont l'objet est de compter.

isoloir (n.m.) : petite cabine qui permet à l'électeur de mettre son bulletin de vote dans l'enveloppe à l'abri des regards.

procuration (n.f.) : pouvoir qu'une personne donne à une autre pour agir en son nom.

scrutin (n.m.) : ensemble des opérations qui constituent un vote ou une élection.

urne (n.f.) : boîte dans laquelle sont déposés les bulletins de vote.

COMPRÉHENSION ORALE *

🎧 23
VOTER OU S'ABSTENIR ?

Répondez aux questions suivantes.

❶ Pourquoi Jean-Jacques a-t-il l'air en forme ?

....
....

❷ Pour voter pendant ses vacances, qu'aurait dû faire Jean-Jacques, et où ?

....
....

❸ Jean-Jacques explique le niveau élevé d'abstention par le fait que :
a. Les électeurs n'aiment pas les programmes des candidats.   V◯ F◯
b. Le vote blanc n'est pas comptabilisé.   V◯ F◯
c. Les lieux de vote sont éloignés des centres-villes.   V◯ F◯
d. Une partie de la classe politique est corrompue.   V◯ F◯
e. Le jour du vote est mal choisi.   V◯ F◯

❹ À propos du comportement de Jean-Jacques, Marianne est :
◯ a. Amusée
◯ b. Scandalisée
◯ c. Furieuse

❺ Marianne...
a. pense que le vote devrait être obligatoire   V◯ F◯
b. a déjà manqué un scrutin   V◯ F◯
c. n'a jamais participé à l'ouverture et au comptage des bulletins   V◯ F◯
d. dit que le nombre de personnes qui ne votent pas augmente   V◯ F◯
e. pense que le droit de vote a été difficile à obtenir   V◯ F◯

❻ Pour Marianne, quels sont les éléments qui montrent l'augmentation du taux d'abstention ?

....
....

❼ À propos de quoi Marianne et Jean Jacques sont-ils d'accord ?

....
....

À VOTRE TOUR !

REPÈRES CULTURELS

Haut fonctionnaire *(n.m.)* : fonctionnaire qui occupe un emploi supérieur et qui est nommé par le gouvernement.

Préfet *(n.m.)* : représentant de l'État dans le département.

REPÈRES LEXICAUX

accroissement *(n.m.)* : augmentation.

adjoint *(n.m.)* : personne associée à une autre pour l'aider dans son travail.

endiguer *(v.)* : empêcher, limiter la progression d'un phénomène.

indemnité *(n.f.)* : somme d'argent forfaitaire destinée à couvrir des dépenses ou à rémunérer une fonction.

tâche *(n.f.)* : travail à faire dans un temps déterminé et sous certaines conditions.

COMPRÉHENSION ORALE **

24
LA FONCTION DE MAIRE

Vous allez entendre un document précisant le rôle du maire. Écoutez et répondez aux questions.

❶ Les élections municipales ont lieu
○ **a.** Tous les ans   ○ **b.** Tous les 5 ans   ○ **c.** Tous les 6 ans

❷ Qui vote aux élections municipales ?
○ **a.** Certains citoyens   ○ **b.** Tous les citoyens   ○ **c.** Les parlementaires

❸ Qui élit le maire ?
○ **a.** Les conseillers municipaux
○ **b.** Tous les habitants de la commune
○ **c.** Des représentants des habitants

❹ À quel rythme le conseil municipal doit-il se réunir ?
○ **a.** Tous les mois   ○ **b.** Tous les 3 mois   ○ **c.** Il n'y a pas de règle

❺ Combien de fois le mandat d'un maire est-il renouvelable ?
....

❻ Citez les deux conditions qui permettent à un étranger de voter aux élections municipales.
....

❼ De quelle autorité le maire dépend-il ?
....

❽ Parmi les fonctions suivantes, quelles sont celles qui sont assurées par le maire ? Dites si les énoncés sont vrais (V) ou faux (F) ou si le document ne permet pas de le savoir (?).
a. l'enregistrement des divorces   V○ F○ ?○
b. L'enregistrement des mariages   V○ F○ ?○
c. L'enregistrement des naissances   V○ F○ ?○
d. La collecte des ordures ménagères   V○ F○ ?○
e. La collecte des impôts.   V○ F○ ?○

❾ Quel est le statut d'un préfet ?
....

❿ Le maire reçoit de l'argent pour sa fonction. De quoi dépend le montant de ses indemnités ?
....

⓫ Est-il possible d'avoir une activité professionnelle quand on est maire ? ....

⓬ Citez 3 raisons qui font que la fonction de maire est de moins en moins attractive.
....

À VOTRE TOUR !

COMPRÉHENSION ÉCRITE

QUIZ

Répondez aux questions suivantes.

❶ Quand devient-on un citoyen ?
○ **a.** À la naissance   ○ **b.** À la majorité   ○ **c.** À l'âge de 16 ans

❷ En quelle année les femmes ont-elles obtenu le droit de vote ?
○ **a.** 1918   ○ **b.** 1936   ○ **c.** 1944

❸ À quelles élections les citoyens européens résidant en France peuvent-ils voter ?
○ **a.** Aux élections européennes seulement
○ **b.** Aux élections municipales seulement
○ **c.** Aux élections européennes et municipales

❹ Doit-on demander une autorisation pour manifester ?
○ Oui   ○ Non

❺ Les militaires ont-ils le droit de faire grève ?
○ Oui   ○ Non

❻ Combien de mandats le président de la République peut-il exercer ?
○ **a.** Un nombre illimité   ○ **b.** 2 mandats   ○ **c.** 3 mandats

❼ De quel pouvoir le président de la République dispose-t-il ?
○ **a.** Le pouvoir judiciaire
○ **b.** Le pouvoir législatif
○ **c.** Le pouvoir exécutif

❽ Qu'est-ce que la laïcité ?
○ **a.** Le contrôle des religions par l'État
○ **b.** La neutralité de l'État en matière de religion
○ **c.** Une forme d'athéisme

❾ En France, la laïcité est :
○ **a.** Un principe constitutionnel
○ **b.** Une tradition
○ **c.** Une idéologie

❿ Au début du XXe siècle, qui désignait-on par le terme de suffragette ?
....

⓫ Dans les bureaux de vote, quel est le nom de la cabine qui garantit le secret du vote ?
....

⓬ Le résultat d'un vote s'exprime en :
○ **a.** Voix   ○ **b.** Scrutins   ○ **c.** Bulletins

PRODUCTION ORALE

Ça se discute !

- Pour résoudre la « crise des vocations » qui frappe la fonction de maire, pensez-vous qu'une rémunération élevée pour cette fonction serait une solution ?

- D'après vous, quelles sont les qualités qui font un bon maire ?

- Vous avez déjà assisté à des épisodes d'une campagne électorale dans votre pays, à l'étranger, en direct, à la télévision, sur Internet. Quelles critiques pourriez-vous formuler ?

PRODUCTION ÉCRITE

À vos stylos !

Vous êtes député et vous voulez faire une proposition de loi à l'Assemblée nationale. Dans quel domaine voudriez-vous intervenir ? Formulez votre proposition et développez vos arguments.

TRANSCRIPTIONS & CORRIGÉS

TRANSCRIPTIONS

1 • LA FRANCE

MÉDITERRANÉENNE D'ORIGINE ET DE CŒUR

– Bonjour ! En vous entendant parler, j'ai constaté que vous aviez un petit accent.

– J'ai l'accent du midi, je viens de Nice, je suis niçoise d'adoption ; d'adoption parce qu'en fait, je suis Corse, je suis née à Ajaccio et j'ai grandi là-bas jusqu'à l'âge de 17 ans.

– L'ambiance de la Côte d'Azur ne vous manque pas trop ?

– Ici, à Grenoble, je dois dire que je me suis bien habituée à la vie ici, dans le Dauphiné, les gens sont très agréables, mais il me manque le climat et l'ambiance méditerranéenne, les couleurs, la cuisine.

– La couleur des maisons à Nice c'est, c'est ça ?

– Nice est une ville très jolie, très pittoresque qui a été marquée par l'influence italienne qu'on peut remarquer en visitant notamment la vieille ville avec ses maisons ocre, jaunes avec des volets verts, un petit peu comme si vous alliez en Italie.

– Et la montagne, vous l'avez aussi à Nice, finalement.

– La montagne, nous l'avons dans l'arrière-pays niçois qui est très proche, à une heure et demie, nous pouvons... non seulement nous traversons l'arrière-pays niçois, mais nous allons aussi dans les stations de ski l'hiver, donc la montagne n'est pas très loin mais elle n'est quand même pas aussi proche qu'à Grenoble.

– Et... on parle de Grenoble comme une ville chère, c'est le cas aussi à Nice, hein, j'imagine...

– Grenoble est une ville chère. J'ai cru entendre que Grenoble pour l'immobilier avait beaucoup augmenté ses prix. À Nice c'est le double hein, Nice c'est la deuxième ville après Paris pour l'immobilier.

– Et pour ce qui est de la population, comment vous voyez ça ?

– Ah ! Les gens ne sont pas tellement différents, apparemment ils sont un petit peu plus extravagants à Nice au départ mais je dirais plutôt que la composition de la population est différente puisqu'à Grenoble, il y a une population de chercheurs, de cadres. Il y a beaucoup de jeunes, d'universitaires, alors qu'à Nice, même si c'est une ville qui monte, une technopole avec l'université de Sophia Antipolis qui est très importante, il y a quand même beaucoup de retraités et il y a un tourisme différent, c'est un tourisme du littoral.

– Donc vous m'avez dit que vous étiez Corse. Est-ce que vous souhaiteriez retourner vivre et travailler en Corse si vous en aviez la possibilité ?

– Alors, je souhaiterais retourner certes, au bord de la Méditerranée parce que comme je vous l'ai dit, il y a des choses qui me manquent, la cuisine à l'huile d'olive, les produits de la mer, mais en Corse pas du tout, parce qu'il y a une mentalité très particulière, une mentalité d'insularité, les gens sont assez méfiants vis-à-vis des touristes.

– Bon, et tout ce qu'on dit à propos des Corses qui entache un peu la réputation de l'île ?

– Il n'y a quand même pas trois cent mille autonomistes ; c'est vrai qu'il y a une petite minorité qui alimente les clichés avec leurs coups de feu, leurs explosions mais la Corse ne peut absolument pas être réduite à cela.

– La méfiance vis-à-vis des touristes n'est pas le fait de toute la population ?

– Non, ça vaut le coup d'aller en Corse.

PETITE HISTOIRE DE LA LANGUE FRANÇAISE

Le français porte mal son nom, en effet ce mot vient du nom d'un peuple germain, les Francs, or cette langue n'est pas germanique, elle est romane, c'est-à-dire d'origine latine. Ce n'est que plus tard qu'elle subira l'influence des Francs.

La France n'a pas toujours eu les mêmes frontières et le français n'a pas toujours existé.

Les Celtes (autrement dit les Gaulois) sont arrivés, entre 500 et 700 avant J.-C. sur un territoire qui allait devenir la Gaule et qui était occupé par des peuples parlant différentes langues. La langue des Gaulois va se mêler aux parlers locaux et les influencer. Les Gaulois écrivaient peu, on connaît donc mal cette langue, on peut simplement dire que c'est un proche parent de la langue vivante qu'est l'actuel breton.

Jules César a conquis la Gaule au cours du premier siècle avant J.-C. et l'occupation romaine, qui a duré plus de 500 ans, a apporté une nouvelle langue et une nouvelle civilisation. Le latin s'est peu à peu substitué à la langue gauloise. Plus tard, parmi les envahisseurs germaniques, ce sont les Francs, venus dès le IIIe siècle de régions allant du Rhin à la mer du Nord, qui ont eu une influence dominante pour ce qui allait devenir le français.

Un nouveau mélange linguistique s'est effectué, les langues parlées se sont peu à peu écartées du latin et ont subi les influences germaniques. Le latin reste cependant la langue des actes juridiques, de l'université et de l'église.

Dès le IXe siècle, apparaît une langue commune nécessaire aux échanges, le francien. Le francien c'est le dialecte de l'Île-de-France et du roi car Paris, grâce à ses voies d'eau, est un lieu de rencontres. La langue du roi devient une langue de prestige en usage dans les affaires mais c'est aussi une langue littéraire, utilisée pour la rédaction de poèmes ou l'adaptation, en vers ou en prose, de textes bibliques.

À la fin du Moyen Âge, c'est-à-dire vers 1500, la France est, comme tous les autres pays d'Europe, un pays où coexistent une multitude de dialectes qui varient considérablement d'une région à une autre. On distingue les langues d'*oïl*, au Nord, et les langues d'*oc*, au Sud, appelées ainsi parce que *oïl* et *oc* étaient deux manières différentes de dire oui, dans ces parlers.

Au XVIe siècle, le français s'officialise et en 1539, le roi François 1er impose la pratique du français à la place du latin dans tous les actes juridiques et administratifs.

Déjà parlé en Angleterre au Moyen Âge, le français s'impose peu à peu comme langue de la diplomatie et de l'aristocratie européenne.

En 1635, Richelieu fonde l'Académie française qui, depuis cette date, fixe la langue, codifie l'orthographe et rédige un dictionnaire.

En 1881 et 1882, les lois qui rendent l'enseignement primaire obligatoire jouent un rôle capital dans l'uniformisation de la langue et font disparaître, peu à peu, bon nombre de parlers locaux.

En mai 2008, l'Assemblée nationale, considérant que les langues régionales appartiennent au patrimoine de la nation, a inscrit la reconnaissance de ces langues dans la constitution.

2 • LE CALENDRIER

PETITE HISTOIRE DU CALENDRIER

Du mot latin *calendae*, qui signifie premier jour de chaque mois chez les Romains, le calendrier était initialement lunaire.

Il ne comptait que dix mois nommés d'après leur ordre dans l'année. L'année commençait le 1er mars, mois très important dans la Rome antique, car il était associé au dieu de la guerre. Cette répartition a laissé des traces aujourd'hui : nos derniers mois de l'année s'appellent septembre, octobre, novembre et décembre ce qui signifie respectivement septième, huitième, neuvième et dixième mois alors qu'ils occupent les neuvième, dixième, onzième et douzième places.

En 46 avant J.-C., Jules César a réformé le calendrier qui a été revu sur les conseils d'un astronome grec. Il est devenu solaire et le début de l'année a été déplacé du premier mars au premier janvier.

L'année comportait 365 jours avec la création d'une année de 366 jours tous les quatre ans appelée année bissextile. Le jour supplémentaire a été ajouté logiquement au mois de février, dernier mois de l'année pour les Romains. Le calendrier dit julien

 TRANSCRIPTIONS

en référence à Jules César a été en usage dans le monde romain, puis dans le monde chrétien pendant plus de seize siècles.

Pourquoi le pape Grégoire XIII a-t-il changé le calendrier en 1582 ? À cause d'une erreur de calcul de l'astronome grec à l'origine de la mise en place du calendrier julien. Cette erreur avait créé un retard de 10 jours sur le rythme solaire. Le pape Grégoire, sur les conseils d'un mathématicien, décide donc pour rattraper ce retard de sauter dix jours et de passer directement du 5 au 15 octobre 1582.

La France a adopté ce nouveau calendrier deux mois plus tard, le temps que l'administration royale digère cette petite révolution.

Mais deux mois, ce n'est rien à côté des pays qui mettront parfois des siècles à changer. Le calendrier grégorien a été accepté plus ou moins tardivement dans les différents pays du monde, en fonction de leur religion dominante, les protestants et les orthodoxes ayant du mal à reconnaître le pouvoir de l'église catholique sur le temps. En Europe, l'Allemagne adopta le calendrier grégorien en 1699, le Danemark en 1700, l'Angleterre en 1752, la Grèce en 1916, et la Russie en 1918. Le Japon l'a adopté en 1873 et la Chine officiellement en 1912. Cependant, le calendrier japonais comme le calendrier chinois sont utilisés encore de nos jours pour la célébration des fêtes traditionnelles.

Peu après la révolution, en 1792, le calendrier grégorien a été remplacé par le calendrier républicain qui comptait 12 mois de 30 jours plus cinq jours supplémentaires consacrés à la célébration des fêtes républicaines. L'an 1 de la république commençait le 22 septembre 1792 et les noms des mois et des saisons faisaient références à des événements climatiques ou à des travaux agricoles.

La France n'avait plus le même système que le reste de l'Europe et le retour à l'ancien système est devenu nécessaire. Le premier janvier 1806, Napoléon signe le décret qui marque l'abandon du calendrier révolutionnaire et instaure le retour au calendrier grégorien.

Le calendrier grégorien garde les traces de son origine religieuse. L'usage d'une date de fête liée à chacun des prénoms remonte au XVIe et XVIIe siècle quand l'église catholique et romaine imposait de choisir des prénoms parmi une liste de ses saints.

Des dictons sont associés également aux saints du calendrier. Ils proviennent de l'observation de la nature, et du ciel. Pour la date du 8 juin, il est commun de dire s'il pleut à la Saint Médard, il pleut quarante jours plus tard.

 4

TIRER LES ROIS À L'ÉPIPHANIE

– Salut Lucie, je vais à la piscine demain à 17h, tu viens avec moi ?

– À 17h je peux pas, je vais tirer les rois avec mes collègues…

– Mais, on est le 15 janvier !

– Oh oui mais tu sais moi j'adore tirer les rois tout le mois de janvier. J'aime tellement cette tradition, je prends plaisir à me réunir avec mes collègues, on … on mange un petit bout de galette à la frangipane, Maurice apporte… ou le champagne ou du vin pétillant, c'est un très beau moment.

– Mais t'en a pas assez de voir tes collègues déjà toute la semaine franchement ?

– Ah non mais là c'est tellement convivial puis tu sais oh chacun fait… bah sa petite collection de fèves, tu ne fais pas une petite collection de fèves toi ?

– Ah non, mais non moi je n'aime pas trop les fèves c'est vrai…

– Ah si !

– Puis en plus quand t'as la fève, moi j'évite de l'avoir franchement, parce qu'une fois que tu l'as, faut que tu trouves la… faut que tu portes la couronne, tu te mets la couronne sur la tête, t'as l'air ridicule, et puis non seulement ça mais après faut encore que tu trouves un roi, et là ce n'est pas une partie de plaisir souvent hein !

– Ouais mais alors si tu n'aimes pas tirer les rois avec les collègues, en famille c'est quand même très sympa quand tu te réunis avec tes parents, tes neveux, tes nièces, y'a un enfant qui se glisse sous la table, qui désigne… Papa pour la part de gâteau, sa tante, puis, et puis après c'est différent parce que t'as, t'as pas le même embarras pour choisir ton roi en famille…

– Oui, c'est vrai… C'est vrai que les enfants ils adorent ça, mais bon, ça reste quand même… Pour moi c'est une fête commerciale, excuse-moi, c'était, bon, une tradition religieuse mais qui a perdu tout son sens maintenant. On fait les galettes pour faire plaisir aux pâtissiers franchement, non ?

– Ben c'est vrai qu'à l'origine, c'était l'Épiphanie et que maintenant bon, on l'a un petit peu commercialisée mais c'est aussi agréable que de manger des crêpes, avoue.

– Bah moi je préfère les crêpes.

– Oh bah…
– Parce que là au moins c'est toi qui fais ta pâte à crêpes, tu fais sauter tes crêpes à la maison, les enfants ils adorent ça tout autant, et puis on se fait plus plaisir franchement.
– Ah bah c'est-à-dire qu'avec les crêpes tu… oui, c'est un autre moment et puis t'as, tu sais ce, cette petite tradition de faire sauter les crêpes en tenant une pièce dans la main comme quand on était enfants, tu te souviens ?
– Ben ouais, bien sûr, j'adore ça. C'est quand d'ailleurs tiens ?
– Le 2 février.
– Ah ben voilà ! Et bah on n'a qu'à faire la chandeleur ensemble alors !
– Et ben écoute, c'est une excellente idée.

3 • LA FAMILLE

VIE PRIVÉE

– Et quelle est votre situation en regard de l'état civil ? Vous êtes mariée, pacsée, séparée… ?
– Alors, écoutez, je suis divorcée et puis je vis maritalement.
– Et pourquoi, pourquoi ce choix ?
– Pourquoi ce choix ? Et ben, écoutez, j'ai été mariée pendant de nombreuses années. J'ai eu, comme souvent quand il y a des enfants, un divorce douloureux, pénible… sur le plan de la procédure, puisqu'en France on se marie devant le maire, mais on divorce devant le juge des affaires matrimoniales. C'est-à-dire que, il a fallu négocier pour la pension alimentaire, pour la garde des enfants… toutes choses assez pénibles, lorsque nous sommes dans une situation de rupture sentimentale et je ne voudrais pas repasser par ce… par ce… cette procédure. J'ai repris mon nom de jeune fille… avec plaisir… et je n'ai pas envie de… de recommencer un mariage, finalement.
– Et vous n'avez pas l'intention d'avoir d'autres enfants ?
– Non, je n'ai pas l'intention d'avoir d'autres enfants… et puis même si c'était le cas, ce ne serait pas plus compliqué hors mariage que dans le mariage.

– Et votre compagnon ne tient pas à… à un mariage, disons, officiel ?
– Et traditionnel ?
– Et traditionnel.
– Peut-être que si, parce que mon compagnon est catholique et… je pense que si… si on devait se marier, il serait très attaché à… au côté sacrement hein de… du mariage, mais comme je suis divorcée, l'Église, enfin l'institution n'accepterait pas de nous marier religieusement.

LA POLITIQUE FAMILIALE

La France a mis en œuvre une véritable politique familiale dès le XIXe siècle, et c'est à partir des années 60 que cette politique a évolué de façon considérable.
En 1965, une loi réforme les régimes matrimoniaux : la femme peut dès lors exercer la profession de son choix et ouvrir un compte en son nom propre dans une banque. En 1966, une loi modifiant les conditions d'adoption est promulguée. L'enfant adopté bénéficie des mêmes droits que l'enfant légitime, notamment en ce qui concerne l'héritage. De plus, l'adoption n'est plus réservée aux couples mariés, mais peut désormais être demandée par toute personne âgée d'au moins 35 ans.
Dans les années 70, plusieurs lois importantes réforment le statut de la famille comme la loi sur l'autorité parentale ou bien celle sur le divorce.
En 1975, la loi dite « Veil », du nom de la ministre de la Santé de l'époque, légalise l'interruption volontaire de grossesse, dans des conditions bien déterminées.
En 1985, une loi précise les rôles de chacun des époux :
– chaque époux peut passer seul des contrats concernant le ménage ou l'éducation des enfants ;
– l'épouse peut choisir librement une profession, sans le consentement de son conjoint ;
– chaque époux peut disposer librement de ses rémunérations après s'être acquitté des charges du ménage.
Auparavant, l'époux était considéré comme le chef de famille. Actuellement, l'autorité parentale peut être exercée conjointement c'est-à-dire par le père et par la mère. Si les parents ne sont pas mariés et si le père n'a pas reconnu l'enfant avant qu'il ait un an, la mère exerce seule l'autorité parentale.
En ce qui concerne les prestations accordées aux

familles, dans les années 1980 et les décennies suivantes, on passe peu à peu d'une logique d'aide et de protection à une logique de correction des inégalités sociales. Avant 2015, toutes les familles qui avaient au moins deux enfants bénéficiaient du même montant d'allocations familiales, actuellement il est calculé en fonction des revenus des parents.

En 2013, la loi sur le mariage pour tous est promulguée et ouvre le mariage aux couples de même sexe qui accèdent ainsi aux mêmes droits que les couples hétérosexuels. Aujourd'hui, la notion de famille recouvre des réalités très diverses : couple marié ou non, avec enfant ou non, parent isolé avec enfant, famille recomposée ou couple homosexuel. La famille nucléaire n'est plus le modèle familial unique ; de nouveaux types de liens familiaux sont apparus et sont devenus courants. Malgré ces changements, la famille constitue toujours le groupement fondamental de la société française.

4 • LA TABLE

À CHACUN SES HABITUDES

1 – Bonjour ! Est-ce que vous pouvez me parler des repas que vous prenez dans la journée, de vos habitudes… ?

– Oui, le matin donc, on déjeune tous ensemble avec les enfants. On prend un petit-déjeuner assez copieux avant le départ à l'école, donc du café, des céréales, des tartines, voilà, pour qu'ils soient prêts pour la journée.

– Et chez vous, Monsieur, c'est pareil ?

– Le petit-déjeuner, très peu pour moi. J'ai peu de temps, je pars très vite de chez moi, donc je prends juste un café noir ; je n'ai d'ailleurs aucun appétit le matin. Je fume une cigarette sur le chemin du travail et puis voilà.

– Et à midi ?

– À midi, et ben à midi, c'est un petit peu la journée continue. On a une pause de midi qui est très, très courte donc je mange sur place au restaurant d'entreprise ; on ne peut pas se plaindre d'ailleurs, c'est tout à fait… ce n'est pas très cher, c'est, c'est rapide, c'est copieux, c'est équilibré, non il n'y a rien à dire.

– D'accord. Et vous Madame, pour votre déjeuner ?

– Alors moi à midi, j'ai tendance à prendre les restes du repas de la veille quand il y en a. Ce n'est pas toujours le cas… il m'arrive aussi d'aller prendre un… chercher un plat à emporter, chez un traiteur, avec les… en payant avec des tickets-restaurant… voilà. Ce que je préfère c'est, les jours où il fait beau, aller manger au square, ou au parc, pour profiter un peu de… de… de l'extérieur et quand j'ai envie d'être tranquille, je vais prendre un café dans un bistro.

– Et le soir comment ça se passe ?

– Alors le soir, c'est le… voilà, pour nous c'est le moment de convivialité : on essaie d'être, d'être tous ensemble. On tient absolument à dîner tous ensemble, donc on dîne un peu tard parce que mon mari rentre relativement tard du travail… c'est un moment où les enfants vont partager ce qu'ils ont fait dans la journée, où on essaie de… d'avoir un moment de parole ensemble. On en profite aussi, surtout le week-end, pour cuisiner avec les enfants. C'est un moment où on va leur apprendre un petit peu, voilà, à mettre les mains à la pâte et à découvrir un petit peu… les cuisines du monde, des saveurs nouvelles et puis les soirs de fête, on fait des crêpes : c'est ce que préfèrent les enfants.

– Et Monsieur ?

– Pour le repas du soir, c'est pas trop tôt : 20 h-20 h 30. Mon épouse rentre un petit peu plus tard que moi, donc c'est moi qui prépare la cuisine. Je prends souvent avant un petit apéro avec les copains, d'ailleurs. Et puis bon, on fait un petit peu plus de cuisine en fin de semaine. C'est toujours moi qui fais les plats salés hein. J'aime bien faire des bons plats comme le couscous, les plats en sauce, blanquette de veau, bœuf bourguignon… Ma femme, elle, ce serait plutôt les desserts voyez, les œufs à la neige, de la mousse au chocolat, les tartes le week-end parce qu'on aime bien recevoir les amis. C'est convivial les grands plats, on reçoit tout le monde…

– D'accord, et est-ce que vous allez souvent au restaurant en famille ?

– Nous, le restaurant, rarement hein parce que ça reste quelque chose qui est cher quand on y va en famille. Alors je dirai que c'est réservé aux grandes occasions, aux moments où on a envie de fêter un anniversaire ou quelque chose et souvent, on va dans des restaurants assez simples.

– Et Monsieur, vous allez au restaurant de temps en temps ?

– Oui... Non c'est plutôt exceptionnel également hein. D'abord, c'est coûteux, c'est coûteux et à vrai dire ce n'est pas très copieux.

– D'accord...

LES CARACTÉRISTIQUES DU VIN

Les caractéristiques remarquables de chaque vin en France dépendent de trois éléments fondamentaux :
– le terroir, c'est-à-dire le lieu où se trouvent les vignes ;
– les cépages, c'est-à-dire les différents types de plants de vigne ;
– et le savoir-faire des viticulteurs, c'est-à-dire l'art de chaque viticulteur dans l'élaboration de son vin.

Le terroir, c'est la terre, le lieu où poussent les pieds de vigne. La qualité du terroir dépend du sol (riche ou pauvre), du climat, de l'exposition au soleil et aux vents. Il est certain que des vins produits au Sud-Est de la France, là où il fait beau, où le soleil est chaud, seront très différents des vins produits en Champagne où le sol n'est pas de même nature et où le soleil est beaucoup plus rare.

Les cépages, ce sont les plants de vigne qui portent le raisin. Comme il y a des pommiers différents qui produisent des pommes différentes, il y a en France des cépages différents (plus de 100) qui donnent des raisins différents. Bien sûr, il y a des raisins à peau noire et à peau blanche, des raisins à chair blanche et à chair rouge, mais il y a bien d'autres différences qui font que les vins français ont des arômes, des parfums si subtils et si complexes. Certains vins proviennent presque exclusivement d'un seul cépage, comme le Gamay dans le Beaujolais, alors que le Châteauneuf-du-Pape, dans le Sud-Est, peut être composé avec treize cépages, ce qui lui donne son goût extraordinaire. Certains cépages sont très adaptés à certaines régions et à certains terroirs, comme la Syrah et le Grenache dans le Sud-Est, le Chardonnay et le Pinot noir en Bourgogne, le Merlot, le Cabernet-Sauvignon et le Cabernet-Franc dans la région de Bordeaux. Les AOC (Appellation d'origine contrôlée) imposent un certain pourcentage de cépages particuliers. Et enfin, le savoir, l'art des viticulteurs. Le travail des viticulteurs a beaucoup évolué depuis une quinzaine d'années. Il est devenu de plus en plus scientifique. Les progrès de l'œnologie, ou science du vin, permettent aujourd'hui de contrôler le vin à chaque étape de son élaboration et d'éviter bien des erreurs. Cependant, il reste au viticulteur, une part de liberté où il peut exercer son art et son imagination afin que son vin devienne exceptionnel.

5 • LA SANTÉ

À LA PHARMACIE

– Oh, bonjour madame, comment allez-vous ?

– Bonjour monsieur.

– Alors je vois que vous avez une ordonnance !

– Oui.

– Alors, c'est donc le docteur Perrier qui vous envoie... alors je vois... bon d'accord, vous avez quelques remèdes homéopathiques.

– Oui et aussi... pas seulement, hein, de l'homéopathie. Vous avez vu, j'ai des antibiotiques aussi.

– Ah oui, vous avez des antibiotiques, en effet. Bon, alors moi, je vous propose, surtout pour ces molécules-là, quelques médicaments génériques.

– Et ce sera pareil ?

– Ça sera pareil, vous avez dû...

– C'est tout aussi efficace ?

– Tout aussi efficace, oui. Vous en avez sûrement entendu parler. Il y a eu plusieurs émissions à la télévision. On vous propose une même molécule à un prix moindre. C'est une manière de lutter contre le déficit de la Sécurité sociale.

– Bon, ben, écoutez si c'est... si vous me dites que c'est aussi efficace et que c'est moins cher, je suis d'accord bien sûr !

– Je vous le garantis !

– Bon ! D'accord !

– Alors, est-ce que... Ah ! les vitamines, vous les préférez sous forme d'ampoules ou de gélules ?

– Bof ! Si c'est la même chose, j'aime mieux... des gélules en fait. Ça ne sera pas plus long le traitement ?

– Non, non, bien sûr que non hein ! Donc...

– Et pour le remboursement, c'est pareil ?

– Alors pour le remboursement, je pense qu'on

TRANSCRIPTIONS

35 vous fait le tiers-payant. Alors le tiers-payant… est-ce que vous avez votre carte Vitale ?

– Oui, oui, oui bien sûr ! Mais je vous l'ai déjà montrée parce que je suis déjà venue dans votre pharmacie !

40 – Ah ! oui. D'accord !

– Et le tiers-payant, je l'ai ici.

– Ah ! oui. Mais la carte Vitale, il faut la présenter à chaque fois maintenant !

45 – D'accord, bon ben écoutez, la voilà.

– D'accord, merci.

LA MÉDECINE À DISTANCE

1 Depuis une dizaine d'années, le système médical français fait face à des difficultés et ne peut plus répondre aux besoins de la population : manque de médecins généralistes, vieillissement de la
5 population, difficultés financières des hôpitaux. Pour résoudre ces problèmes, le ministère de la Santé encourage les initiatives innovantes comme la télémédecine. La télémédecine regroupe les pratiques médicales permises ou facilitées par les
10 télécommunications et les technologies de l'information. Son utilisation se développe déjà auprès des personnes âgées résidant en EHPAD ou dans des régions isolées. Les consultations avec un médecin généraliste ou spécialisé sont organisées
15 avec la présence d'un aide-soignant. Il accompagne le patient pour atténuer son inquiétude et interagit pour le patient avec un médecin inconnu situé de l'autre côté de la caméra et qui peut être à l'autre bout de la France ! Une fois le diagnostic établi, le
20 médecin fait parvenir par mail une ordonnance médicale. La consultation et les remèdes sont bien sûr financés par la Sécurité sociale. Ces personnes âgées, parfois désorientées, se sentent rassurées par la présence d'un aide-soignant qu'elles
25 connaissent. Ces consultations à domicile évitent des déplacements traumatisants et bien souvent des hospitalisations néfastes pour ces patients. Évidemment, certaines pathologies nécessitent une consultation en présentiel, mais la télémédecine
30 est perçue comme un gain de temps dans la prise en charge des patients.

Dans quelques grandes entreprises, des télécabines médicales ont été installées pour permettre aux employés de consulter à distance un médecin
35 pour des pathologies légères. L'employé prend seul sa tension et s'ausculte tout seul, le médecin donne son diagnostic. C'est un gain de temps pour l'employé qui ne s'absente pas trop longtemps et une économie pour l'employeur ! La télémédecine rend
40 de véritables services dans certaines situations, mais elle a des limites et nous fait réfléchir sur le rôle du médecin. Dans les zones reculées où le manque de médecin est dramatique, elle a un rôle à jouer, mais les connexions internet doivent être
45 d'une qualité parfaite ce qui n'est pas toujours le cas dans certaines zones rurales où subsistent des zones blanches. Les médecins s'interrogent sur l'évolution de leur profession. Le rôle du médecin est d'écouter, d'ausculter, de palper le patient. Avec
50 le développement de telles pratiques médicales, à une époque où on est à la recherche de contacts humains et de lien social, ne va-t-on pas paradoxalement vers une médecine qui se déshumanise et qui transforme radicalement la relation patient /
55 médecin ? L'avenir nous le dira.

6 • LES LOISIRS

À CHACUN SES LOISIRS

1 *Enquêtrice :* – Bonjour

Homme et deux femmes ensemble : – Bonjour

Enquêtrice : – Alors merci à tous les trois d'avoir accepté de répondre à quelques questions, c'est
5 pour une enquête sur… les loisirs dans la région Rhône-Alpes. Je voudrais savoir à quoi vous occupez vos loisirs et si ça ne vous dérange pas, est-ce que vous pourriez me donner votre nom… votre prénom, votre âge et votre profession ?

10 *Olivier :* – Oui bien sûr. Je m'appelle Olivier, j'ai 37 ans et je suis professeur des écoles.

Mathilde : – Moi, c'est Mathilde, j'ai 46 ans et je suis comptable.

Souad : – Bonjour, je m'appelle Souad, j'ai 63 ans et
15 je suis bibliothécaire à la retraite.

Enquêtrice : – Bon alors Olivier, vous avez des loisirs plutôt culturels ou plutôt sportifs ?

Olivier : – Alors moi je suis clairement sportif, hein, j'ai besoin de me dépenser, j'ai besoin de m'aérer…
20 J'aime beaucoup la montagne.

Enquêtrice : – Vous faites des sports de plein air donc.

Olivier : – Oui tout à fait. Dans la région où nous nous trouvons, la montagne est partout et j'adore la montagne, hein, la montagne, le ski, la randonnée.

Enquêtrice : – Vous faites du ski de piste… du ski de fond ?

Olivier : – Alors je pratique les deux, aussi bien le ski de piste que le ski de fond et d'ailleurs… d'ailleurs je suis membre du club de ski de mon village, hein, c'est-à-dire que j'ai ma licence dans ce club.

Enquêtrice : – Et vous faites de la randonnée pédestre aussi ?

Olivier : – Oui. Beaucoup. Beaucoup, et ben d'ailleurs j'anime également le club de randonnée hein, le club de randonnée pédestre, où nous parcourons les chemins de grande randonnée et où nous entretenons aussi le… le balisage hein de ces chemins.

Enquêtrice : – D'accord. Et … vous avez … Vous êtes un peu écolo alors je suppose ?

Olivier : – Oui, plutôt, je suis assez sensible à la protection de la nature, j'essaie de ne pas trop me déplacer en voiture, et je privilégie les déplacements à vélo.

Enquêtrice : – Et c'est … c'est confortable de se déplacer à vélo ? Il y a assez de pistes cyclables ?

Olivier : – Alors confortable, oui, puis c'est surtout bien pour notre santé, pour le sport, mais dans la ville où nous nous trouvons, malheureusement il y a trop peu de pistes cyclables.

Enquêtrice : – Bon … par rapport aux équipements sportifs, est-ce que vous avez un gros budget ou… est-ce que vous êtes raisonnable dans vos achats ?

Olivier : – Alors j'estime être raisonnable, mais il n'empêche que ça reste des équipements assez coûteux puisque se trouve en jeu la question de la sécurité, hein, relative aux sports qui sont quand même un petit peu risqués, donc oui, oui, pour répondre à votre question, les équipements coûtent relativement cher.

Enquêtrice : – Voilà, parce que ce sont des équipements techniques en fait ?

Olivier : – Oui tout à fait, des équipements techniques, que ce soit pour le ski, les différents types de ski, ou la randonnée, il s'agit de nous protéger hein, il s'agit d'assurer notre sécurité.

Enquêtrice : – Ouais… quand vous parlez de sécurité, est-ce que vous pratiquez le ski hors-piste ?

Olivier : – Un peu … j'aime beaucoup ça, mais je considère être assez prudent même si parfois on me dit que je ne le suis pas toujours.

Enquêtrice : – Bon, je vous remercie Olivier.

Olivier : – Je vous en prie, merci à vous.

Enquêtrice : – Alors Mathilde, vous, est-ce que vous êtes comme Olivier une sportive, ou vous avez des loisirs plutôt de type culturel ?

Mathilde : – Alors plutôt culturels pour moi que sportifs. Le seul sport que je pratique, c'est le yoga, auprès d'associations.

Enquêtrice : – Oui… et à part le yoga, comment vous occupez votre temps libre ?

Mathilde : – Euh, ben j'aime bien flâner, j'aime bien dormir, donc le week-end, je pratique la grasse matinée et j'aime aussi beaucoup, beaucoup lire.

Enquêtrice : – Et vous av… vous êtes abonnée à une bibliothèque ?…

Mathilde : – Oui, oui j'ai ma carte

Enquêtrice : – ….vous avez un budget librairie ?

Mathilde : – Non, je préfère emprunter à la bibliothèque, donc j'ai ma carte d'abonnement à la bibliothèque de mon quartier et je, j'emprunte des livres et des revues chaque semaine.

Enquêtrice : – D'accord. Est-ce que vous voyagez ?

Mathilde : – Euh, je n'aime pas trop les voyages, déjà pour des raisons écologiques…

Enquêtrice : – Oui…

Mathilde : – … je préfère rester, ne pas, ne pas utiliser de transports polluants, et je n'aime pas beaucoup effectivement je n'aime pas beaucoup l'imprévu.

Enquêtrice : – Donc pas de voyages lointains…

Mathilde : – … non

Enquêtrice : – … pas de petites aventures touristiques ?

Mathilde : – Non, je, les aventures et les voyages je les prat… je les vis dans les livres…

Enquêtrice : – D'accord.

Mathilde : – … par procuration.

Enquêtrice : – Vous avez des loisirs, on va dire, autour de chez vous et euh, et vous voyagez par les livres.

Mathilde : – Voilà, et je voyage aussi, le dimanche matin j'aime bien flâner en ville, aller boire des cafés…

Enquêtrice : – Des petits déplacements…

Mathilde : – Voilà.

Enquêtrice : – Donc vous…

Mathilde : – Et puis… voilà, aller faire des brocantes, des vide-greniers.

Enquêtrice : – Et bien je vous remercie. Alors Souad, vous, comment vous vous situez par rapport à Olivier et Mathilde ?

Souad : – Eh bien moi, comment, comment le dire, sportive, non, je me trouve plus proche effectivement de, de Mathilde hein, j'ai des loisirs essentiellement culturels on va dire.

Enquêtrice : – Vous êtes citadine ?

Souad : – Je suis 100 % citadine oui.

Enquêtrice : – Et alors vos, vos loisirs, c'est, c'est quoi ?

Souad : – Eh bien moi je passe ma vie dans les musées…

Enquêtrice : – Oui…

Souad : – … je passe aussi vraiment beaucoup de temps à la Maison de la culture, pour voir des spectacles, euh, de théâtre, pour voir des concerts. J'aime beaucoup aussi participer à des festivals, voilà.

Enquêtrice : – D'accord, mais vous m'avez dit que vous étiez retraitée, est-ce que vous avez un problème de budget, c'est parfois le cas ?

Souad : – Je dois faire des choix, c'est vrai, et parfois je ne peux pas m'offrir effectivement certains, certains spectacles, surtout des concerts, parce que les billets sont trop chers.

Enquêtrice : – Mh, je comprends. Est-ce que, comme de nombreux retraités français, est-ce que vous êtes bénévole dans des associations ?

Souad : – Oui, oui, je… je suis engagée dans une association pour les personnes en difficulté, les personnes qui arrivent sur le territoire et c'est très important pour moi.

Enquêtrice : – Vous y consacrez beaucoup de temps ?

Souad : – Je compte pas vraiment, disons, à peu près deux… trois demi-journées par semaine.

Enquêtrice : – D'accord. Mathilde nous a expliqué qu'elle n'aimait pas les voyages lointains, est-ce que c'est votre cas ?

Souad : – J'adore les voyages lointains, malheureusement je ne peux pas toujours non plus me les offrir, j'essaie plutôt de viser des, des voyages un peu courts dans les capitales européennes, parce que j'aime beaucoup, j'aime beaucoup les villes, et si je peux être dépaysée dans une autre ville et bien…

Enquêtrice : – Dans une autre culture…

Souad : – … et dans une autre culture… je suis ravie.

Enquêtrice : – Est-ce que vous faites des voyages organisés ?

Souad : – Ah non, ça ce n'est pas pour moi.

Enquêtrice : – Pour quelle raison ?

Souad : – Je n'aime pas trop quand tout est prévu, tout est orchestré, et puis… je suis plutôt solitaire.

Enquêtrice : – Donc, vous êtes très occupée comme retraitée ?

Souad : – C'est ça. Comme beaucoup de retraités finalement on n'a plus beaucoup de temps libre.

Enquêtrice : – Bon, et ben écoutez, je vous remercie, tous les trois et au revoir.

Olivier, Souad et Mathilde : – Au revoir.

VIVE LE CINÉMA

La France aime le cinéma et le cinéma international aime la France ! Avec plus de 200 millions d'entrées par an, la France a le niveau de fréquentation des salles obscures le plus important d'Europe juste avant celui de la Grande-Bretagne. Chaque semaine en France un festival de cinéma a lieu, organisé par des régions, des villes petites ou grandes.

Les autorités locales et les commerçants soutiennent l'engagement des amoureux du septième art, car les retombées économiques sont importantes. Les festivals sont aussi une vitrine touristique, ils dynamisent la vie locale et la politique culturelle.

L'activité cinématographique française est grandement soutenue par les instances gouvernementales, le CNC (Centre national du cinéma et de l'image animée) soutient et accompagne les créateurs, participe financièrement à la réalisation de certains films en accordant une avance sur recette à une soixantaine de films par an. Cette aide permet à de jeunes réalisateurs sélectionnés par le CNC de solliciter plus facilement des producteurs privés pour mener à bien leur projet cinématographique. Le CNC soutient également les festivals qui permettent à des genres de films moins commerciaux de se faire connaître comme les courts-métrages ou les films d'animation.

Les courts-métrages sont à l'honneur à Clermont-Ferrand. Cette ville d'Auvergne accueille le plus grand festival du court-métrage au monde.

À Grenoble, dans les Alpes, le festival international du film court, qui se déroule en plein air au mois de juillet, est gratuit et ouvert à tous. Depuis 1978, il permet aux réalisateurs de rencontrer le public et au public de découvrir une sélection des meilleurs films courts. Ces festivals apportent aux réalisateurs primés la possibilité d'obtenir des financements pour la réalisation de longs-métrages.

On peut aussi mentionner le festival d'Amiens dont la vocation est de mêler l'artistique, le politique et le social et de faire connaître de jeunes talents européens.

Le festival international du film d'animation d'Annecy est un lieu de rencontre important entre professionnels et créateurs d'images en mouvements depuis plus de 50 ans.

Évidemment, le festival de Cannes est le plus connu. Il a été créé en 1946 et il doit sa notoriété à sa programmation d'une part, à la participation de grands noms du cinéma d'autre part et également au fait qu'il est un marché du film très important avec de forts enjeux économiques. La cérémonie d'ouverture, la montée des marches sur le tapis rouge et la soirée de remise des prix sont les moments forts de ce festival. Ces événements, largement relayés par les médias du monde entier, sont suivis par les cinéphiles et les fans des actrices, acteurs, réalisatrices et réalisateurs qui viennent présenter et promouvoir leur film. La Palme d'or récompense en général un cinéma d'auteur grand public.

Oui, les Français aiment le cinéma, les spectateurs sont d'abord attirés par le cinéma américain même si le cinéma français résiste bien. On peut déplorer que les grosses productions monopolisent les salles obscures même s'il y a aujourd'hui 1 200 écrans d'art et d'essai, un chiffre honorable en Europe, mais insuffisant du point de vue des producteurs indépendants. En mai 2016, sous l'égide du CNC, un accord a été signé entre les partenaires sociaux du cinéma. Les salles se sont engagées à mieux diffuser, et plus longtemps, les films des petits distributeurs, satisfaisant ainsi une volonté institutionnelle de faire vivre un certain cinéma et de satisfaire un public de cinéphiles.

7 • L'ARGENT

LA FIN DU CASH

Le cash est-il une espèce en voie d'extinction ? Les espèces sonnantes et trébuchantes, c'est-à-dire l'argent liquide, vont-elles totalement disparaître de nos porte-monnaie et de nos fonds de tiroir ? On serait tenté de répondre oui à cette question si on regarde l'évolution du paiement sans contact. Le paiement sans contact est l'utilisation d'une carte de crédit, à un distributeur ou dans un magasin, sans qu'il soit nécessaire de taper son code. Dans plusieurs pays de l'Europe du Nord comme la Suède, le Danemark, la Norvège, certains commerçants peuvent refuser d'être payés en liquide.

Pourquoi, en France, le cash fait-il de la résistance ? Beaucoup d'acteurs de l'économie privée et publique sont favorables à la disparition du paiement en espèces. Les banques tout d'abord, parce qu'il est coûteux de sécuriser les transferts de fonds, l'administration fiscale ensuite, qui aime bien avoir des traces de la circulation de l'argent pour lutter contre la fraude, mais il n'est pas certain que la carte soit le meilleur moyen pour faire disparaître le liquide. Il apparaît que le paiement par téléphone serait une solution plus prometteuse.

Les commerçants résistent au numérique parce qu'il n'est pas gratuit pour eux et que les Français se méfient du tout électronique qui est perçu comme la fin de la confidentialité. Cette réticence est en partie générationnelle et concerne la frange la plus âgée de la population, mais pas uniquement. Les Français ont confiance dans l'argent liquide et le préfèrent encore pour un achat sur deux. Ils en apprécient la facilité d'usage et le faible risque parce que le taux de fausse monnaie est extrêmement bas (moins de 30 contrefaçons par millions de billets) alors que le taux de fraude est en proportion plus élevé sur les moyens de paiements électroniques. Le cash est, par ailleurs, pour le consommateur, le seul moyen de paiement totalement gratuit. Il faut souligner qu'une partie défavorisée de la population n'a pas ou peu accès aux services bancaires et pour cette catégorie, les espèces restent un moyen de paiement essentiel. Il faut noter également que le billet reste le symbole d'une identité nationale ou européenne.

Une autre raison est la place qu'occupe l'économie souterraine. En effet, la circulation du liquide permet le travail au noir, la fraude sociale ou fiscale. Il faut y voir le signe d'une résistance contre l'État. Cette résistance est condamnable et choquante, mais elle existe bel et bien. Derrière l'argent liquide se cache, pour l'individu, le fait de se sentir totalement libre dans la mesure où il n'est pas identifié par rapport à sa consommation.

Certains annoncent la mort du cash à plus ou moins court terme, mais on avait annoncé en France la mort du chèque il y a plusieurs décennies alors que les Français font encore en moyenne deux chèques par mois. Même si les États voient d'un mauvais œil l'argent liquide, trop difficile à tracer, les pièces, les billets font encore de la résistance. Les consommateurs ne semblent pas prêts, dans l'immédiat, à sauter totalement le pas, même si le basculement semble inéluctable à plus ou moins long terme.

TRANSCRIPTIONS

DE QUOI VIVENT-ILS ?

A — Bonjour messieurs dames, est-ce que vous acceptez de donner quelques informations à propos de vos revenus ?
B — À propos de nos revenus ?
A — Oui, vos différentes sources de revenus ?
B — Oui !
C — Ça ne sera pas trop indiscret ?
A — Non, non, c'est tout à fait anonyme, ne vous inquiétez pas !
B — Bon…
C — D'accord !
B — D'accord !
A — Alors, est-ce que vous êtes salariés tous les deux ?
B et C — Oui !
A — Oui ? Est-ce que vous avez d'autres sources de revenus que votre salaire, monsieur ?
C — Oui, oui, j'ai des revenus immobiliers. J'ai trois appartements, donc trois familles qui sont en location. Donc ça m'assure un revenu complémentaire.
A — Est-ce que vous avez d'autres… des placements financiers… ?
C — Oui, oui, oui, j'ai quelques revenus de produits financiers, j'ai un portefeuille d'actions, mais vous savez les actions en ce moment, hein ! Ça ne donne pas grand-chose !
A — Effectivement, et vous madame ?
B — Ben, écoutez, non, moi je suis salariée… fonctionnaire. Bon, c'est vrai que j'ai édité quelques livres, non pas des romans, mais des ouvrages, disons pédagogiques, puisque je suis enseignante…
A — Oui.
B — … Et qui rapportent un peu enfin, j'ai… des droits d'auteurs, disons, et puis… c'est vrai que par mon travail parfois des déplacements, j'ai des notes de frais, mais enfin, c'est…
A — Oui, mais ce ne sont pas des revenus supplémentaires.
B — Ni réguliers, non, non.
A — D'accord…
B — Ce sont des petits avantages financiers, disons…
A — Des avantages en nature.
B — Non, en revanche…
A — Est-ce que vous avez des avantages en nature, madame ?
B — Dans mon travail ?
A — Dans votre travail.
B — Oh, ben, écoutez, il m'arrive parfois d'aller déjeuner au restaurant aux frais de l'institution qui m'emploie, mais… ce n'est pas régulier du tout, hein, non, non…
A — Mais…
B — Des frais de déplacement…
A — D'accord, oui, donc rien de…
B — Non, pas de logement de fonction par exemple…
A — Non ? D'accord !
B — … Ni de véhicule de fonction, j'aimerais bien, mais non…
A — Et vous, monsieur ?
C — Oui, j'ai un chauffeur et un véhicule de fonction.
A — Ah ! C'est intéressant, quand même !
C — Oui !
A — Oui ? Alors, j'ai une autre question peut-être qui va vous paraître un peu saugrenue, mais est-ce que vous avez le sentiment d'être parfois malhonnête ? Dans la vie de tous les jours ?
C — Ah ça, non, pas du tout, alors ça, je peux vous le garantir !
B — Jamais, monsieur, vous ne trichez, vous ne fraudez…
C — Non, non… Pourquoi ? Vous trichez vous ?
B — Ben, ou, ça m'arrive, je dissimule au fisc, je dois avouer, parfois, quelques revenus, ce qui m'a valu des déconvenues puisque j'ai eu ce qu'on appelle un redressement fiscal puisque je ne suis peut-être pas assez subtile dans ma manière de tricher ! Et puis… j'avoue parfois que j'utilise à des fins personnelles le téléphone dont je dispose dans mon institution…
A — Oui, et vous monsieur, jamais ?
C — Non, jamais ! C'est-à-dire que… au poste que j'occupe, je peux utiliser le téléphone, je ne suis absolument pas contrôlé par mon employeur donc…
A — Oui…
B — Mais vous ne fraudez pas le fisc ? Vous ne fraudez pas les transports, la SNCF ?
C — Bien sûr que non, je ne mange pas de ce pain-là, chère madame !
A — Bien, ben, écoutez, je vous remercie de ces réponses qui sont ma foi, très, très directes !

8 • L'HABITAT ET LE LOGEMENT

QUITTER PARIS

1 — Alors il paraît que tu veux quitter Paris ?
— Ben oui, écoute hein, on commence vraiment à en avoir marre.
— Ah ! bon ! Pourquoi ? Parce que vous êtes trop à
5 l'étroit, ou qu'est-ce qui se passe ?
— C'est ça, c'est exactement ça quoi, on est quatre dans un petit F3 et on commence à se cogner dans les murs.
— Ah ! Mais, tu as, tu as déjà deux gamins !
10 — Ben oui ! Tu ne savais pas ?
— Ah ! Ben non ! Écoute, excuse-moi, ça fait un petit moment qu'on ne s'est pas vues.
— Ben oui ! Puis, mais bon, maintenant, maintenant que les enfants grandissent, on cherche en fait,
15 un logement plus grand.
— Et alors, qu'est-ce que vous allez faire ? Vous allez du côté de la banlieue ou… ?
— Non, non, non, non, la banlieue, c'est hors de question, se taper une heure de trajet tous les
20 jours non, non, c'est non ! Moi j'aurais bien aimé rester à Paris. Mais ce n'est pas possible, c'est hors de prix, c'est hors de prix.
— Et qu'est-ce tu préfères ? Tu cherches plutôt une baraque ou un « appart » ?
25 — Ben… en fait, du coup, on s'est dit : une maison à la campagne !
— Ah ! Oui ! Carrément !
— Ouais, carrément parce que… ben normalement, on devrait s'en sortir mieux.
30 — D'accord, d'accord. Et alors, vous partez dans quel coin, vous cherchez… ?
— Sud-Ouest, on a décidé de chercher dans le Sud-Ouest.
— Ah ! Dans le Sud-Ouest. Alors pourquoi le Sud-
35 Ouest ?
— Ben le Sud-Ouest parce que, déjà on mange super bien là-bas, hein ! Tu… je ne sais pas si tu as déjà goûté les petits magrets, les patates sautées, tout ça ?
40 — Ah ! Ben, le foie gras !
— En plus, Paul est originaire de la région… donc ça nous fait plaisir de retourner là-bas.
— Et tu n'as pas peur d'être collée à tes beaux-parents ? Non ça, ça ne te dérange pas ?
45 — Oh ! Ben, on ne va pas non plus habiter à côté, non, non, non, ça, on va s'arranger. Et puis quand même, à la campagne, c'est une autre qualité de vie, tu vois. On va s'installer…, on, on va quand même payer moins cher,… les taxes d'habitation
50 et les taxes foncières.
— Ouais d'accord, ouais. Et par rapport… au… à la population du Sud-Ouest, je ne me rends pas bien compte, c'est une région très peuplée ? Il y a beaucoup de monde ? … C'est comment le
55 Sud-Ouest ?
— Ben, ça dépend un petit peu des coins. Alors après, c'est vrai il y a quelque chose qui se passe là, depuis ces dernières années, c'est qu'il y a une invasion d'Anglais, d'Espagnols qui achètent
60 les vieilles maisons et qui les retapent. Alors ça, c'est vrai, ça fait monter un peu les prix, mais ça reste de toutes les façons moins cher qu'à Paris.
— Ah oui ! Dans le Périgord, il paraît qu'il y a beaucoup d'Anglais qui se sont installés là, qui ont
65 retapé de vieilles baraques ?
— Alors, c'est bien pour les baraques, parce que comme ça, eux ont les sous pour les retaper, mais en même temps, ça fait monter les prix, mais bon…
70 — Et qu'est-ce que tu vas faire toi qui es très habituée… à la vie culturelle à Paris, d'aller au théâtre, tu n'as, tu n'as pas peur de t'ennuyer ?
— Ben écoute hein, voilà on va changer de vie, on regardera plus souvent la télévision, on fera des
75 jeux avec les gamins et puis, puis toi tu viendras nous voir hein ? En TGV ? Ça ne sera pas loin.
— Ouais c'est vrai, ouais, c'est trois heures maintenant Bordeaux-Paris ?
— Trois heures !
80 — Bon ben, super, très bien.

L'ATTRACTIVITÉ DES VILLES DE PROVINCE

1 Dans les années soixante, on évoquait « Paris et le désert français » tant Paris était aux yeux des Français un pôle d'attractivité en comparaison d'une province perçue comme trop tranquille et un peu terne.
5 Aujourd'hui, le constat est très différent. Chaque année, de plus en plus de personnes quittent l'Île-de-France pour s'installer en province. Vivre à Paris ne fait plus rêver.

Pour les jeunes célibataires qui n'ont pas de contraintes, Paris a son charme, mais pour les couples avec des enfants, c'est financièrement ingérable même si les salaires sont plus élevés d'environ 10 %.

Le coût du logement exorbitant oblige un grand nombre de salariés à s'installer en banlieue et à passer ainsi trop de temps dans les transports en commun et les embouteillages. Nombreux sont ceux qui veulent changer de vie, fuir le stress, la pollution et parfois l'insécurité pour fonder une nouvelle vie dans un environnement plus paisible, moins coûteux. Quels sont aux yeux des Français les endroits les plus attractifs pour vivre, travailler, se loger, se soigner ? Les métropoles, certes, sont les mieux placées, pour un nouveau départ professionnel. Cependant rares sont les grandes villes qui bénéficient à la fois d'un marché de l'emploi dynamique, d'une offre culturelle de qualité, d'un large éventail de logements abordables, de liaisons ferroviaires et aériennes à proximité.

Le palmarès des villes les plus recherchées pour leur qualité de vie est fluctuant, bien sûr, mais ce sont les petites et moyennes agglomérations comme Angers, par exemple, qui cumulent les atouts d'une grande ville tout en gardant les avantages de la vie de province à l'instar de Dijon, capitale de la Bourgogne.

La situation géographique de villes plus grandes comme Nantes et Grenoble en font des pôles très attractifs. Ce sont des villes écologiques, soucieuses de leur environnement. Nantes déploie un vaste arsenal de parcs et jardins et, malgré le fait qu'elle soit la sixième agglomération de France par sa population, elle s'enorgueillit de la bonne qualité de son air. Ces deux villes ont développé un réseau de transport en commun efficace et écologique ainsi que de nombreuses pistes cyclables. La proximité de l'océan Atlantique pour l'une et des Alpes, pour l'autre, attirent les amateurs de sports de mer et de montagne. Ce sont également deux grandes villes universitaires qui accueillent des milliers d'étudiants.

Parmi les grandes villes universitaires plébiscitées par les Français, il faut citer Rennes qui arrive en tête du palmarès où les étudiants représentent plus de 20 % de la population ce qui en fait une ville festive à l'atmosphère chaleureuse. Cette capitale bretonne offre un très bon compromis entre qualité de vie et opportunités de travail. Proche à la fois de Paris et de la mer, elle a de nombreux atouts, tant économiques qu'environnementaux. C'est aussi une ville d'histoire comme en témoignent les ruelles de ses quartiers médiévaux où il est agréable de flâner. Les motivations de ceux qui veulent quitter Paris pour la province sont diverses, mais on trouve parmi ces motivations la recherche de petits plaisirs simples de la vie comme la convivialité, le grand air, des aliments frais, le fait de pouvoir parfois se rendre à son travail à pied, ce qui s'inscrit dans une tendance générale de la poursuite du bien-être.

9 • L'ENSEIGNEMENT PRIMAIRE ET SECONDAIRE

L'ÉCOLE MATERNELLE

Avant l'existence de l'école maternelle que nous connaissons aujourd'hui, les jeunes enfants étaient accueillis dans ce que l'on appelait les salles d'asile. Elles étaient fréquentées par des enfants pauvres dont les mères n'avaient pas les moyens de s'occuper. Les parents, soucieux de l'instruction de leurs enfants, pouvaient les confier gratuitement à des responsables religieux ou à des notables locaux qui tenaient à éduquer ces enfants qu'ils croyaient en danger moral. L'éducation consistait essentiellement à apprendre aux jeunes enfants la discipline, l'obéissance, la morale et des prières. Les salles d'asile étaient considérées comme des œuvres charitables et n'avaient aucun caractère officiel. Cependant, au fil du temps, le ministère de l'Instruction publique a souhaité s'intéresser de plus près aux activités proposées. Les principes éducatifs stricts des salles d'asile ont laissé plus de place au jeu, à l'activité physique, à l'introduction de jouets et de chansons, mais surtout à des comportements bienveillants et affectueux envers les enfants. En 1848, les salles d'asile sont assimilées à des établissements d'instruction publique et en 1881 elles sont dénommées écoles maternelles.

À compter des années 1950, l'école maternelle, qui s'adressait aux enfants des milieux modestes, s'ouvre progressivement à l'ensemble des couches sociales. Cette évolution est notamment liée au développement du travail des femmes, mais également au souhait des parents de donner une bonne éducation à leurs enfants et de les préparer à l'entrée à l'école élémentaire. L'école maternelle n'est plus une simple garderie, mais fait partie de l'ensemble du système éducatif. Les municipalités construisent des bâtiments fonctionnels et les institutrices ou les instituteurs (mais ce sont dans la très grande majorité des femmes à cette époque) ont accès à une formation spécifique. L'Éducation nationale établit alors un programme éducatif basé sur des exercices physiques et sensoriels, des exercices de langage et d'initiation à la lecture. Déjà pendant cette période, la quasi-totalité des enfants de 3 à 6 ans fréquentent l'école maternelle alors qu'elle n'est pas obligatoire. Dans les années 80, on parle de plus en plus d'échec scolaire au collège, ces échecs seraient dus aux difficultés sociales des familles et à la pauvreté de langage des enfants, surtout parmi ceux issus de quartiers difficiles. Il faut donc revoir l'enseignement dispensé aux jeunes enfants. Le ministère de l'Éducation nationale établit des programmes pour les trois cycles de maternelle avec des objectifs précis. Le premier objectif est de scolariser, le deuxième est de socialiser et le troisième est de faire apprendre et d'exercer.

En 2019, l'école devient obligatoire dès l'âge de 3 ans : c'est le retour à la scolarisation et à l'évaluation des compétences, même si apprendre à aimer l'école, apprendre à vivre ensemble, aider les enfants de tous les milieux à s'intégrer dans le système scolaire sont des éléments qui font encore partie des grands principes de l'école maternelle.

RENCONTRE PARENT-PROFESSEUR

— Bonjour madame, vous pouvez prendre place !
— Merci... je suis la déléguée des parents d'élèves de la classe de 3ᵉ.
— Ah ! D'accord !
— Donc, je souhaitais vous rencontrer pour voir un petit peu comment se passaient les choses dans cette classe.
— D'accord, je vous remercie, je suis bien content de vous voir. Alors, je suis... j'interviens à double... avec une double casquette, hein ! Je suis à la fois professeur principal et professeur de français de la classe. Bon, la classe globalement, bon, c'est une classe, je dirais, correcte.
— Oui...
— Avec, malgré tout, quelques petits problèmes de comportement pour trois élèves... un bon milieu de classe et puis quatre élèves qui n'ont aucune difficulté.
— Oui, et vous, par rapport aux élèves qui ont des difficultés, que comptez-vous faire ?
— Alors, pour les élèves en difficulté scolaire, on prévoit des séances de soutien. C'est une proposition qui est faite donc... aux familles sur la base du volontariat !
— Oui !
— ... Ils peuvent venir en classe le samedi matin, ce sont des professeurs de l'établissement qui les prennent en charge.
— Ah ! oui, très bien, très, très bien !
— C'est un soutien individualisé.
— Ah ! Ben, c'est parfait. Je pense que pour certains élèves, c'est exactement ce qu'il faut. Oui d'accord ! ... En ce qui concerne, si je peux me permettre, mon fils. J'ai reçu son bulletin trimestriel et j'avoue que les commentaires... m'inquiètent un peu... ! Qu'en pensez-vous ?
— Oui, justement, votre fils fait partie des quelques élèves qui posent des problèmes effectivement, et notamment des problèmes de comportement...
— Ah oui ?
— Il y a trois élèves agités dans la classe... et... bon, je dois dire que, bon... on a été obligé de coller votre fils la semaine dernière...
— Oui, j'ai vu, oui... Effectivement, j'ai vu ça, oui...
— Je vous ai bien mis un mot sur le carnet de liaison, hein ?
— Oui, bien sûr que j'ai vu...
— Et son comportement devient inadmissible, il faut que les choses changent !
— Ben, écoutez, bon, nous allons reprendre les choses en main avec son père hein, et puis, bon, n'hésitez pas à nous signaler quoi que ce soit sur le bulletin trimestriel et le carnet de liaison hein ?
— Oui, oui bien sûr...
— Vous avez mon téléphone d'ailleurs, hein ?
— Oui, bien sûr, mais je peux déjà vous dire : les devoirs ne sont pas toujours faits, le travail à la maison est très insuffisant !
— Ben, c'est-à-dire moi je n'ai pas le temps, vous savez, je n'ai pas le temps de m'en occuper, c'est... je finis tard et c'est vraiment très difficile pour moi ! Bien...
— Oui, mais je pense qu'il est quand même de votre responsabilité de le prendre en charge...
— Oui, tout à fait, bien sûr, bien sûr, tout à fait ! Bien, écoutez, je vais faire un compte rendu donc...

— Le professeur de musique a noté un absentéisme de la part de votre fils !
— Ah ? Ah ! bon ? Alors là, vous savez, je ne suis pas au courant, tiens ! Je n'ai pas été prévenue !
— Je pense que vous pouvez le rencontrer puisqu'il est dans la salle à côté !
— Et bien, c'est exactement ce que je vais faire. Bon, écoutez, je vous remercie ! Donc, je fais un compte rendu et je contacte les parents d'élèves, donc pour les informer.
— D'accord... donc on se revoit le semestre prochain !
— Ça me paraît très bien, merci. Au revoir, monsieur !
— Au revoir, madame.

10 • L'ENSEIGNEMENT SUPÉRIEUR

FIN DES ÉTUDES ET PARCOURS PROFESSIONNELS

– *Femme 1* : Bonjour, bonjour madame.
– *Homme/femme 2* : Bonjour.
– *Femme 1* : Bonjour Monsieur. Dans le cadre d'une enquête pour le magazine Études et avenir, accepteriez-vous de répondre à quelques questions concernant le choix de vos études et votre parcours professionnel ?
– *Homme* : Bien volontiers.
– *Femme 2* : Pas de problème.
– *Femme 1* : Merci beaucoup. Monsieur, d'abord, alors. Monsieur, quelle est votre profession actuellement ?
– *Homme* : Je travaille dans un cabinet notarial, je suis clerc de notaire.
– *Femme 1* : D'accord. Quelles études avez-vous faites ?
– *Homme* : À vrai dire, j'ai commencé par faire des études d'histoire, j'avais hésité entre histoire et droit, et puis j'ai commencé donc une première année de licence d'histoire, et puis je me suis vite aperçu qu'il y avait très peu de débouchés dans cette filière et je me suis réorienté vers un IUT de carrières juridiques.
– *Femme 1* : D'accord, donc vous avez changé d'orientation complètement alors.
– *Homme* : Oui, complètement, même si j'avais quand même déjà envisagé le, le droit hein, mais il s'agissait là c'une filière courte, et je voulais travailler rapidement.
– *Femme 1* : D'accord, oui, et ensuite, est-ce que vous avez fait d'autres études, ou vous êtes allé directement dans votre profession ?
– *Homme* : Alors, ben à la fin de mon DUT, donc que j'ai obtenu au bout de deux ans, j'ai fait un stage pratique dans un cabinet et puis j'ai été embauché.
– *Femme 1* : D'accord.
– *Homme* : Voilà.
– *Femme 1* : Auriez-vous aimé faire des études plus longues peut-être ?
– *Homme* : J'aurais bien aimé effectivement faire peut-être un master, ou quelque chose comme ça, dans... en droit, pour devenir magistrat ou, euh, ou avocat. Mais voilà, j'avais perdu du temps avec ma mauvaise orientation de première année et je voulais vraiment travailler rapidement.
– *Femme 1* : Eh oui, des fois les circonstances de la vie font qu'on doit travailler plus rapidement.
– *Homme* : Ben oui.
– *Femme 1* : Et aujourd'hui, est-ce que vous regrettez votre choix ?
– *Homme* : Ah non, pas du tout, j'aime beaucoup mon travail, j'ai un contact avec le public, euh, je pourrais éventuellement dans un avenir plus ou moins proche envisager, je ne sais pas moi, poursuivre des études, mais alors dans le cadre de la formation continue.
– *Femme 1* : D'accord. Bien, bah écoutez je vous remercie monsieur.
– *Homme* : Je vous en prie.
– *Femme 1* : Et vous, Madame, quelle est votre profession ?
– *Femme 2* : Eh bien, moi, je dirige une petite entreprise. Je travaille dans l'événementiel. Bon, ça veut dire en fait que je travaille avec des clients qui peuvent être des entreprises, des associations, des clubs... qui veulent organiser des événements. Des événements qui peuvent être culturels, sportifs, et on les aide, ça permet de faire leur promotion, la promotion d'un produit, de faire connaître leur société.
– *Femme 1* : D'accord. Est-ce que vous avez des employés ?
– *Femme 2* : Oui. C'est une petite entreprise, mais on est quand même cinq.
– *Femme 1* : D'accord. Et quelles études avez-vous suivies ?

– *Femme 2* : Ben en fait, j'ai fait une classe prépa. Bon, j'étais ce qu'on peut appeler une bonne élève, donc mes profs m'ont encouragée, ça convenait bien à mes parents. L'objectif, c'était de poursuivre des études assez poussées et d'intégrer une filière d'excellence.

– *Femme 1* : D'accord. Euh, je crois que la prépa c'est, ça dure deux ans, hein ?

– *Femme 2* : Oui. C'est deux ans, et au bout de deux ans, on passe un concours, un concours commun, et en fonction des résultats, on peut choisir l'école que l'on fera. Bon, ça veut dire pas mal de travail pendant deux années, mais ça veut dire aussi un apprentissage assez complet, à la fois parce qu'il y a beaucoup d'émulation entre les étudiants, on est tous là pour la même raison et on a les mêmes centres d'intérêt, et puis, bon c'est une façon d'apprendre un petit peu ce que c'est que la compétitivité… c'est normal pour la préparation d'un concours, mais ça ne veut pas forcément dire que les gens sont dans l'hostilité les uns avec les autres, il y a aussi beaucoup d'entraide.

– *Femme 1* : D'accord. Et vous avez présenté plusieurs concours à la fin de votre prépa ?

– *Femme 2* : Oui, j'en ai présenté plusieurs, mais j'ai eu beaucoup de chance. Parce qu'en fait j'ai eu, ben celui qui m'intéressait le plus, HEC, donc…

– *Femme 1* : Ah, et pourquoi vous avez choisi donc HEC ?

– *Femme 2* : Oh, je dois reconnaître qu'il y a un peu d'amour-propre, c'est une école qui a une bonne réputation, bon puis il y a aussi quand même des critères professionnels, c'est une formation solide, ça veut dire un enseignement de haut niveau, ça veut dire un cursus qui est quand même très adapté aux réalités du monde du travail…

– *Femme 1* : Mmm…

– *Femme 2* : Des aspects pratiques.

– *Femme 1* : D'accord. Et vous avez fait des stages, à l'étranger, des séjours ?

– *Femme 2* : Oui. Et en fait c'était aussi un facteur déterminant, il y a la possibilité de faire des stages en Europe, voire plus loin, et moi j'aime les langues, et c'était une manière de les approfondir, et de fait maintenant je me sens tout à fait à l'aise que ce soit en anglais, en allemand, même en italien.

– *Femme 1* : Et c'est utile dans le cadre de votre travail ?

– *Femme 2* : Ah oui, beaucoup, beaucoup. Ça facilite les contacts dès qu'on travaille en dehors de la France, et ça arrive beaucoup. C'est des pays frontaliers donc il y a beaucoup d'échanges, oui, se perfectionner dans les langues, c'est un gros atout dans l'événementiel.

– *Femme 1* : D'accord. Vous auriez aimé peut-être faire une… un autre type de formation, suivre d'autres études ?

– *Femme 2* : D'autres études ? Pas vraiment, en réalité, je suis contente du côté un peu généraliste qu'il y avait. Ces deux années de prépa, elles ont été dures, mais très formatrices. C'est quand même trois ans l'école derrière, ça fait une formation en cinq ans, je trouve que bon, c'est une assez bonne durée, j'avais quand même envie de me frotter au monde du travail et de connaître les réalités professionnelles donc non je ne regrette pas du tout, c'était passionnant et c'était très formateur.

– *Femme 1* : Bien. Ben, écoutez, j'espère que votre profession vous apportera le plus de satisfaction possible.

– *Femme 2* : Merci.

– *Femme 1* : Et je vous remercie tous les deux.

– *Femme 2* : Y'a pas de quoi.

– *Homme* : Je vous en prie, au revoir.

– *Femme 1* : Au revoir.

– *Femme 2* : Au revoir.

LES MOUVEMENTS ÉTUDIANTS

Presque chaque année, la vie universitaire française est bouleversée par les mouvements de contestation estudiantine : occupation des universités, grèves et manifestations dans les rues. Ces révoltes sont aussi vieilles que l'université puisque, au XVe siècle, la Sorbonne vivait déjà ses premiers mois de grève !

Même si le militantisme syndical n'est plus aussi vivace depuis quelques années, les revendications étudiantes sont portées par leurs syndicats, l'UNEF et la FAGE qui sont les deux principales organisations syndicales étudiantes. Au fil des années, les sujets de protestations ont évolué. En 1968, ils étaient plutôt d'ordre sociétal et politique, les étudiants prônaient une libération des mœurs et s'insurgeaient contre la guerre du Vietnam. L'université était contestée, car trop féodale avec un corps enseignant réfugié dans ses recherches et fuyant le dialogue avec les étudiants. Les cours magistraux étaient dispensés depuis la chaire des amphi-

théâtres à des centaines d'étudiants anonymes. Il faut reconnaître que l'institution universitaire a su se transformer en s'inspirant de ces revendications. Les cours d'amphis sont associés à des séances de
25 travaux pratiques aux effectifs restreints, les enseignants sont d'un abord plus facile, mais surtout, les étudiants sont impliqués dans la vie de l'institution universitaire. Ils sont représentés dans les instances de gestion locales et nationales à travers
30 des élections qui ont lieu tous les deux ans. Des élus étudiants siègent au Conseil d'administration des universités dont le vice-président est un étudiant qui participe à toutes les réunions de l'équipe de direction. Des représentants étudiants jouent un
35 rôle capital au sein du conseil d'administration du Crous où sont abordés les droits en matière d'aide sociale, de logement, de restauration et de culture. Les principales revendications de ces dernières années portent sur des principes auxquels les
40 étudiants sont très sensibles : l'université doit être accessible à tous, sans sélection si l'étudiant est titulaire du baccalauréat ou d'un diplôme équivalent. Cependant, il faut reconnaître qu'encore trop d'étudiants peinent à franchir le cap de la première
45 année et se rendent compte un peu tard que les études dans lesquelles ils s'étaient engagés ne correspondent pas à leurs attentes. Pour résoudre ce problème et faire face parallèlement à l'augmentation constante du nombre d'étudiants, l'État a
50 mis en place une plateforme nommée Parcoursup. Elle permet à tous ceux qui souhaitent s'inscrire en première année dans l'enseignement supérieur de constituer un dossier auprès de plusieurs établissements qui sélectionnent les étudiants en
55 fonction de leur profil et du nombre de places dont ils disposent. Malgré les mouvements de contestation opposés à la sélection, Parcoursup est devenu opérationnel dans toutes les formations de l'enseignement supérieur, alors même que l'esprit
60 de sa mise en place semble contraire au principe d'égalité qui prévalait théoriquement jusqu'alors. En réalité, certaines filières effectuaient déjà une forme de sélection à l'entrée ou à l'issue de la première année.
65 Toutefois, le rôle des mouvements étudiants ne se limite pas à leur pouvoir de contestation. Sur les campus, des associations d'étudiants animent aussi la vie des universités. Ils se mobilisent pour venir en aide à leurs camarades en difficulté. À l'université de
70 Rennes a été créée une épicerie solidaire qui distribue gratuitement des aliments invendus de supermarché et de marchés ; ailleurs, des élèves avancés viennent en aide aux plus jeunes au moment de la révision des partiels et des examens, parfois des
75 étudiants français accueillent et soutiennent des étudiants étrangers dans leurs démarches administratives, d'autres servent de tuteur à des étudiants handicapés. Pour tous les étudiants engagés dans les associations ou les instances universitaires, ces
80 années sont tout autant leur période de formation académique qu'une école de la vie.

11 • LE TRAVAIL

LES FRANÇAIS AIMENT-ILS TRAVAILLER ?

1 En matière de travail, les Français font l'objet de nombreux préjugés et pâtissent d'une réputation qui, parfois, repose plus sur des clichés que sur une réalité tangible. Le débat sur la réduction du
5 travail, qui a abouti à la loi sur les 35 heures, et la polémique engendrée par l'assouplissement de la loi qui concerne le travail le dimanche ont contribué à répandre l'idée que les Français n'aimaient pas travailler. Il est vrai que le travail a longtemps
10 été considéré comme une punition. En effet, l'origine latine du verbe travailler (tripaliare) renvoie au verbe torturer et le contexte économique et social ne permettant pas toujours de choisir la nature et le lieu de son travail, il est parfois plus un moyen
15 de survivre que de s'épanouir et peut générer un sentiment d'ennui sinon de douleur.
En outre, la médiatisation de certains conflits sociaux a laissé supposer que les Français étaient souvent en grève. Comme les grèves touchent les
20 services centraux tels que les transports, la santé et l'éducation, elles sont très visibles. Aux yeux de certains, il semblerait que les Français usent et abusent du droit de grève, droit, qui, il faut le rappeler, est reconnu et garanti par la Constitution à
25 tout salarié dans le secteur privé comme dans la fonction publique (à quelques exceptions près).
Il faut ajouter à cela que les hexagonaux ont la réputation d'être toujours en vacances. La loi prévoit pour les salariés un minimum de cinq semaines de congés
30 payés par an, auxquels s'ajoutent les jours fériés. Qu'en est-il en réalité ?
En Europe, les Français font figure de privilégiés en ce qui concerne la durée légale du travail et le débat

sur les 35 heures revient régulièrement en période
pré-électorale. Cependant, l'OCDE (Organisation pour la coopération et le développement économique) place la France en très bonne position pour la productivité économique, c'est-à-dire la quantité de richesse produite par heure de travail.

Ensuite, si la France est mondialement connue pour son vin, ses fromages et… ses grèves, il faut constater que ce qu'on pourrait appeler une tradition est en voie de disparition. Sur une longue période en France, le recul de la grève est frappant, le nombre de jours de travail perdu a été divisé par 10 en 50 ans et ce déclin est parallèle à celui de la désyndicalisation. On constate en effet que les syndicats ont de moins en moins d'adhérents. C'est pourtant grâce aux syndicats, reconnus depuis 1884, qu'au fil du temps les travailleurs ont mené des combats et fait entendre leur voix pour obtenir de nouveaux droits. Malgré les cinq semaines de congés payés, la France n'est pas le pays le plus généreux en termes de congés et de jours fériés. On constate que les Autrichiens, les Maltais, les Grecs et les Polonais profitent de 37 à 38 jours de repos contre 36 en France. Cependant, comparé aux pays nord-américains et asiatiques, l'hexagone reste très bien placé.

Contrairement à ce que l'on pourrait penser, les Français aiment leur travail quand ils ont la chance d'en avoir un. Ils ne trainent pas des pieds pour aller travailler et la majorité des actifs perçoivent leur activité professionnelle comme un facteur d'épanouissement et d'intégration sociale, même s'ils ont évidemment conscience qu'il s'agit d'une contrainte nécessaire pour subvenir à leurs besoins. Toutefois, ce sentiment n'est pas homogène au sein de la population française. Il varie selon l'âge et la profession, ou encore en fonction de la proximité politique. Selon une enquête menée pour la CFDT, seulement 12 % des participants affirment s'ennuyer « souvent » au travail. Une grande proportion des salariés disent que ça ne leur arrive que « rarement » ou que cela ne se produit « jamais ».

Il faut souligner que plus de la moitié des sondés déclarent qu'ils n'ont pas la sensation de « perdre leur vie à la gagner » en se rendant chaque jour au travail. Les Français attachent beaucoup d'importance à la qualité des conditions de travail qu'ils placent parfois devant le niveau de rémunération. Avoir, par exemple, la reconnaissance du travail bien fait est un facteur de grande satisfaction personnelle. Malgré cela, ils ne sont pas toujours prêts à sacrifier leur vie privée à leur carrière.

QUELLE PROFESSION EXERCEZ-VOUS ?

— Bonjour, messieurs dames !
— Bonjour !
— Je vous remercie d'avoir accepté de répondre à notre enquête sur l'emploi ! … Je voudrais savoir : quelle est votre profession, madame ?
— Je suis restauratrice !
— Oui, et vous, monsieur ?
— Je suis professeur.
— Oui, professeur de…
— Professeur de français.
— Professeur de français ! Quels sont vos horaires de travail, madame ?
— Oh, écoutez… je ne peux pas vous dire précisément, mes horaires de travail sont très élastiques et très variables. Disons que je peux commencer vers 8 heures le matin et il m'arrive de finir à 23 heures avec bien évidemment une pause l'après-midi… hein… mais en gros je travaille 12 heures par jour.
— Et vous, monsieur ?
— Alors, en ce qui me concerne je dois faire 18 heures hebdomadaires en face à face pédagogique comme on dit ! Et puis plus… plus du double hein, à la maison pour préparer les cours, corriger les copies, me former, m'informer !
— Quelle est votre rémunération ? Si ce n'est pas trop indiscret, ou au moins quelle est la fourchette où se situe votre rémunération ?
— Excusez-moi, mais… je trouve que la question est indiscrète… Mon mari et moi, puisque nous sommes associés dans la… dans la gestion de cet établissement, nous vivons bien, disons que probablement nous vivons mieux qu'un fonctionnaire, nous avons… suffisamment d'argent pour nos loisirs… nous pouvons… nous sommes propriétaires de notre résidence principale, nous avons une résidence secondaire et deux véhicules. Voilà, bon… nous avons des frais, nous devons investir, mais bon, ça va… Mais je préfère ne pas donner de précisions !
— Bien ! Et vous, monsieur ?
— Alors, en ce qui me concerne, je suis fonctionnaire d'État, donc il est facile de savoir quelle est ma rémunération…
— Oui !

— ... À quoi on peut rajouter éventuellement quelques indemnités pour conseils de professeurs, conseils de classe et parfois des heures supplémentaires.
50 — D'accord...
— Alors, je peux me positionner par rapport à monsieur, je gagne... je gagne plus que monsieur, mais je travaille beaucoup plus également !
— D'accord... Quels sont les avantages ?
55 — Je n'ai rien à rajouter !

Rires

— ... quels sont les avantages et les inconvénients de votre profession, monsieur ?
— Alors les avantages de ma profession, c'est sur-
60 tout le contact avec la jeunesse, donc je dirais que quand on est un enseignant efficace qui fait bien son métier, on ne peut pas vieillir ! On est toujours en contact avec je dirais, la frange la plus jeune de la population, donc... le contact !
65 La transmission, la transmission du savoir... quelle merveille, hein, d'entendre des enfants parler avec la voix de Voltaire ou Rousseau ! Donc... voilà ! Pour les avantages, c'est ça, c'est cet aspect dynamique ! Pour les inconvénients,
70 bon, c'est peut-être parfois une certaine rigidité au niveau de l'institution, une certaine lenteur au niveau des prises de décisions, un programme parfois trop rigide, etc. Des démarches administratives trop longues pour organiser une activité
75 culturelle ! Mais, bon, nous faisons partie de la fonction publique, il y a un contrôle public... je ne me plains pas !
— Oui, vous aimez votre travail !
— J'aime mon travail, je vous l'ai dit !
80 — Visiblement !
— Oui, oui bien sûr.
— Et vous, madame ?
— Et bien, je rejoindrais monsieur dans l'idée du contact...
85 — ... parce que lui, il aime le contact avec la jeunesse, avec les enfants, moi, ce que j'aime dans mon travail, c'est le contact avec la clientèle.
— Oui...
— Alors, évidemment, on a la clientèle qu'on se
90 fait, qu'on choisit... moi, j'aime les gens qui fréquentent mon établissement... souvent, ce sont des gens... des habitués que l'on peut revoir. J'aime beaucoup rencontrer des gens très divers ! Parce que dans un restaurant, il vient des
95 gens... de toutes catégories.

— De toutes les couches sociales !
— Oui, oui parce que nous sommes une brasserie donc ce sont, c'est un restaurant de déjeuners essentiellement et vraiment... j'aime ça !
100 ... En ce qui concerne les inconvénients, bon ce sont les horaires bien sûr... c'est la fatigue physique aussi qui est liée à... au fait qu'on est tout le temps debout... et puis la prise de risque au niveau financier...
105 — Oui !
— ... Qui, quand même a été permanente pendant quelques années ! Maintenant, c'est plus confortable, mais...
— Et au niveau administratif ?
110 — Ben, oui il y a le problème de la gestion comptable... et puis la gestion du personnel puisque le personnel, dans la restauration malheureusement, n'est pas un personnel très, très stable, puisque... les horaires sont lourds, les rému-
115 nérations ne sont pas très élevées donc... nous essayons effectivement de fidéliser notre personnel par des avantages divers, mais ce n'est pas facile à gérer !
— Bien, ben, écoutez, je vous remercie de ces
120 réponses qui sont ma foi, très, très directes !

12 • LE CITOYEN, LES INSTITUTIONS ET LA POLITIQUE

VOTER OU S'ABSTENIR ?

1 — Ah, salut Jean-Jacques, t'as une super mine, dis-moi !
— Merci, je reviens de vacances, je suis parti quinze jours en Guadeloupe et je suis rentré hier.
5 — Hier ? Donc t'as... pas voté.
— Euh non, j'ai pas voté.
— Et tu trouves ça normal ? C'est pourtant une démarche citoyenne simple, hein, il aurait fallu que tu ailles au commissariat le plus proche
10 faire une procuration. Le droit de vote, c'est une conquête, 1944, le droit de vote pour les femmes, c'était pas il y a si longtemps, hein.
— Oui enfin j'étais parti en vacances, j'ai pas pensé à faire une procuration. En plus, on est en France,
15 le vote obligatoire n'existe pas comme dans certains pays.

— Bah il devrait l'être hein, je suis désolée. Depuis que j'ai 18 ans, je vote à chaque scrutin, et d'ailleurs j'ai participé au dépouillement et les urnes, elles sont de plus en plus vides, les isoloirs, aussi et le taux d'abstention, il explose, ça me… ça me désole.

— Mais Marianne, c'est normal qu'il y ait de l'abstention ; les gens ne sont pas satisfaits des programmes.

— Mais il y a suffisamment de programmes, et de candidats, pour s'y retrouver un peu.

— Ben moi je comprends tout à fait, hein, ce n'est pas surprenant. Y'a pas d'enjeu, les candidats ils prônent la même chose, finalement on choisit par défaut plutôt que par conviction, et en plus le vote blanc n'est pas comptabilisé, et pourtant beaucoup de personnes votent blanc.

— Le vote blanc, c'est un autre débat. Actuellement, il n'est pas pris en compte en France. Et puis tous les candidats ne sont pas les mêmes. Il y en a bien des sérieux.

— Oh mais tu sais très bien Marianne que les candidats ne tiennent pas leurs promesses. En plus les gens sont dégoûtés parce qu'il y a des affaires de corruption…

— Ouais, je suis d'accord. D'ailleurs, je suis plutôt pour un renouvellement du système. T'en penses quoi, toi ?

— Ben pourquoi pas la démocratie participative… Dans le cadre d'une démocratie participative, je m'exprimerais.

— Ah ! Là, je suis d'accord avec toi.

LA FONCTION DE MAIRE

Alors que le préfet de département est un haut fonctionnaire désigné par le chef de l'État, le maire est un élu. Tous les 6 ans, dans chaque commune en France, ont lieu les élections municipales. C'est le suffrage universel direct qui est utilisé pour désigner les membres du conseil municipal qui, au sein du conseil, éliront à leur tour le maire et ses adjoints.

Une même personne peut être renouvelée dans ses fonctions tous les 6 ans par le suffrage universel. Mais, une réforme applicable à partir de 2020 fixe la limite à 3 mandats consécutifs pour les maires de communes de plus de 3 500 habitants.

À l'occasion des élections municipales, les étrangers citoyens de l'Union européenne qui résident en France peuvent voter dès lors qu'ils sont inscrits sur les listes électorales. En revanche, ce n'est pas possible pour les étrangers originaires d'un pays non membre de l'UE. Le maire doit avoir la nationalité française ou la citoyenneté d'un État membre de l'Union européenne.

Aidé dans sa tâche par des adjoints, le maire est à la fois un agent de l'État qui dépend de l'autorité du préfet et un agent de la commune. Cette double fonction fait du maire un élu à part de la République française.

En tant qu'agent de l'État, il applique les lois et règlements de la République et organise les élections et référendums.

En tant qu'agent de la commune, il préside le conseil municipal qui se réunit au moins une fois par trimestre. Il exécute les décisions du conseil dans des domaines très variés comme l'école, la santé, les activités culturelles. Il est officier d'état civil et, à ce titre, il procède à l'enregistrement des naissances et des mariages, mais pas des divorces lesquels dépendent de l'autorité d'un juge aux affaires familiales.

Il est également le patron des employés communaux (jardiniers, policiers municipaux, maitres-nageurs…). Il gère l'argent de la commune et le patrimoine communal, assure des missions de sécurité publique avec la police municipale, réglemente le stationnement. Il peut déléguer ses attributions, c'est pourquoi le maire a des adjoints qui le remplacent dans certaines situations comme la célébration des mariages. Contrairement au préfet qui est un fonctionnaire payé par l'État, le maire ne reçoit pas de salaire mais une indemnité proportionnelle au nombre d'habitants de sa commune, c'est pourquoi les maires de petites communes continuent d'exercer une activité professionnelle.

La fonction de maire est très prenante et une grande partie de ces élus ne souhaitent pas se représenter aux élections municipales. Ce renoncement concerne surtout les maires des petites villes qui invoquent le manque de moyens financiers pour assurer leur fonction et le manque de personnel. Plus profondément, l'accroissement des normes et la complexité administrative ont étouffé les vocations.

Ils mettent également en avant le désir de disposer de temps pour se consacrer à leur vie familiale et professionnelle et c'est ainsi qu'on assiste à une crise des vocations.

Cette situation nouvelle inquiète l'État et les associations d'élus locaux qui cherchent des solutions à cette crise.

CORRIGÉS

1 • LA FRANCE

🎧 1
MÉDITERRANÉENNE D'ORIGINE ET DE CŒUR
Compréhension orale*

❶ En corse ❷ À Nice ❸ **a.** L'ambiance méditerranéenne ; **b.** les couleurs ; **c.** Le climat ; **d.** la cuisine ❹ Les maisons ocres ou jaunes avec des volets verts ❺ **a.** la montagne ; **b.** le coût élevé ❻ À Nice, il y a de nombreux retraités et des touristes qui recherchent le bord de mer. À Grenoble, il y a beaucoup de jeunes, d'universitaires, de chercheurs et de cadres. ❼ Non. Parce qu'il y a une mentalité particulière, une méfiance vis à vis des touristes. ❽ Oui.

🎧 2
PETITE HISTOIRE DE LA LANGUE FRANÇAISE
Compréhension orale**

Ⓐ ❶ Vrai ❷ Vrai ❸ Faux ❹ Vrai ❺ Faux ❻ Vrai ❼ Faux
Ⓑ ❶ Les Gaulois, Les Romains, Les Francs.
Ⓒ On distingue les langues d'*oïl* au Nord, et les langues d'*oc* au Sud, appelées ainsi parce que *oïl* et *oc* étaient deux manières différentes de dire oui dans ces parlers.

Compréhension écrite

❶ Parce que le terme latin *gallus* signifie à la fois « coq » et « gaulois ». ❷ Le Luxembourg, la Belgique, la Suisse, la Côte d'Ivoire, Madagascar, Haïti, le Canada, etc. ❸ La Guyane ❹ Strasbourg ❺ **1.** b. ; **2.** a. ; **3.** c. ❻ Le sud ❼ La région parisienne ❽ Depuis 1635, l'Académie française fixe la langue, codifie l'orthographe et rédige un dictionnaire.

2 • LE CALENDRIER

🎧 3
PETITE HISTOIRE DU CALENDRIER
Compréhension orale**

Ⓐ ❶ Faux ❷ Faux
Ⓑ ❶ Septembre = 7 ; Octobre = 8 ; Novembre = 9 ; Décembre = 10 ❷ Parce qu'il avait été mis en place par Jules César. ❸ À cause d'une erreur de calcul de l'astronome grec. ❹ Ce changement est intervenu en 1582. ❺ **a.** L'Allemagne = 1699 ; **b.** Le Danemark = 1700 ; **c.** L'Angleterre = 1752 ; **d.** La Grèce = 1916 ; **e.** La Russie = 1918 ; **f.** Le Japon = 1873 ; **g.** La Chine = 1912. ❻ Le calendrier grégorien a été abandonné en 1792. ❼ Le calendrier grégorien a été rétabli en 1806. ❽ La France n'avait plus le même système que l'Europe. ❾ Napoléon est à l'origine de ce rétablissement.

🎧 4
TIRER LES ROIS À L'ÉPIPHANIE
Compréhension orale**

❶ Parce qu'elle va tirer les rois avec ses collègues. ❷ L'Épiphanie et la Chandeleur.
❸

	Lucie	L'amie de Lucie	Ni l'une ni l'autre
a. La convivialité	X		
b. La brioche aux fruits			X
c. La galette à la frangipane	X		
d. Le ridicule		X	
e. Le déplaisir		X	
f. Le vin pétillant	X		
g. Le cidre			X
h. La couronne		X	
i. Les cadeaux			X
j. La rencontre avec les voisins			X
k. Le commerce	X	X	
l. La tradition religieuse	X	X	
m. Les fèves	X		

CORRIGÉS

4

	Lucie	L'amie de Lucie	Ni l'une ni l'autre
a. Les beignets			X
b. La tradition	X		
c. Une pièce de monnaie	X		
d. L'enfance	X		
e. La confection des crêpes		X	
f. La religion			X

Compréhension écrite

A ❶ Faux ❷ Vrai ❸ Faux ❹ Faux ❺ Vrai
❻ Faux ❼ Faux ❽ Vrai ❾ Faux

B

g	e	d	f	b	c	a	h
1	2	3	4	5	6	7	8

3 • LA FAMILLE

VIE PRIVÉE
Compréhension orale*

❶ Faux ❷ ? ❸ Vrai ❹ Vrai ❺ Vrai ❻ Faux
❼ Faux ❽ ? ❾ Vrai ❿ Faux ⓫ Vrai ⓬ Vrai

L'ÉVOLUTION DE LA POLITIQUE FAMILIALE
Compréhension orale**

❶ Le mari ne plus s'opposer à l'exercice, par son épouse d'une profession. Chaque époux peut ouvrir, en son nom propre, un compte en banque. ❷ L'enfant adopté bénéficie des mêmes droits que l'enfant légitime. L'adoption n'est plus réservée aux couples légitimes, mais peut être demandée par toute personne âgée d'au moins 35 ans. ❸ En 1975, elle légalise l'interruption volontaire de grossesse dans des conditions déterminées. ❹ Chaque époux peut passer seul des contrats concernant le ménage ou l'éducation des enfants. Chaque époux peut disposer librement de ses rémunérations après s'être acquitté des charges du ménage. ❺ Si le père n'a pas reconnu l'enfant avant qu'il ait un an. ❻ Le montant des allocations familiales n'est plus le même pour toutes les familles, mais dépend du revenu des parents.

Compréhension écrite
❶ Faux ❷ Faux ❸ Faux ❹ Faux ❺ Faux
❻ Vrai ❼ Faux ❽ Faux ❾ Vrai

CORRIGÉS

4 • LA TABLE

À CHACUN SES HABITUDES
Compréhension orale*

A

	LA FEMME	L'HOMME
Le petit-déjeuner		
De quoi est-il composé ?	De café, de céréales, de tartines	D'un café noir
Le déjeuner		
Où est-il pris ?	Au square, au parc	Au restaurant d'entreprise
Le dîner		
À quelle heure dînent-ils ?	Tard, mais elle ne précise pas l'heure	20 h/20 h 30
Avec qui dînent-ils ?	Avec son mari et ses enfants	Avec son épouse
Qui prépare le repas ?	On ne sait pas	L'homme
Le week-end, les jours de fêtes		
En quoi leurs habitudes diffèrent-elles ?	Elle cuisine en famille pour apprendre à ses enfants de nouvelles saveurs.	Il reçoit des amis.

B ❶ L'homme ne mange pas à l'heure du petit-déjeuner parce qu'il n'a pas d'appétit. ❷ La dame paie son repas de midi avec des tickets-restaurants. ❸ Pas cher, rapide, copieux, équilibré. ❹ L'homme prend un apéritif avec ses amis avant le dîner. ❺ Ils vont rarement, exceptionnellement au restaurant, parce que c'est cher et pas toujours copieux.

LES CARACTÉRISTIQUES DU VIN
Compréhension orale**

❶ Le terroir est le lieu où poussent les vignes. ❷ Le cépage : ce sont les différents types de plants de vigne. ❸ Le sol, le climat, l'exposition au soleil et au vent. ❹ La peau des raisins peut être blanche ou noire. ❺ La chair des raisins peut être blanche ou rouge. ❻ Ce vin provient d'un seul cépage, le gamay. ❼ Le Châteauneuf-du-Pape peut être composé de treize cépages. ❽ Le travail des viticulteurs est devenu de plus en plus scientifique. ❾ L'œnologie est la science du vin. ❿ L'art et l'imagination du viticulteur.

Compréhension écrite

A ❶ Faux ❷ Vrai ❸ Faux ❹ Faux
B Locavore = une personne qui décide de ne consommer que des fruits et des légumes locaux et de saison pour contribuer au développement durable. **C** Bleu, saignant, à point **D** L'huile d'olive **E** Vrai **F** Faux **G** Faux **H** Ils ont le pied vert.
I Faire découvrir aux jeunes de nouvelles saveurs et des aliments oubliés ; inciter les jeunes à s'alimenter sainement ; faire découvrir aux jeunes le plaisir de s'alimenter sainement ; donner des conseils diététiques à un large public ; lutter contre l'obésité. **J** La dénomination du produit ; le nom de l'embouteilleur ; le degré d'alcool ; la contenance ; le pays d'origine ; le numéro d'identification ; des logos de prévention pour les femmes enceintes et les personnes allergiques ; la mention « contient des sulfites ».

CORRIGÉS

5 • LA SANTÉ

À LA PHARMACIE
Compréhension orale*

Ⓐ ❶ Vrai ❷ Vrai ❸ Faux ❹ Vrai ❺ ?
Ⓑ ❶ Parce qu'il est moins cher et tout aussi efficace. ❷ Elle préfère les gélules. ❸ Elle doit présenter sa carte Vitale.

LA MÉDECINE À DISTANCE
Compréhension orale**

Ⓐ ❶ il n'y a pas assez de médecins ; la population vieillit ; les hôpitaux ont des difficultés financières. ❷ La présence d'un aide-soignant les rassure ; l'aide-soignant est un lien, un intermédiaire entre le médecin et la personne âgée. ❸ la télémédecine évite les déplacements ; la télémédecine évite les hospitalisations néfastes pour les personnes âgées. ❹ C'est un gain de temps, les employés ne doivent pas s'absenter pour consulter un médecin.
Ⓑ ❶ Faux ❷ Faux ❸ Faux ❹ Vrai

Compréhension écrite

Ⓐ ❶ Faux ❷ Faux ❸ Vrai ❹ Vrai ❺ Faux ❻ Vrai
Ⓑ ❶ Elle simplifie les démarches auprès des médecins. Elle permet d'être remboursé rapidement des soins par la Sécurité sociale. ❷ Il suit et oriente le patient dans son parcours de santé. ❸ Un dispositif qui permet au patient de ne payer que la partie des soins qui n'est pas prise en charge par la Sécurité sociale. ❹ En raison du manque de médecins libéraux, surtout les week-ends.

6 • LES LOISIRS

À CHACUN SES LOISIRS
Compréhension orale*

Ⓐ
	Olivier	Mathilde	Souad
Âge	37 ans	46 ans	63 ans
Profession	Professeur des écoles	Comptable	Bibliothécaire à la retraite

Ⓑ
	Olivier	Mathilde	Souad
❶ Une pratique sportive	X	X	
❷ Des activités culturelles		X	X
❸ Des voyages à l'étranger			X
❹ Des voyages lointains			X

Ⓒ ❶ Il a besoin de se dépenser de s'aérer. ❷ Le ski de piste, le ski de fond, la randonnée pédestre et se déplace à vélo. ❸ C'est important pour la sécurité. ❹ Il entretient le balisage des chemins. ❺ Il croit être prudent. ❻ Pour sa santé et pour des raisons écologiques.
Ⓓ ❶ Elle fait du yoga, elle aime beaucoup la lecture. ❷ Pour des raisons écologiques et elle n'aime pas l'imprévu. ❸ Faire la grasse matinée, flâner en ville, boire des cafés et faire des brocantes et des vide-greniers. ❹ Non. Elle emprunte des livres et des revues à la bibliothèque de son quartier.
Ⓔ ❶ Visiter des musées, aller à la Maison de la culture, au théâtre, à des concerts et à des festivals. ❷ Elle est bénévole dans une association qui aide les personnes en difficulté et les personnes qui arrivent en France. ❸ Ils sont trop chers pour son budget. ❹ Le dépaysement, une autre culture. ❺ Elle est plutôt solitaire et n'aime pas que tout soit organisé.

CORRIGÉS

VIVE LE CINÉMA
Compréhension orale*

A ❶ Faux ❷ Faux ❸ Faux ❹ Vrai ❺ Faux ❻ Vrai ❼ Vrai
B Le CNC accorde une aide financière, ce qui permet de demander d'autres financements.
C Ils reçoivent de l'argent pour financer un film long métrage.
D **a.** Le choix des films en compétition ; **c.** La venue de célébrités du cinéma ; **d.** La remise de la Palme d'or ; **f.** La possibilité de vendre des films ; **g.** La montée des marches

Compréhension écrite

A ❶ Faux ❷ Faux ❸ Faux ❹ Faux ❺ Faux ❻ Vrai ❼ Faux ❽ Faux
B

3.	5.	1. et 6.	4.	2.
a.	b.	c.	d.	e.

C Elles participent financièrement à l'achat de vélos électriques.
D Elle peut se pratiquer n'importe où et ne demande pas de qualités particulières.
E Les bibliothèques peuvent apporter des livres aux personnes qui ne peuvent pas se déplacer.
F Des visites commentées, des ateliers et des spectacles sont organisés. Les musées sont ouverts une grande partie de la nuit.
G Visiter différents lieux souvent fermés au public.

7 • L'ARGENT

LA FIN DU CASH
Compréhension orale*

❶ a. c. e. ❷ **Acteur 1 :** les banques. **Raison :** la sécurisation des transferts est coûteuse. **Acteur 2 :** l'administration fiscale. **Raison :** la lutte contre la fraude. ❸ Les commerçants, parce que ce n'est pas gratuit pour eux. ❹ Parce que c'est la fin de l'anonymat. ❺ Les personnes âgées ❻ 50 % ❼ **a.** La facilité d'usage ; **b.** Le faible risque ; **c.** La gratuité ❽ Ils n'ont pas accès aux services bancaires. ❾ Une résistance à l'État. Le sentiment de liberté que donne le paiement en espèces.

Compréhension écrite

❶ **a.** La religion ; **b.** La culture paysanne ; **c.** L'héritage du marxisme ❷ Le cuivre
❸ **a.** Pile et face ; **b.** C'est le côté « pile » qui mentionne la valeur de la pièce. ❹ Non
❺ Aux 30 années de croissance économique qui ont suivi la seconde guerre mondiale.
❻ Le pourboire est une somme d'argent remise à titre de récompense par le client à un travailleur salarié ou pas. Le pot-de-vin est synonyme de « dessous de table » et fait référence à des pratiques de corruption. ❼ Le réseau de contacts et de relations d'une personne.
❽ L'affichage ostentatoire de signes extérieurs de richesse ❾ Échapper à l'impôt ❿ Le logement.

DE QUOI VIVENT-ILS ?
Compréhension orale*

❶ b. ❷ Parce que leur identité n'est pas révélée. L'anonymat est garanti. ❸ **a.** Pour la femme : 1. Vrai – 2. Faux – 3. Faux – 4. Faux – 5. Faux 6. Vrai ; **b.** Pour l'homme : 1. Vrai – 2. Faux 3. Vrai – 4. Vrai – 5. Faux – 6. Faux ❹ **a.** Elle dissimule des revenus au fisc. **b.** Elle utilise son téléphone professionnel pour des communications privées. ❺ Il est choqué, presque outré. ❻ Enseignante.

CORRIGÉS

8 • L'HABITAT ET LE LOGEMENT

QUITTER PARIS
Compréhension orale*

❶ **b.** Parce que leur appartement… ; **d.** Parce que les prix de l'immobilier… ❷ **b.** Parce que les logements… ; **d.** Parce que les taxes…
❸ **b.** Parce qu'on y mange bien ; **c.** Parce qu'elle a de la famille… ❹ Parce qu'un grand nombre d'Anglais et d'Espagnols achètent et rénovent des maisons.

L'ATTRACTIVITÉ DES VILLES DE PROVINCE
Compréhension orale**

Ⓐ

c.	f.	a.	d.	b.	e.
1	2	3	4	5	6

Ⓑ Le coût des logements. Trop de temps passé dans les transports. Une vie trop stressante. Un environnement pollué. L'insécurité
Ⓒ ❶ Vrai ❷ Faux ❸ Faux ❹ Vrai ❺ Vrai ❻ Vrai ❼ Faux ❽ Faux ❾ Vrai
Ⓓ La bonne qualité de son air
Ⓔ ❶ Un réseau de transports en commun efficace et écologique. ❷ De nombreuses pistes cyclables. ❸ Ce sont deux grandes villes universitaires.
Ⓕ Parce que Rennes est une ville d'histoire avec des quartiers médiévaux.
Ⓖ La convivialité, le grand air, des aliments frais, la possibilité de se rendre à pied à son travail.

Compréhension écrite

Ⓐ ❶ Vrai ❷ Faux ❸ Faux ❹ Faux ❺ Vrai ❻ Faux ❼ Vrai ❽ Faux ❾ Faux ❿ Faux ⓫ Faux ⓬ Faux
Ⓑ ❶ Pour se protéger du vent du nord, le mistral. ❷ Un ensemble de maisons individuelles situé en périphérie des villes. ❸ Les loyers et les taxes sont trop élevés, les logements souvent en mauvais état doivent être rénovés. ❹ L'État accorde des aides financières et des réductions d'impôts. ❺ Une loi qui interdit toute construction à proximité des plages.

9 • L'ENSEIGNEMENT PRIMAIRE ET SECONDAIRE

L'ÉCOLE MATERNELLE
Compréhension orale*

Ⓐ ❶ **b.** L'évolution de la scolarisation des jeunes enfants ; **c.** Les causes de l'échec scolaire chez certains jeunes ; **e.** Le rôle joué par l'Éducation nationale ❷ Les mères ne pouvaient pas s'occuper des enfants. Les parents se préoccupaient de l'éducation de leurs enfants. Les classes d'asile étaient gratuites. ❸ Parce qu'ils pensaient que les enfants étaient en danger moral. ❹ De plus en plus de femmes travaillent. Les parents veulent donner une bonne éducation aux enfants. Les enfants sont préparés à l'entrée à l'école élémentaire. ❺ Scolariser les enfants, les socialiser, leur faire apprendre et les exercer.
Ⓑ ❶ **a.** ? ; **b.** Vrai ; **c.** ? ❷ **a.** Faux ; **b.** Vrai
❸ **a.** Faux ; **b.** ? ❹ **a.** Vrai ; **b.** Vrai

RENCONTRE PARENT-PROFESSEUR
Compréhension orale**

❶ **b.** au collège ❷ La femme est : **b.** une mère d'élève ; **c.** une représentante des parents d'élèves – L'homme est : **b.** le professeur de français ; **d.** le professeur principal ❸ **b.** 4 bons élèves ❹ Des cours supplémentaires individuels donnés par des professeurs de l'établissement.
❺ **b.** il est indiscipliné ; **c.** il ne fait pas ses devoirs ; **d.** il n'assiste pas toujours aux cours.
❻ **a.** À propos de son fils : parler avec son père et s'occuper mieux de lui ; **b.** À propos des parents d'élèves : faire un compte rendu de cette rencontre pour les informer.

CORRIGÉS

Compréhension écrite

❶ 3 ans depuis 2019 ❷ 16 ans ❸ 8 ans
❹ Certains enfants de milieux défavorisés ne prennent pas de petit-déjeuner chez eux et ont des difficultés à suivre les cours. ❺ Oui ❻ Les surveillants veillent au respect de la discipline en dehors des cours. ❼ Faux ❽ **b.** qui ne mangent pas de viande ; **c.** qui ont des problèmes de santé ; **d.** qui ne mangent pas de porc. ❾ Faux ❿ Ils représentent les élèves de la classe auprès des enseignants et de l'administration. ⓫ Faux
⓬ L'exclusion définitive de l'établissement.
⓭ Faux ⓮ L'histoire-géographie, les langues vivantes, l'enseignement moral et civique, la philosophie, l'éducation sportive, l'enseignement scientifique. (Le bac de français se passe en première.) ⓯ Vrai ⓰ Pour permettre d'étaler les vacances d'hiver et de printemps et augmenter la fréquentation des stations de sports d'hiver.
⓱ **b.** Trop d'enfants de milieux défavorisés… ;
e. Le manque de formation pédogogique

10 • L'ENSEIGNEMENT SUPÉRIEUR

FIN DES ÉTUDES ET PARCOURS PROFESSIONNELS
Compréhension orale*

Ⓐ **L'homme** est clerc de notaire, il a fait 2 ans d'études. **La femme** est chef d'entreprise. Elle a fait 5 ans d'études
Ⓑ **L'homme :** ❶ **a.** À cause du manque de débouchés ; **b.** Parce qu'il voulait travailler rapidement. ❷ À la suite d'un stage. ❸ Un master en droit. ❹ Magistrat ou avocat. ❺ Dans le cadre de la formation continue.
Ⓒ **La femme :** ❶ **a.** Elle était bonne élève (encouragée par ses professeurs et ses parents) ; **b.** Elle voulait faire des études poussées dans une filière d'excellence. ❷ **a.** Vrai ; **b.** Vrai ; **c.** Faux ; **d.** Vrai ; **e.** Vrai ; **f.** Faux ; **g.** Vrai

LES MOUVEMENTS ÉTUDIANTS
Compréhension orale**

❶ **c.** Les différentes causes de contestation… ; **d.** Les différents types de cours… ; **f.** La place des élus étudiants… ; **g.** La sélection…
❷ **a.** Faux ; **b.** Vrai ; **c.** Vrai ; **d.** ? ; **e.** Vrai ; **f.** Vrai ; **g.** ? ; **h.** vrai ; **i.** ? ; **j.** Faux ; **k.** Vrai

Compréhension écrite

❶ Les enseignants-chercheurs, le personnel administratif et technique, les étudiants.
❷ Les membres élus du conseil d'administration.
❸ Le directeur, élu parmi les enseignants.
❹ Faux ❺ **c.** À l'université ; **e.** En première année… ❻ Les crédits sont capitalisables ; ils sont transférables ; ils facilitent la mobilité.
❼ Faux ❽ Faux ❾ Faux ❿ Vrai ⓫ **a.** Vrai ; **b.** Faux ; **c.** Faux ; **d.** Vrai ; **e.** Vrai ⓬ Permettre aux nouveaux étudiants de faire connaissance. ⓭ Faux

CORRIGÉS

11 • LE TRAVAIL

LES FRANÇAIS AIMENT-ILS TRAVAILLER ?
Compréhension orale**

A **b.** Le travail en France…
B **1** La loi sur les 35 heures ; la polémique au sujet du travail le dimanche. **2** Torturer **3** À cause du contexte économique et social. **4** Les transports ; la santé ; l'éducation.
C **1** Vrai **2** Faux **3** Vrai **4** Vrai **5** Faux **6** Faux **7** Faux **8** Vrai **9** Faux **10** Vrai **11** Faux **12** Vrai

QUELLE PROFESSION EXERCEZ-VOUS ?
Compréhension orale*

La femme
1 Restauratrice **2** 12 h par jour **3** ? **4** Une résidence principale et une résidence secondaire. **5** Le contact avec la clientèle. **6** Les horaires ; la fatigue physique ; les risques financiers ; la gestion comptable ; la gestion du personnel.

L'homme
1 Professeur de français **2** Plus de 36 h par semaine **3** ? **4** ? **5** Le contact avec la jeunesse ; le plaisir de transmettre un savoir. **6** La rigidité des institutions ; la lenteur des prises de décision ; la rigidité des programmes ; la longueur des démarches administratives pour organiser des activités.

Compréhension écrite

1 Secteur primaire : **c. d. e.** ; Secteur secondaire : **a. f.** ; Secteur tertiaire : **b. g. 2** Près d'un quart **3** Un temps complet **4** **a.** 5 semaines de vacances ; **b.** 11 jours fériés ; **c.** 35 h de repos hebdomadaire ; **d.** 48 h de travail sur une même semaine ; **e.** 20 min. de pause quotidienne. **5** **a.** Vrai ; **b.** Vrai ; **c.** Faux ; **d.** Faux ; **e.** Faux ; **f.** Faux ; **g.** Faux ; **h.** Faux ; **i.** Vrai ; **j.** Faux ; **k.** Faux ; **l.** Faux ; **m.** Vrai ; **n.** Faux ; **o.** Vrai ; **p.** Faux

12 • LE CITOYEN, LES INSTITUTIONS ET LA POLITIQUE

VOTER OU S'ABSTENIR ?
Compréhension orale*

1 Parce qu'il revient de 15 jours de vacances en Guadeloupe. **2** Une procuration au commissariat le plus proche de chez lui. **3** **a.** Vrai ; **b.** Vrai ; **c.** Faux ; **d.** Vrai ; **e.** Faux **4** **b.** Scandalisée **5** **a.** Vrai ; **b.** Faux ; **c.** Faux ; **d.** Vrai ; **e.** Vrai **6** Les urnes et les isoloirs sont de plus en plus vides. **7** La démocratie participative.

LA FONCTION DE MAIRE
Compréhension orale**

1 **c.** Tous les 6 ans **2** **b.** Tous les citoyens **3** **a.** Les conseillers municipaux **4** **b.** Tous les 3 mois **5** 3 fois au maximum pour les maires des communes de plus de 3 500 habitants. **6** Être ressortissant d'un pays de l'Union européenne ; être inscrit sur les listes électorales. **7** De l'autorité du préfet **8** **a.** Faux ; **b.** Vrai ; **c.** Vrai ; **d.** ? ; **e.** ? **9** Fonctionnaire / Haut fonctionnaire **10** Du nombre d'habitants de sa commune **11** Oui, en particulier dans les petites communes **12** L'accroissement des normes ; la complexité administrative ; le manque de moyens financiers ; le manque de personnel.

Compréhension écrite

1 **b.** À la majorité **2** **c.** 1944 **3** **c.** Aux élections européennes et municipales **4** Non **5** Non **6** **b.** 2 mandats **7** **c.** Le pouvoir exécutif **8** **b.** La neutralité de l'État en matière de religion **9** **a.** Un principe constitutionnel **10** Les femmes qui manifestaient pour obtenir le droit de vote. **11** L'isoloir **12** **a.** Voix

CORRIGÉS ◀ 203

NOTES

NOTES

NOTES

NOTES

CRÉDITS PHOTOGRAPHIQUES

COUVERTURE • Haut : © AdrianHancu, IStockphoto.com / Bas : © SanderStock, IStockphoto.com

2ᵉ DE COUVERTURE • © Rainer Lesniewski, IStock.com

CHAPITRE 1 • p. 7 : © no_limit_pictures, IStockphoto.com • p. 8 marianne : © herreneck, AdobeStock.com • p. 9 : © IGN/2020 • p. 10 mont-blanc : © nattrass, IStockphoto.com • p. 11 puy de Dôme : © Nicolas BOBOUL, Shutterstock.com • p. 11 France : © Lozz, AdobeStock.com • p. 11 Toulouse : © MIPImages, AdobeStock.com • p. 12 fleurs : © gunungkawi, AdobeStock.com • p. 12 Terre Adélie : © Fabrice BEAUCHENE, AdobeStock.com • p. 14 lagon © sorincolac, IStockphoto.com • p. 14 panneau : © guitou60, AdobeStock.com • p. 15 Richelieu © Juulijs, AdobeStock.com • p. 16 parlement européen : © AdrianHancu, IStockphoto.com

CHAPITRE 2 • p. 21 : © Virginie Mazzili • p. 22 : © Michel Bazin, AdobeStock.com • p. 23 : © Pixabay.com • p. 24 muguet : © helenedevun, AdobeStock.com • p. 24 fête nationale : © mmeee, IStockphoto.com • p. 25 monument aux morts : © PHILETDOM, AdobeStock.com • p. 25 Pâques : © Irina Schmidt, AdobeStock.com • p. 26 crèche : © manaemedia, IStockphoto.com • p. 26 chrysanthème : © oceane2508, IStockphoto.com • p. 26 bûche : © marilyna, IStockphoto.com • p. 27 galette : © Richard Villalon, AdobeStock.com • p. 27 courronne : © Eléonore H, AdobeStock.com • p. 28 : © Marek Mnich, IStockphoto.com • p. 29 géants : © Jmsaus, Wikimedia.org • p. 29 fête de la musique : © omersukrugoksu, IStockphoto.com • p. 30 : © Ville de Lorient

CHAPITRE 3 • p. 35 : © kate_sept2004, IStockphoto.com • p. 36 : © Nenov, IStockphoto.com • p. 37 : © alena0509, AdobeStock.com • p. 38 livret de famille : © Sebastien Maleville, AdobeStock.com • p. 38 maire : © Olivier.P, AdobeStock.com • p. 38 sortie de mairie : © Cavan Images, AdobeStock.com • p. 39 faire-part mariage : © Candice Sornett • p. 39 pièce montée : © lorabarra, AdobeStock.com • p. 40 : © monkeybusinessimages, IStockphoto.com • p. 41 photo faire part : © ultramarinfoto, IStockphoto.com • p. 42 femme enceinte : © tmarvin, IStockphoto.com

CHAPITRE 4 • p. 47 : © Valentina Tubaro, IStockphoto.com • p. 48 : © margouillatphotos, IStockphoto.com • p. 49 : © svetikd, IStockphoto.com • p. 50 : © spooh, IStockphoto.com • p. 51 : © Richard Villalonundefined undefined, IStockphoto.com • p. 52 ail : © Floortje, IStockphoto.com • p. 52 quiche : © marionta, AdobeStock.com • p. 52 fruits de mer : © Maceo, AdobeStock.com • p. 52 moules : © Beata Haliw, IStockphoto.com • p. 53 couscous : © PhotoKD, AdobeStock.com • p. 53 canne à sucre : © panda3800, IStockphoto.com • p. 54 : © zona, IStockphoto.com • p. 55 : © Galle, AdobeStock.com • p. 56 étiquette vin : © Gueholl, IStockphoto.com • p. 56 vin d'Alsace : © kabVisio, IStockphoto.com • p. 56 fûts : © RapidEye, IStockphoto.com • p. 57 plateau de fromages : © exclusive-design • p. 57 cave à fromages : © Vladimir Gerasimov, AdobeStock.com • p. 58 : © Olivier-VIGERIE-2019_131423

CHAPITRE 5 • p. 63 : © laflor, IStockphoto.com • p. 64 : © PRPicturesProduction, AdobeStock.com • p. 65 carnet de santé : © Benjamin LEFEBVRE, AdobeStock.com • p. 65 seringues : © rclassenlayouts, IStockphoto.com • p. 65 ampoule : © antonioscarpi, IStockphoto.com • p. 65 aspirine : © Goodpics, AdobeStock.com • p. 65 sirop : © PeopleImages, IStockphoto.com • p. 66 : © Ziga Plahutar, IStockphoto.com • p. 67 homéopathie : © Emmanuelle Guillou, AdobeStock.com • p. 68 : © Fox, AdobeStock.com • p. 69 : © NicolasMcComber, IStockphoto.com

CHAPITRE 6 • p. 73 : © Jorgefontestad, IStockphoto.com • p. 74 trotinettes : ©Paul Gueu, IStockphoto.com • p. 74 tour de France : © Razvan, IStockphoto.com • p. 75 marcheurs : © cristianoalessandro, IStockphoto.com • p. 75 balise : © vilaplaneta, Shutterstock.com • p. 76 footballeuses : © SDI Productions, IStockphoto.com • p. 76 rugby : © digicamchic, IStockphoto.com • p. 77 pétanque : © eugenesergeev, IStockphoto.com • p. 77 pistes de ski : © Kisa_Markiza, IStockphoto.com • p. 78 canon à neige : © ronstik, IStockphoto.com • p. 78 avalanches : © plprod, AdobeStock.com • p. 79 bibliobus : © Pierre Tribhou, Wikimedia.org • p. 79 : © OSTILL, IStockphoto.com • p. 80 MuCEM : © saiko3p, IStockphoto.com • p. 81 : © julia700702, AdobeStock.com • p. 83 poterie : © NoSystem images, IStockphoto.com • p. 84 chorale : © middelveld, IStockphoto.com • p. 84 repair café : © Ilvy Njiokiktjien, Wikimedia.org • p. 84 marché aux puces : © Brad Pict, AdobeStock.com

CHAPITRE 7 • p. 88 : iStock • p. 90 milieu : © Shutterstock ; bas : © Adobe Stock • p. 91 haut : © Shutterstock ; milieu et bas : © Adobe Stock • p. 92 haut : © Shutterstock ; milieu : © Shutterstock ; bas : © Adobe Stock • p. 93 : © Shutterstock • p. 94 milieu : © iStock ; bas : © Shutterstock • p. 95 haut : © Shutterstock ; milieu : © Shutterstock • p. 96 : © iStock • p. 97 haut : © iStock ; bas : © Shutterstock • p. 98 haut et milieu : © Adobe Stock ; bas : © Shutterstock

CHAPITRE 8 • p. 103 : © Shutterstock • p. 104 : © Shutterstock • p. 105 haut : © Shutterstock ; bas : © iStock • p. 106 : © Shutterstock • p. 107 : © iStock • p. 108 : © Shutterstock • p. 109 haut : © Adobe Stock ; bas : © anouchka, IStock.com • p. 110 : © Shutterstock

CHAPITRE 9 • p. 115 : © Shutterstock • p. 116 : © Shutterstock • p. 117 haut : © Shutterstock ; milieu et gauche : © Adobe Stock • p. 118 haut : © Adobe Stock ; milieu et bas : © Shutterstock • p. 119 : © Shutterstock • p. 120 haut à gauche : © Ministère de l'Agriculture et de l'Alimentation ; haut : © Shutterstock ; bas : © Ministère de l'Éducation nationale, de l'Enseignement supérieur et de la Recherche • p. 121 : © Adobe Stock • p. 122 : DR • p. 123 : © Adobe Stock • P. 126 : © Adobe Stock • p. 127 haut : © iStock ; bas : © Shutterstock

CHAPITRE 10 • p. 130 : © Shutterstock • p. 132 haut : © iStock ; milieu : © Shutterstock • p. 133 haut : © Adobe Stock ; droite : © Shutterstock • p. 134 : © Shutterstock • p. 135 milieu : © Shutterstock ; bas : © MT180 • p. 136 haut : © ena ; bas gauche : © Shutterstock ; bas milieu : © CHU-Nantes • p. 137 : © iStock • p. 138 gauche : © Magne ; milieu : © Shutterstock • p. 139 haut : © Pierre Jayet ; milieu bas : © iStock ; milieu gauche : © Crous Lille • p. 140 : © iStock • p. 141 haut : © Shutterstock ; milieu droite : © Adobe Stock ; bas : © Shutterstock • p. 142 haut : © F.B.EYE ; milieu : © iStock

CHAPITRE 11 • p. 147 : © Adobe Stock • p. 148 gauche : © Adobe Stock ; milieu et bas : © iStock • p. 149 : © iStock • p. 150 : gauche : © Shutterstock ; haut et bas : © Adobe Stock • p. 150 : haut et bas : © Adobe Stock ; droite : © Magne • p. 152 : © Adobe Stock • p. 153 : © Adobe Stock • p. 154 gauche : © Adobe Stock ; bas : © iStock • p. 155 haut : © iStock ; droite : © Adobe Stock • p. 156 haut : © Shutterstock ; bas : © Adobe Stock

CHAPITRE 12 • p. 161 : © iStock • p. 162 gauche haut et bas : © Shutterstock ; milieu : © iStock ; bas : © Adobe Stock • p. 163 haut : © Adobe Stock ; bas DR • p. 164 : milieu gauche : © Adobe Stock ; bas, gauche et milieu : © Shutterstock • P. 165 haut : © DAL ; bas : © Adobe Stock • p. 166 : © Adobe Stock • p. 169 : © Shutterstock • p. 170 haut et bas : © Shutterstock ; milieu : © Adobe Stock • p. 171 : © Shutterstock

3ᵉ DE COUVERTURE • © pixabay